改訂新版

まるごと授業 理科 5年

喜楽研の
QRコードつき授業シリーズ

板書と授業展開が
よくわかる

著者：中村 幸成・平田 庄三郎・横山 慶一郎

企画・編集：原田 善造

わかる喜び学ぶ楽しさを創造する教育研究所　略称 喜楽研

はじめに

　このたび,「まるごと授業　理科」全4巻(3年～6年)を新しい形で刊行することになりました。また,現行の「まるごと授業シリーズ」も多くの先生方に手にとって頂き,日々の実践に役立てて頂いていることをうれしく思っております。

　この「まるごと授業　理科」は,理科の1時間1時間の授業で「何を」学ばせ,それを「どう」教えるのかをできるだけ具体的な形で提示し,参考にして頂こうとしたものです。理科の授業にも,いくつかパターン(型)があります。「問題→予想→実験→結果→考察」という流れもその一つです。また,子どもから出される考えも,多様でありながら共通するところもあります。これらを具体的に示すため,先生がどのような発問や指示,説明をし,それに対して子どもたちはどう考え話し合うのか,両者の言葉を柱にして記述しています。この言葉の交流から,授業のイメージとともに,思考を促す発問のあり方や,子どもの考えの傾向も読みとって頂けるかと思います。

　それから,1時間の授業を,板書の形で視覚的にも表すようにしています。板書は計画的になされるものですが,その一方で,授業の流れに沿って先生と子どもと共に作っていくものです。目の前の事物や現象と言葉とをつなぎ,児童の思考を助けるのが板書です。板書を見れば,その1時間何をどう学んだのか,学びの全体像とその道筋がわかるといわれます。板書は授業の足跡であるのです。

　今回の改訂では,このようなこれまでの「まるごと授業　理科」の特長を引き継ぐとともに,その記述を再検討し修正を加えました。また,板書も見直し,より授業に沿った形に書き改めたところもあります。また,理科は環境や防災をはじめ,現代的な課題とも関わる教科です。

　ICT教育への対応として,QRコードを読み込めるよう配慮しました。各授業時間のページにあるQRコードには,様々な植物や昆虫などの画像,実験などの動画,観察カードなどが入っており,児童のタブレットに配信したり,テレビや電子黒板などに映し出して利用することができます。台風時の雲の動きなど,子どもが直接体験できないような事実・現象などを知る上で活用できます。

　小学校においても,理科教育の核(中心)に当たるのは,やはり「自然科学の基礎的な事実や法則(きまり)を学ぶ」ことだといえます。いわゆる「知識・技能」とされているところです。本書でも,この理科の確かな学力をつけることを授業の要と考えています。そして,自然界の現象にはきまりがあることを知り,それらの自然科学の知識を使って考えを進めたり,話し合ったりすることが,「科学的な思考・態度」だといえるでしょう。また「理科は実験や観察があるから好き ･･･」という子どもの声があるように,実物に触れ「手を使い,体を通して ･･･」考える,というのが小学生の学び方の基本です。理科を学ぶ楽しさ,わかる喜びにもつながります。本書がそのような授業実践の一助となり,さらにわかる授業の追究に役立てて頂けることを願っています。

2024年　3月　　　　著者一同

本書で楽しく・わかる授業を！

全ての単元・全ての授業の指導の流れがわかる

　学習する全ての単元・全ての授業の進め方を掲載しています。学級での日々の授業や参観日の授業，研究授業や指導計画作成等の参考にしていただけます。

1時間の展開例や板書例を見開き2ページで説明

　実際の板書がイメージできるように，板書例を2色刷りで大きく掲載しています。また，細かい指導の流れについては，3～4の展開に分けて詳しく説明しています。

　どのような発問や指示をすればよいかが具体的にわかります。先生方の発問や指示の参考にしてください。

QRコードから児童のタブレット・テレビ・黒板に，動画・画像・ワークシートを映し出す！　「わかりやすく，楽しい学び」，「深い学び」ができる

　各授業展開のページのQRコードに，それぞれの授業で活用できる動画・画像やイラストなどのQRコンテンツを収録しています。児童のタブレットやテレビ，黒板に映し出すことで，よりわかりやすい楽しい授業づくりをサポートします。画像やイラストを大きく掲示すれば，きれいな板書づくりにも役立ちます。

学びを深めたり，学びを広げたりするために発展学習も掲載

　教科書のコラム欄に掲載されている内容や，教科書に掲載されていない内容でも，学びを深めたり，学びを広げたりするための大切な学習は，『深めよう』や『広げよう』として掲載しています。

ICT活用のアイデアも掲載

　それぞれの授業展開に応じて，ICTで表現したり，発展させたりする場合の活用例を掲載しています。学校やクラスの実態にあわせて，ICT活用実践の参考にしてください。

5 年（目次）

QR コンテンツについて

授業内容を充実させるコンテンツを多数ご用意しました。右の QR コードを読み取るか下記 URL よりご利用ください。

URL : https://d-kiraku.com/4491/4491index.html
ユーザー名 : kirakuken
パスワード : uwkB8g

※各授業ページの QR コードからも，それぞれの時間で活用できる QR コンテンツを読み取ることができます。
※上記 URL は，学習指導要領の次回改訂が実施されるまで有効です。

天気の変化

植物の発芽と成長

魚（メダカ）のたんじょう

花から実へ

台風と天気の変化

本書の特色と使い方

◆実験や観察を安全に行うために

　理科授業にともなう事故防止のため，どの実験や観察においても，事前に指導者が予備実験や観察をすることは大切です。本書にも多くの実験・観察が出てきますが，どれも予備実験が必要であることはいうまでもありません。本書では，特に危険がともなう実験や観察については，注意書きを本文中に記載しています。安全で楽しい理科実験を行いましょう。

◆めあてについて
　1時間の授業の中で何を学習するか，子どもたちにわかる目標を示しています。

◆本時の目標について
　1時間の学習を通して，子どもたちにわからせたい具体的目標。

第3・4時めあて
ヘチマの花と実を調べよう

本時の目標 ヘチマの雄しべとめしべは別の花にあり（雌雄異花），め花の下に実になる部分（子房）があることがわかる。また，花粉の形や色は，植物によって異なることに気づく。

板書例

（第3時）
〔問題〕 ヘチマの花は，どのようなつくりをしているのだろうか

1　ヘチマの花…おしべとめしべが別の花につく
2
3　　（お花）　　　　　　　（め花）

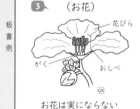

ウリ科の花
ヘチマ
キュウリ
ヒョウタン
ツルレイシ
カボチャ
スイカ
…
お花とめ花がある

お花は実にならない　　め花は 実 になっていく

ヘチマには，実になる花（め花）と，ならない花（お花）がある

POINT いろいろな植物の花粉を顕微鏡で観察し，大きさや，色，形の違いに気づかせ，学習への関心を高めましょう。

◆ POINT について

　子どもが理科の見方・考え方をはたらかせたり，資質や能力を養ったりできるためのポイント等が書かれています。こうした授業につながる学習活動の意図や，子どもの理解を深めるための工夫など，授業づくりにおいて指導者が留意しておくべき事項について示しています。

◆授業の展開（過程）について

① 1時間の授業の中身を基本4コマの場面に分け，標題におよその授業内容を表示しています。

② 本文中の「T」は，教師の発問です。

③ 本文中の「C」は，教師の発問に対する子どもの反応や話し合い，発表です。

④ 本文中の下部【 】表示は教師が留意しておきたいことが書かれています。

1【第3時】ヘチマには，2つの形をした花があることを話し合う（学級園で）

T ヘチマの花が咲いています。でもよく見ると，アサガオとは違うところがあります。

C 色は同じだけれど，花の下がふくらんでいる花があります。（め花を探させる）

T 下がふくらんでいる花と，そうでない花がありますね。実に似ているのはどちらですか。

C 下がふくらんでいる方の花です。

（子房の形からも実になることが予想できる）

T そうです。ヘチマには，実に育っていく花とそうでない花の2種類があります（雌雄異花）。実になる花を『め花』，実にならない花を『雄花』と呼んでいます。簡単に絵に描いてみましょう。

【参考】ヘチマ以外のめ花
め花の花びらの下に実の形をした子房があるので，「実のもとは花」だとわかる。

キュウリ

ヒョウタンのめ花

2 雄花とめ花を観察し，ちがいを調べる

（グループごとに，雄花とめ花を教室に持ち帰る）

T ヘチマの花を詳しく調べましょう。まず，雄花からです。どんなものがついていますか。外側から調べましょう。

C がくがあります。

T 花びらの中には，何がありますか。

C 雄しべかめしべだと思います。

C 先をさわると，黄色い粉がつきます。

T 何があるのか，教科書で確かめましょう。

C 雄花の中にあるのは，雄しべだけです。

C 黄色い粉は，雄しべから出る花粉でした。

T つぎはめ花です。花びらやがくの中にあるのは何でしょうか。

C めしべだと思います。

（教科書でも確かめさせる）

ヘチマの子房は，がくや花弁の中にあるのではなく，外（下）にある。

74

◆ 準備物について

1時間の授業で使用する準備物が書かれています。授業で使用する道具，準備物については，教科書に掲載されている物や教材備品，QRコードの中のものを載せています。授業中の事故を未然に防ぐためにも，入念な準備が大切です。

◆ ICT について

指導者が1時間の中でどのように端末を活用するのか，子どもにどのように活用させるのかについて具体的な例を示しています。資料の配布・提示や，実験の様子の撮影・記録など様々な用途で活用することを想定しています。

ただし，端末利用に捉われず，直接，動物・植物や自然を子ども自身が観察したり実験したりすることがとても重要です。

◆ 板書例について

P8，P9に板書の役割と書き方を詳しく解説しています。

◆ QR コードについて

本文中のQRコードを読み取っていただくと，板書に使われているイラストや，授業で使えそうな関連画像・動画，資料等を見ることができます。色々な生き物を比較させたり，実験結果の確認をしたり，手順を説明する際に配れたりと，色々な使い方ができます。

また，資料をプリントではなく，画像データで配信することができるので，授業準備にかかる負担を軽減することができます。

※ QRコンテンツを読み取る際には，パスワードが必要です。パスワードは本書P4に記載されています。

◆ QR コンテンツについて

本時のQRコードに入っている画像などを一部載せています。

P10，P11にQRコンテンツについての内容を詳しく解説しています。

◆ 赤のアンダーライン，赤字について

本時の展開で特に大切な発問や授業のポイントにアンダーラインを引いたり，赤字表示をしています。

準備物	・ヘチマの花（雄花と め花）　・アサガオの花 ・（4時目）花粉観察用の花（ヘチマ，アサガオ，ユリ，タンポポなど） ・顕微鏡　・セロハンテープ
ICT	ヘチマの花のつくりのイラストを送り，児童にペンでなぞらせながら，花のつくりを確認するとよいでしょう。

QR

・画像

その他多数

〔まとめ〕
へちまは，め花にめしべがあり，
お花におしべがある

（第4時）

❹ いろいろな植物の花粉
　　花粉の形や色を見てみよう

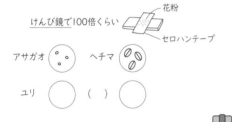

けんび鏡で100倍くらい　　花粉

セロハンテープ

アサガオ　ヘチマ

ユリ　　（　　）

---

3 アサガオと比べながら，ヘチマの花のつくりをまとめる

T　め花の下にある実の形をしたところは何でしょうか。実になっていくところですね。
C　教科書には，「めしべ」と書いてありました。
T　柱頭は花の内側にありますが，子房は花びらや，がくの外（下）に出ています。
T　ヘチマの花を，アサガオの花と比べてみましょう。まず，共通するところは何ですか。
C　どちらの花にも，花びらとがくがあります。
C　どちらの花にも，雄しべとめしべがあります。
T　違うところはどこですか。
C　ヘチマは雄しべとめしべが別々の花についています。
C　ヘチマは実にならない花があり，めしべ（子房）のある『め花』しか実になりません。
T　そうですね。ヘチマはめしべがあって実になるめ花と，実にならない雄花とに分かれているのです。他にも，雄花とめ花に分かれている植物があります。カボチャなどです。
　（写真などで，キュウリやヒョウタン，カボチャなど，ウリ科植物のめ花を紹介する QR ）

4 【第4時】顕微鏡を使って，花粉の形や色を観察する

T　ヘチマの花粉は黄色い色をしていました。アサガオの花粉は白色でした。花粉はどんな色や形をしているのでしょうか。顕微鏡で見てみましょう。

【観察の手順】　基本的な顕微鏡の使い方は教科書を参照。

① 顕微鏡を準備させる。倍率は100倍か150倍（40倍，60倍でも見える）※小学校では基本的に400倍などの高倍率は使わない。

② プレパラートを作る。雄しべにセロテープをそっと当てて少しの花粉をつける。空気が入らないよう，図のようにスライドガラスに貼らせる。

端をはみ出しておくとあとではがしやすい。

セロハンテープ

おしべの花粉

③ 顕微鏡の反射鏡などで視野を明るくし，ピントを調節して検鏡。なお，明るい部屋なら下からの反射光などでもきれいに見える。
注意：花粉は水をつけると壊れるので，セロハンテープを使う。

C　わあ，花粉っておもしろい形をしている。
T　花粉の形をノートに書いておきましょう。
T　黒板にも，描きに来てください。

【さまざまな花粉】
（花粉の観察は，1時間にまとめて行います）

タンポポ　トウモロコシ　ヘチマ　アサガオ

板書の役割と書き方

　板書の役割は，学習内容の大切なところを示し，子どもに１時間の授業の流れを掲示するものです。同時に，指導者の授業のねらいの実現過程が見えるものです。

　学習の流れとして，「問題」や「予想」，「実験」，「結果」，「まとめ」を書き，１時間の授業の流れがわかるようにします。

　また，子どもの意見等をわかりやすく，簡潔に板書に書き示します。

授業の流れに沿った板書の役割と書く内容

① めあて・問題…何を学ぶのかや授業の課題を知らせる

　本時のめあてに迫るために，授業の中で，発問や指示の形で「問題」や「課題」を子どもたちに掲示します。板書では，めあてに沿った内容を文字や図で示し，子どもたちにここで「何を考えるのか」「何を学ぶのか」等の思考や行動を促します。

② 予想…問題について予想をたて，その予想を知り合い交流する

　掲示された問題に対して，いきなり実験や観察をするのではなく，まず予想や仮説をたてさせます。その根拠も併せて考えさせます。予想や仮説をたてるにあたっては，既習の知識や経験が子どもたちの思考や発言として反映されます。子どもの意見を単語や短い文で簡潔に板書に示し，他の子どもたちにも広げます。

③ 実験と結果…予想を実験で検証し，その結果をみんなで確認する

　どの予想が正しかったのかを教えてくれるのが「実験」です。同時に，正しかった予想を導きだした根拠もその時に検証されます。

④ まとめ…わかったことを確認する

　みんなで確認した結果やわかったことを短い文で簡潔にまとめて板書します。
※結果からわかったことについて，自然のきまり（法則）は，何だったのか。みんなで話し合い，見つけた事実や法則を確かめます。

⑤ 　QRマーク…QRコードの中に動画，画像，資料などがあります。

電子黒板，テレビ，児童のタブレットに配信しましょう。

板書の書き方…板書例「もののとけ方」

◇ 板書の構成

　黒板は横長です。子どもたちに見やすい構成とするなら，展開に合わせておよそ4つに分け，どこに何を書くのか，その構成を考えながら書きすすめます。また，子どもたちが授業の終わりにノートやプリントに書ききれる分量も考慮します。

① **問題**
　この1時間で「何を考えるのか」，「何を学ぶのか」，それを問う形で問題として板書する。

② **予想**
　子どもたちが既習や体験をもとにして考える場面となる。3年生の算数で，重さのたし算を習っている。食塩が溶けた水溶液にもたし算が成り立つのか予想させたい。また，なぜその予想になったのか理由も発表させたい。

①
〔問題〕　水にものをとかした後の水よう液の重さは，
　　　　　どうなるのだろうか

（問題）
1　食塩100gを水600gにとかすと何gになるだろうか

（予想）②
2　できた食塩水の重さは何gか

ア．600g　　食塩はとけてなくなった
（　　）人
イ．650g　　半分らいとけて
（　　）人　　なくなった
ウ．700g　　水の中から
（　　）人　　どこへもいっていない
エ．その他　　（690g）くらい
（　　）人　　少し消える

※児童の意見を板書する。

③（実験）
食塩100g

水600g　食塩水　（　　）g

④（結果）
3　700g ＝ 600g ＋ 100g…ウ
　　　　　（水）　（食塩）

とけた食塩はなくなっていない
（見えないが）食塩水の中にある

⑤〔まとめ〕
　水にものをとかした後の水よう液の重さは，水（とかす前）と，ものを合わせた重さと等しい

③ **実験**
　問題や予想に沿った実験をする。水600gに食塩100gを溶かす。食塩が完全に溶けるまでかきまぜる。重さが700gになることを確認する。

④ **結果**
　どの予想が正しかったのかは，実験が教えてくれる。結果は，簡潔な言葉や文でわかりやすく示す。

⑤ **まとめ**
　実験から，水にものを溶かした後の水溶液の重さは，水（溶かす前）と，ものを合わせた重さと等しくなったことをまとめる。

QRコンテンツで楽しい授業・わかる授業ができます
児童のタブレットに配信できます

見てわかる・理解が深まる動画や画像

　授業で行う実験等の内容や，授業では扱えない実験や映像など多数収録されています。動画や画像を見せることでわかりやすく説明でき，児童の理解を深めると同時に，児童が興味を持って取り組めます。児童のタブレットに配信し，拡大して見ることができます。

◇ **動画**

導線に電流を流したときの方位磁針のふれ方

由良川の様子

蒸発乾個（食塩水）

※ QRコードに収録されている動画には，音声が含まれておりません。

◇ **画像**

アブラナの花

食塩の様子とくらべる

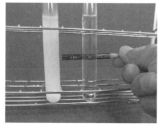

ふり子の長さを変えてみよう

授業で使える「観察カード」「ワークシート」など

　授業の展開で使える「ワークシート」や「観察カード」などを収録しています。印刷して配布したり，児童のタブレット等に配信してご利用ください。

板書づくりにも役立つ「イラストや図」など

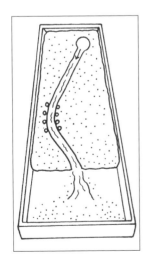

　わかりやすくきれいな板書に役立つイラストや図がたくさん収録されています。黒板に投影したり，児童のタブレット等に配信してご利用ください。

※ QR コンテンツを読み取る際には，パスワードが必要です。パスワードは本書 P4 に記載されています。

天気の変化

◎ 学習にあたって ◎

◉ 何を学ぶのか

　晴れから雨へ，また雨から晴れへと天気は移り変わります。しかし，天気はでたらめに変化しているのではなく，その変化には，きまりのようなものがあることを，ここで学習します。日々天気が変化する要因のひとつに，雲の種類や動きがあります。この雲の動きを調べていくと，そこには『雲は，西から東の方へと動いている』という一定のきまりが見えてきます。そして，天気もまた，この雲（雨）の動きとともに，およそ『西から東へと変わっていく』という，変化の規則性がわかってきます。また，この『西から東へ…』という変化のきまりを使うと，天気は予報できることにも気づかせ，実際に予報も試みます。

◉ どのように学ぶのか

　天気の変化を調べていく上で，5年では『雲の動き』に焦点を当てて学習を進めます。その際，有用な資料となるのは，気象観測衛星からの雲画像と，アメダスの雨量情報です。雲画像での雲の動きや，アメダスからわかる地上の降雨地域を追うことにより，『雲や雨は（そして，天気も）西から東へ移っていく』という変化のきまりをとらえることができます。その際，動画を使うと，雲の動きも一目でわかります。そして，天気を予想するには，現在地より西方の天気を手がかりにすればよいことにも気づいてきます。つまり，現時刻に西の地域が雨なら，現在地もやがて雨になることが予想できます。そして，この『きまり』を使って予報を試みることは，くらしともつながる学びになります。

◉ 留意点・他

　天気の変化のきまりを見つけるには，気象衛星やアメダスの資料が必要です。一方，使う資料によっては，このきまりに気づきにくいこともあります。つまり，『西から東へ』という変化が見えやすい資料を選ぶことが大切です。その点，教科書には，この『きまり』がとらえやすい雲画像や降雨図が出ているので，活用するとよいでしょう。

　なお，天気には，「天気予報」でもよく耳にする『前線』や『低気圧，高気圧』などの気象現象も関わっています。しかし，このような用語を理解するには，大気に関わる基礎知識が必要となるため，これらは中学校での学びとなります。

◎ 評　価 ◎

知識および技能	・晴れや雨，くもりなどの天気は，雲の種類や量，また雲の動きと関係があることに気づく。 ・春頃，日本では，雲は西から東へと動き，天気もおよそ西から東へと変わっていくことに気づく。 　また，このきまりから，西方の地域の天気を手がかりにすると，天気の予報もできることに気づく。 ・雲の動きや，日本各地の雨の量などの気象情報は，宇宙からの気象観測衛星の雲画像や，地上のアメダスの雨量情報などから得られることを知る。
思考力，判断力，表現力等	・気象観測衛星の雲画像やアメダスの降水資料の見方がわかり，天気の変化にはどのような規則性があるのか，仮説を立て，そのきまりを見つけようとしている。
主体的に学習に取り組む態度	・雲画像などの資料をもとに，友だちとも話し合って，天気の変化のきまりを見つけようとしている。 ・日常の天気に関心を持ち，学んだことを生かして，雲の動きなどから天気の予報をしようとしている。

※「広げよう」の「天気のことわざ・言い習わし」の展開例は，本文には載せていません。教科書にも，ことわざの例などが載せられているので，その意味を話し合ったり，本やインターネットなどで調べたりする活動になります。ただし，「天気のことわざ」は必ずしも正しいとはいえないものもあります。

　また，「夕焼けは晴れ」など，わかりやすいことわざについては，学んだ「天気の変化のきまり」をもとに，その根拠を話し合うこともできます。さらに，その地域に伝わることわざなどを調べる活動もできるでしょう。

次	時	題	目標	主な学習活動
雲と天気	1	雲のようすと天気との関係を調べよう	晴れやくもりなどの天気は，雲の様子とも関係があることに気づき，天気は雲の量で決められることや，天気と雲の観察と記録のしかたがわかる。	・空の観察をして，天気と雲の様子を話し合う。 ・晴れやくもりなどの天気の決め方を調べる。 ・天気と雲の観察と記録のとり方を聞く。 ・空を観察して，記録カードに記録する。
	深めよう	いろいろな雲とその名前を見てみよう	雲は1つの種類だけでなく，形や高さによっていろいろな種類に分類され，それぞれに呼び名もあることを知る。	・当日の雲の形や色，動きについて話し合う。 ・雨雲などいろいろな雲の図を見て，見た経験や名前について話し合う。 ・天気と雲は関係があることを話し合う。
	2・3	1日の天気や雲の変化を調べよう	雲は動いており，1日の中でも雲の量や形は変化し，その変化とともに天気も変わることに気づく。	・午前と午後の2回，雲と天気の様子を観察し，記録する。 ・午前と午後の記録を比べ，雲の量や種類が変わると，天気も変わったことを話し合う。
天気の変化	4・5	天気の変化のきまりを見つけよう	天気の変化のきまりを見つけるには，気象衛星の雲画像やアメダスの雨量情報が役に立つことを知り，それらの資料の見方がわかる。	・天気の変化のきまりを調べるには，雲の様子がわかる雲画像と雨の様子がわかるアメダスの資料が役に立つことを話し合う。 ・4，5日分の資料を集めて話し合う。
	6	天気はどのように変わっていくのだろうか，きまりを見つけてみよう	雲はおよそ西から東へ動き，それとともに，天気も西から東へ移り変わっていくことに気づく。	・2日分の雲画像とアメダスの雨量情報を見比べ，雲と雨はどう移動したのかを話し合う。 ・雲が西から東へ動いたことをもとに，天気も西から東に変わるというきまりを確かめる。
天気の予想	7・8	明日の天気を予想してみよう	『天気は，西から東へ変わっていく』というきまりをもとに，天気が予想できることに気づき，自分たちの地域の天気を予想することができる。	・天気の予報に必要な情報は何かについて話し合い，雲画像と雨量情報を見てわかったことを話し合う。 ・予報士になったつもりで天気予報をしてみる。
天気のことわざ	広げよう	天気のことわざ言い習わし ※この「広げよう」の展開は載せていません。	・天気を予想するいくつかの言い習わしやことわざと，そのわけを知る。	・天気に関わる言い習わしやことわざを出し合ったり，教科書で調べたりする。 ・「夕焼けは晴れ」ということわざなどの根拠について話し合い，調べる。

雲のようすと天気との関係を調べよう

板書例

〔問題〕　天気の変化と雲のようすには，どのような
　　　　　関係があるのだろうか

1　〈雲のようすと天気〉

天気は何で決まるか
雲の量で決まるのか　太陽が出ている出ていないで決まるのか

雲の量　　　　　　　　　　　　天気
　少ないとき　　　→　　　　　晴れ
　多いとき　　　　→　　　　　くもり

2　〈天気は<u>雲の量</u>で決めている〉
空全体を10として　　0〜8のとき　「晴れ」
　　　　　　　　　　9〜10のとき「くもり」

(POINT)　同じ写真を見て，晴れやくもりだと意見の分かれる場面を作り，判断する基準が必要だということに気づかせると

1　今日の天気は晴れかくもりか，天気と雲について，気づいたことを話し合う

T　窓の外を見てみましょう。さて，今日の天気は，どんな天気だと言えばよいでしょうか。

C　南の方は雲が広がっているから，天気は「くもり」だと思います。

C　でも，西の方に青空も見えています。くもりと晴れの中間かな。

T　今の話し合いで，『くもり』や『晴れ』などという天気は，空の『何を』見て考えましたか。

C　雲の様子や多さです。雲が多いから「くもり」だと思いました。

C　雲が少なかったりなかったりすると，天気は『晴れ』になります。

T　すると，『くもり』や『晴れ』といった天気は，雲の様子や量とも関係がありそうですね。

2　『晴れ』や『くもり』などの天気の決め方を知る

T　天気は変わります。そして，天気は，雲と関係がありそうです。これから雲の様子と天気を観察して，調べていきましょう。

T　『晴れ』や『くもり』，『雨』などの天気はどのように決められているのでしょうか。みなさんはどう思いますか。

C　太陽が出ているときが『晴れ』。出ていないときが『くもり』。雨が降ったら『雨』です。

T　ふつう，そう思いますね。でも，正式には空全体の広さを10

晴れ(雲の量0〜8) [QR]　くもり(雲の量9〜10) [QR]

としたときの『雲の量』で決めているのです。

T　雲の量が0〜8のときが『晴れ』，9〜10のときが『くもり』となっています。

（教科書の説明も読み合う）

C　雲が半分以上あっても，天気は『晴れ』だね。

| 準備物 | ・記録用カード QR （教師が配布）
・方位磁針（各自） | ICT | 事前に撮影した空の写真を提示し，晴れとくもりのどちらだと思うか聞き，その根拠も交流しましょう。 | |

---

3 〈空のようすを観察しよう〉＝記録する

①午前10時と午後2時に（○○日）

②雲の量（空全体を10として）
　　　　↓
　　天気を判断する

③雲の形・色（スケッチ）・種類

④雲の動き（　　　から　　　へ）

※児童の記録見本を掲示する。

4 〔まとめ〕

・天気の変化には，雲の量や動きが関係している
・天気が変化するときには，雲のようすが
　変化している

QR

・画像

その他多数

よいでしょう。

---

3 雲と天気の観察のしかたを聞く
雲にもいろいろな種類があることを知る

T　雲の量をみると，そのときの天気がわかり，記録できます。天気とともに雲の様子も観察して，記録をします。

T　観察と記録のとり方は，次のようにしましょう。

【観察と記録のとり方】－次時からの学習に向けて－

① 1日に2回，午前10時と，午後2時に観察する。

② その時刻の，空全体に占める雲の量を観察する。目で雲の量を判断して，0〜10の数で記録する。

③ 雲の形や色も観察し，スケッチや言葉で記録する。

④ 雲の動きも調べ，方位を使って記録する。

T　雲にもいろいろな種類があります。教科書で調べてみましょう。どんな雲がありますか。

C　入道雲です。積乱雲というようです。

　（教科書にも，乱層雲（雨雲）や積雲（綿雲）などが写真とともに出ている。観察の際もこれらの雲の名前を使うと記録しやすくなる。発展的学びとして，とり上げるとよい）

4 天気と雲の記録のとり方を知り，天気と雲の様子を観察・記録し，まとめる

T　では，今の時間の天気と雲の様子を，観察して記録しましょう。

　（観察時には，太陽を直接見ないように気をつける）

T　雲や空の様子は，絵で記録しましょう。
　今の天気は晴れかくもりか，どちらですか。

C　雲は9くらいだから，『くもり』です。

C　雲は，灰色の雲で，うすく広がっています。

T　○○さんの記録を見てみましょう。

　（見本を示す。ここでは，次からの記録のとり方を指導することがねらい）

T　天気の変化には，何が関係しているでしょうか。

C　雲の量や動きが関係していると思います。

C　雲の量が増えたり減ったり，雲の様子の変化によって，天気が変化します。

め　いろいろな雲とその名前を見てみよう

板書例

1　雲の種類・いろいろな雲

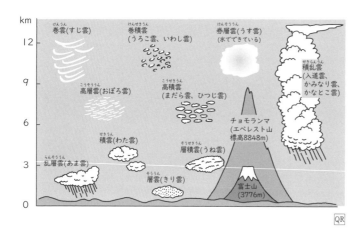

※10種の雲の図を貼付するか, 電子黒板で掲示する。

2　雲の名前

入道雲	＝	積乱雲
わた雲	＝	積雲
ひつじ雲	＝	高積雲
雨雲	＝	乱層雲
すじ雲	＝	巻雲

POINT　同じ漢字が使われている雲は, どのような共通点（高度や形）があるか考えさせることで, 雲の正式名に興味を

1　見たことのある雲について話し合う

T　天気と雲の様子について観察し記録しますが, みなさんは, これまでにどんな雲を見たことがありますか。名前はわからなくてもいいです。

C　夏によく『入道雲』を見ました。すごく大きい雲のかたまりでした。

C　綿のような雲, 『綿雲』が浮かんでいます。

C　秋にうろこ雲（いわし雲）もよく見ます。

T　では, 雲の種類は, いくつくらいあるのでしょうか。雲は, その形や高さによって, 10種類に分けられています。図を見てみましょう。

（10種類の雲は板書参照）

2　雲の名前や使われている漢字の意味について, 話し合う

C　名前が難しそう。でも見たことはあります。

T　10種類の雲には正式な名前があります。『積乱雲』は入道雲のことです。夏の暑い日や9月のはじめによく見られる雲ですね。上空1万メートル（10km）までとどくこともあります。（エベレスト山より高い）

T　では, 『わた雲』の正式な名前は何ですか。

C　積雲です。積乱雲にも『積』の字があります。

T　雲の名前には, 『積』や『層』, 『巻』などという漢字が使われていますね。

C　『巻』のつく巻雲や巻積雲は, 高いところにある雲だと思います。

T　雲の名前の漢字には, およそ次のような意味があります。

○『巻』『高』…高さを表す。『巻雲』『高積雲』『高層雲』など。

○『層』…形がはっきりしない雲。『高層雲』『層雲』など。

○『積』…形がはっきり, もくもくした形。『高積雲』など。

準備物	・いろいろな雲の画像（板書掲示用） QR （教科書や図鑑のコピーなど，できれば10種 雲形の雲の画像が掲示できるとよい。）	ICT	10種類の雲のイラストを送り，できる雲 の形や，その高さに違いがあることに気 づかせるとよいでしょう。

2 雲の名前の文字の意味

㊙ 雲　形がはっきりしている
㊙ 雲　形がはっきりしない
㊙ 雲　高いところにある
（高）

3 雨をふらせる雲＝ <u>下からは
黒く見える</u> ＝かたまりの雲

乱層雲
（雨雲）

積乱雲
（入道雲）

つゆのころ　　　　　　　　夏のごう雨も

QR

・画像

その他多数

持たせることができます。

3 雨とつながりのある雲について，話し合う

T　これらの雲の中には，雨とつながりのある雲もありそうです。『こんな雲が出ていたら，雨になる』という雲はないでしょうか。

C　黒く見える雲が広がると，雨が降ります。

C　『雨雲』です。写真では『乱層雲』という名前です。

C　『積乱雲』も，夕立と関係がありそうです。ニュースでも，集中豪雨のとき，『積乱雲が…』とよく言っています。<u>天気と雲の種類は関係があると思います。</u>

T　『乱層雲』は黒く見え，雨を降らせる雲です。だから，『雨雲（あま雲）』と，よんでいます。低いところにある雲で，山にかかっているときもありますね。

T　<u>黒く見えるのは，太陽の光を通さないほど雲が厚いからです。</u>白い積乱雲も，頭の上に来ると黒く見えます。

乱層雲　　　　　　　　　積乱雲

4 実際の雲の動きを観察する

T　雲は種類によって，雨を降らせる雲もあることがわかりました。

T　次は雲の動きも観察してみましょう。

　（教室からの観察でよい。まず方位をみんなで確かめておく。建物の屋根や木など，<u>動かない物を目印にして雲をしばらく見ていると，雲が動くおよその向きがわかってくる</u>）

C　西の方から東の方へ動いています。雲は，風に吹かれているのかなあ。

T　雲がやってきて，曇ってきそうです。雲の動きも，天気と関係がありそうですね。

T　では，今日の雲をスケッチしてみましょう。

C　今日は『積雲』がたくさん流れているな。

【雲の名前を知ることと，学びの広がり】
雲の名前に興味をもつ子どもは案外多い。また，名前を知ることによって，雲の形や高さを意識して観察するようになる。つまり，雲をよく見るようになる。

1日の天気や雲の変化を調べよう

板書例

㋫ 1日の天気や雲の変化を調べよう

1 1日の天気と雨雲

午前10時　　　　　**2** 午後2時

3
| 白いわた雲 ……………… 雲のようす ………… つながった灰色の雲 |
| 10のうち3くらい……… 雲の量 ……………… 10のうち9くらい　うすく広がる雲 |
| 晴れ …………………… 天気 ……………… くもり |
| 西→東へ …………………… 雨の動き …………… ゆっくりと西→東へ |

---

1 【第2時】天気と雲を観察し，記録する（午前10時）

T　前の時間に，天気と雲の観察記録の書き方を勉強しました。今日は，午前と午後の2回，天気と雲の観察をして記録してみましょう。その記録から，天気と雲との関わりを考えます。

（観察のめあてを伝え，記録用紙を配る）

T　まず，1回目は午前10時に観察をします。何を記録するのか，確かめておきましょう。

C　そのときの『天気』です。雲の量が10のうち0から8までだったら『晴れ』です。9以上はくもり…

C　雲のことは，雲の量，雲の形，色，動く方向も記録します。雲のスケッチもしておきます。

T　空全体が見える運動場で，観察します。

【天気予報を見て…】－観察するのに適した日に－

本時は，1日の天気と雲の変わり方を調べる。そのため，できれば天気にも変化のある日を選び，観察させる。天気予報などで「午前中は晴れやくもりでも，午後から雨になる」，といった天気が変化する日を選びたい。

2 2回目（午後2時）の天気と雲を観察して，記録する

T　では，午後2時の様子も観察しましょう。天気も雲の様子も，変わってきていますよ。

（午後にも観察を実施できるように，予定しておく）

T　天気とともに，雲の量，種類や形，色，動きを見て記録しましょう。

C　雲の種類は，午前とは違ってきているみたい。

C　雲は『乱層雲』かな。雲の量も増えているよ。

C　天気は，午前中は晴れだったけれど，今はくもり…。

T　今の天気や雲の様子は，午前の天気や雲とどこが違うのか，比べてみるといいですね。

（教師が画像や動画で記録しておくのもよい）

【観察カード】

雲のようす観察カード		（　）月（　）日（　）氏名（　　　　　　）
	午前10時	午後2時
① 雲の量		
② 天気		
③ 雲の形（スケッチも）		
④ 雲の動き		

QR

QR

・画像

4 午前と午後の雲と天気をくらべる

〔わかったこと〕

1日の中でも
雲のようすが変わる（ちがってくる）

↓
・種類（形, 色）が変化する
・量がふえている

天気も変わる

・晴れ　→　くもり　→　雨

〔まとめ〕

1日の天気は, 雲の量がふえたり
減ったりすることや, 雲の動きに
よって, 晴れ, くもり, 雨になる

---

3 【第3時】観察の結果について, 話し合う

（教室で, 観察の記録をもとに, 話し合う）

T　観察の結果を, 発表しましょう。まず, 午前10
時の雲について, わかったことは何ですか。

C　わたのような, 白い雲がうかんでいました。

C　『積雲』かな。（教科書で雲名も確かめたい）

C　西から東の方へゆっくりと動いていました。

T　そのときの天気はどうでしたか。

C　雲の量は, 空全体を10とすると3くらいで, ほ
とんど青空で, 天気は『晴れ』でした。

T　では, 午後2時の雲と天気について発表しましょう。

C　つながったような灰色の雲が, 空全体にうすく広
がっていて, 暗くなっていました。

C　この雲は, 『乱層雲』だと思います。雨が降りや
すいときの『雨雲』です。

C　午前中の『積雲』から, 形のはっきりしない『乱
層雲（雨雲）』に変わっていました。

C　午後の天気は, 空全体を10とすると, 雲の量は
9なので『くもり』でした。

4 雲と天気の変化について, 観察から わかったことをまとめる

T　では, 午前と午後, 1日2回の観察の結果を比べ
てみて, わかったことを発表しましょう。

T　雲に違いがありそうです。比べてみましょう。

C　午後は雲が増え, 雲の種類も雨雲に変わって, 天
気は晴れからくもりになりました。

雲が変わると天気も変わる

午前は『晴れ』　　　　午後は『くもり』

C　同じ日でも, 午前と午後では, 雲の種類が違って
いました。午前は『積雲』で晴れていたのに, 午後
からは『雨雲（乱層雲）』が広がり, 雨が降りそう
になりました。

C　雲は動いていることがわかりました。雲がやって
きて, 雲の量も変わったと思います。

T　天気が変わる理由になったのは何かな？

C　雲の量や種類が変わると, 天気も変わります。

天気の変化のきまりを見つけよう

板書例

〔問題〕　天気の変化のしかたには，
　　　　きまりのようなものがあるのだろうか

① 変化のきまりを見つけるには，何がわかればよいのだろうか

② 雲のようすを知る
　　今，どこにどんな雲
　　雲画像（くもがぞう）＝白いところが雲

　　（宇宙（うちゅう）の気象（きしょう）えい星（せい）ひまわりから）

③ 雨のようすを知る
　　今，どこで雨
　　アメダスの雨量情報（うりょうじょうほう）

　　（地上1300か所の観測所（かんそくじょ）から）

※電子黒板で掲示してもよい。

POINT　雲画像と雨量情報を重ね合わせ，雲の位置と雨の降っている場所には関係があることに気づかせるとよいでしょう。

1 天気の予想に必要な情報は何かを考える
『雲画像』と『アメダスの雨量情報』

T　天気の変化は，雲とも関係があることがわかりました。雲の変化の様子を調べれば，天気がどうなるのかもわかりそうですね。

T　天気の変化には，何か『きまり』があるのでしょうか。何がわかれば，予想できそうですか。

C　雲です。雨雲がやってくると雨になるので…。

C　雲の動き方です。それがわかると天気も予想（予報）できそうです。

T　では，雲のあるところや雲の動きを知るにはどうすればよいでしょうか。

C　TVや新聞かな？
　　（子どもにわからない事がらは，教えるとよい）

T　教科書を見てみましょう。何を使っていますか。

C　インターネットの気象情報でも調べられそう。

T　インターネットで，何を調べるのですか。

C　『気象衛星の雲画像』と，『アメダスの雨量情報』です。この2つで，雲の様子や動き方，どこで雨が降っているのかがわかりそうです。

2 雲画像を見て，その見方を確かめる

T　TVの天気予報や新聞の天気欄に，日本の上空にある雲の写真（画像）がでています。（画像を見せて）こういった画像は，どうやって撮ったものかわかりますか。

　　（雲画像は，気象観測衛星『ひまわり』によって撮影され，地上に送られてきていることを説明する。教科書に出ていれば，読み合うのもよい。）

C　宇宙から撮影しているので日本全体の形もわかるね。白いところは雲かな？海？

T　このような画像を『雲画像』といいます。白く写っているのが雲で，そうでないところは雲のないところです。この画像を見ると，今，日本のどこに雲があるのかがわかります。

C　すると，白いところの天気は，くもりか雨です。

C　青いところは，今，雲のない晴れの天気です。

【コンピューターを使って見ることも…】

T　『気象庁　気象衛星』で検索してみましょう。現在の雲画像が出ますよ。

| 準備物 | ・掲示用（気象衛星ひまわりからの雲画像）と
（アメダスの雨量情報図）QR | ICT | 教師が気象庁のHPにアクセスし，雲画像や雨量情報を紹介するとよいでしょう。 |

QR

・画像

その他

④ 天気の変化を知る

雲画像　　　　　　アメダスの雨量情報

[日本の上にある
雲の位置，量，
動きを知る]　　[日本の各地で
雨がどこで
どれくらいふっているか]

4日（5日）分集めて変化をみてみよう
（インターネット，新聞）

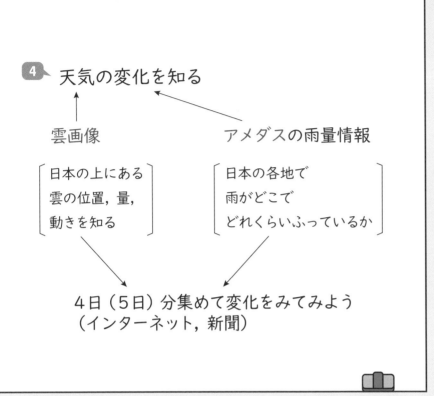

3　アメダスの雨量情報から何がわかるのか
を話し合う

T　雲画像を見ると，雲のあるところがわかりました。この画像から，天気は，わかりますか。

C　雲の下が，雨かくもりかは，わからない。

T　そうです。そこで，その場所で今，雨が降っているのかどうかを知る方法があります。

（教科書やパソコンのアメダスの降雨地図を見せる）

T　『アメダス』とは，日本各地（1300か所）にある自動気象観測所のことで，雨量，風向，風速，気温などを自動的に測って気象庁に送っています。（と，説明して教科書のアメダス図を見る）

T　アメダスの雨量（降雨）地図を見ると，どこにどれだけの雨が降っているかがわかります。

C　四角のマスのところで，雨が降っています。

C　これをみると，どこが雨なのかくもりなのかがわかります。降る雨の量も色でわかります。

【コンピューターを使うことも】

T　『気象庁　アメダス』で検索しましょう。画面が出たら『降雨量』を調べます。（板書参照）

4　天気の変化にはきまりがあるのか
調べる方法を話し合う

T　今の空を見ているだけでは，天気がどのように変わっていくのかは，わかりにくいですね。

T　でも，もっと広い範囲の雲の動きや雨の降る地域を調べていくと，変化のきまりがわかるかもしれません。

C　雲画像を見ると，雲の動きがわかります。雲の動きと天気は，関係がありそうです。

C　雨が降るところはどう変わっていくのか，アメダスの雨量地図で調べられそうです。

T　それでは，雲の動きは雲画像で調べましょう。また雨の降る地域はアメダスの雨量情報で，4，5日続けて調べてみましょう。

C　画像を，日づけ順に並べると，雲の動き方や天気の変わり方のきまりもわかってきそうです。

【きまりを見つけるための気象情報を集めるには…】

雲画像とアメダスの情報を数日分集め，そこから天気の変化のきまりを見つけ出す…という帰納的な学習になる。児童が集めるのは難しいこともあり，教師が，きまりの見えやすいデータを準備してもよい。

天気はどのように変わっていくのだろうか，きまりを見つけてみよう

板書例

〔問題〕　天気の変化のしかたには，
　　　　　きまりのようなものがあるのだろうか

1
2　天気の変化のきまり

13日 - ➤ 14日

〈雲画像〉

雲のようす
動き

・関西から関東に雲
・北海道，東北，九州は
　雲はない

・関西，関東，四国の
　雲がなくなった
・北海道，東北に雲

〈アメダス〉

雨のようす
動き

・大阪，四国，
　東京は雨
・北海道，東北は
　雨なし

・大阪，東京，四国は
　雨なし
・東北，北海道は雨

※各図は一例です。

POINT　雨の降る週をねらい，気象庁のHPにアクセスし，数日間の雲画像や降雨量のデータを集めておくとよいでしょう。

1 雲画像とアメダスの雨量情報を見て，雲と天気についてわかることを話し合う

（4日分｛または5日分｝の，雲画像とアメダスの雨量情報を集めておく。雲と天気の変化が，見てわかりやすいことが大切）

T　集めた4日分の『雲画像』と，アメダスの雨量情報の『雨の降っているところの地図』を，これから見ていきます。

T　まず，13日正午の雲画像を見ましょう。この画像からわかるのは，どんなことですか。

C　関東から関西までが，雲でおおわれているのでその下の天気はくもりか雨です。

C　北海道，東北，九州には雲はなく晴れです。

T　では，同じ13日のアメダスの雨量情報からわかることは？　雲のあった関東や関西の天気はどうですか。

C　関東も関西も雨です。でも，雲のなかった北海道や東北，九州ではやっぱり雨は降っていません。晴れです。

2 1日後の雲画像とアメダスの雨量情報から，天気がどう変わったのかを調べる

T　13日の雲と天気がわかりました。雲画像で雲のないところは，雨量情報でも雨が降っていないことがわかりましたね。

T　では，13日の明くる日の14日の雲画像と雨量情報を見てみましょう。

T　まず，雲の様子に変化はありますか。

C　雲画像を見ると，関西，中国，四国地方にあった雲がなくなっています。東京あたりも雲がなくなっています。反対に，雲のなかった北海道や東北に雲があります。

C　雲のかたまりは，西の四国や関西から，東北など，東の方へ動いていったみたいです。

T　では14日が雨なのは，どこでしょうか。アメダスの雨量情報で，確かめてみましょう。

C　前の日は晴れていた東北や，北海道が，14日は雨で，多く降っています。やっぱり雲画像で雲のあるところが雨です。反対に，雲がなくなった四国や大阪は，晴れみたいです。

準備物
・黒板貼付用画像 QR
（4日分の雲画像，アメダス雨量地図）
※電子黒板で見せるのもよい。
※わかりやすい教科書の資料などでもよい。

ICT
数日間の雲画像を並べ，雲の動きを追うと共に，それぞれに合った降水量の資料を選ばせるとよいでしょう。

3 雲の動きと天気のうつり変わり
↓
雲は，およそ西から東へと動いていく

雨のふる
晴れの　｝地いきも西 → 東へ

↓

天気も雲の動きと同じように，
およそ西から東へと変わっていく ＝ きまり

4

〔まとめ〕

春のころの日本付近では，雲は，西から東の方へ
動いていくため，天気も，雲の動きと同じように
およそ西から東へ変わっていく

QR

・動画
「雲の動き」

・画像

その他

3 雲の動きと，天気の移り変わりには，どんなきまりがあるのか話し合う

T　雲画像と雨量情報を13日と14日で見比べてみると，どのように変わったといえますか。

T　まず，雲の動き方や動く方向には，『きまり』のようなものは見つかりましたか。

C　大きな雲は，13日は四国や中国，関西にあったけれど，14日には東の方に動いていました。

C　14日は，雲のなかった東北地方や北海道に，大きな雲がありました。だから，『西の方から東の方へ』と，雲のかたまりは動いたと…。

T　『雲は，およそ，西から東へ動いていく』というきまりがありそうですね。では，天気の移り変わりにもきまりはあるでしょうか。

C　雨の降る地域も，西から東へと移っています。天気も西から東へ変わっていきます。

【雲の動きを，インターネットの動画で見る】
動画を見ると，雲が刻々と『西から東へ』と動いている様子が目の当たりにできる。

4 4日分の雲画像を見て，天気の移り変わりのきまりを確かめ，まとめる

T　雲の動きと同じように，天気も『西から東へ移り変わる』というのがきまりのようです。

T　では，13日の前の日の11日と12日の雲画像も見て，このきまりを確かめてみましょう。

C　11日には，九州の西にあった雲は，12日にはやっぱり東の方へ動いています。

C　そして，14日には，東北，北海道まで動いています。4日で九州から北海道まで雲が動きました。

T　この4日の雲の動きを見ても，雲や天気は『西から東へ…』というきまりがわかります。（まとめ）

T　教科書にも雲画像とアメダスの雨量の資料が出ています。このきまりのように雲や天気が動いているかどうか，確かめてみましょう。

【教科書の資料も使って】－学んだきまりを使って考える－
教科書に出ている資料は，『西から東へ』というきまりをとらえやすい画像や雨量地図が使われているため，子どもにもきまりが見えやすい。

明日の天気を予想してみよう

『天気は，西から東へ変わっていく』というきまりをもとに，天気が予想できることに気づき，自分たちの地域の天気を予想することができる。

板書例

め　明日の天気を予想してみよう

1　予想に必要なもの（情報）　　**2**　今の天気＝雲と雨＝今，京都は？

・今日の雲のようすで天気予報の雲画像から確認する（量，場所，動き）

・今日の雨のようすをアメダスの雨量情報で確認する（量，場所）

雲画像　QR

京都
アメダスの雨量情報　QR
強｜弱

雲画像での雲の量
・京都（東）<u>0</u>
・九州（西）に雲
　↓
（雨雲か）

アメダスでの雨の量
・京都（東）<u>0</u>
・九州（西）は雨

POINT　自分たちの地域だけでなく，いろいろな地域の天気を予想するとよいでしょう。

1　明日の天気を予想するには，何がわかればよいのかを話し合う

T　このあたり（京都市）の今日の天気は晴れですが，明日の天気はどうなるのでしょうか，自分で天気予報ができると思いますか。

C　ニュース，気象情報でも天気予報をしているので，予報はできそうです。

C　天気予報で『雲がやってくるので…』と言っていたので，雲の動きがわかれば予報もできそう…です。

（天気予報を録画しておき，見せるのもよい。予報士の『西から～』などの言葉に着目させる。）

T　<u>気象予報士の人は，今の『何を見て』，天気の予報をしている</u>と思いますか。

C　天気予報にも出てくる日本付近の雲画像だと思います。京都付近に雲がないかどうか…。

C　アメダスの雨量情報も，よく出てきます。

T　<u>今の雲の様子と雨の降っているところを知ることが，予報の手がかりになり</u>そうですね。

ここでは主に雲の位置と動きから予想する。

2　雲画像とアメダスの雨量情報を見て，今の雲や雨の様子を話し合う

T　これが，雲画像とアメダスの雨量情報図です。

　2つの図を貼るか，電子黒板で見せる。できれば，授業当日の画像を提示すると関心も高まる。

T　画像からわかったことを発表しましょう。まず雲画像では？

C　わたしたちの地域（京都）には，今，雲がありません。東京あたりにも雲はないようです。晴れかな？

C　雲があるのは，西の方の九州あたりです。雲が厚そうなので，雨雲かもしれません。

T　アメダスの図からわかることも発表しましょう。

C　わたしたちの地域は，雨は観測されていないけれど，雲がある西の方では，やっぱり雨が降っています。（板書参照）<u>この図は一例です。地域やその時期に合った資料がよいでしょう。</u>

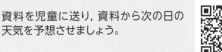
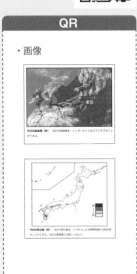

QR

・画像

3 〈予想してみよう〉 「天気は これから…」

予報士（よほうし）─ 現在，雲は 雨は… これから，明日は，雲は，動きは，天気は，

（予想） 「やがて 下り坂に
　　　　明日は くもりか雨に…」

（理由） 今日は 西の九州で雨
　　　　「天気は西から東へ」のきまり
　　　　　　‖　　　　‖
　　　　　　九州　　京都

4 〈これからの天気を予想する手がかり〉
　西の地方の今の天気を見るとよい

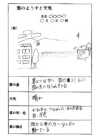

3 気象予報士になって，明日の天気を予想する

T　今の各地の雲と天気の様子から，わたしたちの地域の明日の天気を予想してみましょう。

（予報の原稿を作文し，発表し合う。以下は一例）

【気象予報士になって…】（予報の発表の例）

C　現在，九州地方には大きな雲があり，雨が降っています。明日は，この雲が西から進んできて，京都の天気はやがて下り坂になり雨が降るでしょう…。

C　今，九州では雨が降っています。雨を降らせている雨雲は，だんだん東に進み，明日の午後には四国や近畿地方も雨になりそうです…。

T　今は晴れているのに，どうして明日の天気はくもりや雨だと予想したのですか。

C　ここより西の方の九州に雲があり，雨も降っていたからです。

C　『雲も天気も，西から東へと移っていく』というきまりから考えました。

T　みなさんの予報は，明日，確かめましょうね。

4 実際の空を目で見て，気づいたことを発表し，天気を予想する

T　天気の予報をするにはどうしますか。

C　天気は西から東へと移ってくるので，今の西の地方の雲や天気を見ると，予想できます。

T　では，実際に今日の空を目でも観察して，記録し，天気も予想してみましょう。

（雲の種類や動きを観察し，記録を発表し合う）

C　雲の量をみると，今日の天気は晴れです。

C　わた雲が，西から東の方へ，動いていました。

C　西の方の山に，少し厚い雲が，並んでうかんでいました。

T　これからの天気を考えてみましょう。

C　西の山に雲があるので，くもってくるかもしれません。

目での観察だけでは，予想は難しいことも話し合う。

天気の変化　　25

植物の発芽と成長

全授業時数　11時間＋広げよう１時間

◎ 学習にあたって ◎

◉ 何を学ぶのか

　「花から実へ」や「メダカ・人のたんじょう」の単元とともに，生物の種族維持（殖え方）について学ぶのが５年生です。本単元では，植物の繁殖で基本となる種子のつくりと発芽の条件について学習します。種子が発芽するには，水，空気，適温の３つの条件が必要で，これらがそろったときに発芽します。子どもたちのこれまでの栽培経験も生かしながら，発芽に必要なものを考えさせ，実験で確かめていきます。さらには，発芽後の成長の条件（光や肥料）についてもふれますが，これは６年生の「光合成」の学習につながる学習となります。

◉ どのように学ぶのか

　発芽の条件や種子のつくりを調べるには，その大きさや扱いやすさから，教科書のように，インゲンマメを主教材として使います。さらに，トウモロコシやイネ（米）等も取り上げると，より一般化できます。発芽の条件を調べるには，水なら「水のある環境」と「水のない環境」の２つに種子を置き，発芽するかしないかを比べる実験をしなければなりません。いわゆる『対照実験』ですが，この場合は水以外の条件を同じにしておく必要があります。この条件制御は，実験上の大事な手法であり，学習指導要領や教科書でも強調されています。しかし，５年生には難しさもあります。『発芽には何が必要か』の追究を本筋にして，助言も交えてこの手法にも気づかせていくようにします。

◉ 留意点・他

　種子のつくりでは，種子は根や茎，葉などの体になる部分（胚）と，発芽のための栄養分を蓄えている部分（子葉・胚乳）からできていることをとらえさせます。また，子どもはこれまでの経験からも，発芽とは『土から芽が出る』ことだと思っています。そのため，発芽の条件として『土』や『光』，また『肥料』なども挙げてきます。また，光についても『暖かさ（適当な温度）』と『光（明るさ）』の区別があいまいで，混同していることもあります。このような子どもの考え方もふまえて，学習をすすめる必要があります。また，『発芽』と『成長』のちがいにも留意させます。

◎ 評　価 ◎

知識および技能	・植物の種子が発芽するには，水，空気，適当な温度（暖かさ）が必要なことを，条件を変えた対照実験を通して理解する。 ・種子には，植物の体になる部分（胚）と，栄養分を蓄えている部分（子葉・胚乳）があり，その栄養分を使って発芽していることがわかる。 ・発芽した植物が丈夫に育つには，水や空気の他に光と肥料が必要なことがわかる。
思考力，判断力，表現力等	・発芽の条件を調べる実験をするには，調べたい条件だけを変え，他の条件は同じにしておく，という実験方法に気づき，実験の結果の考察やまとめにも生かすことができている。
主体的に学習に取り組む態度	・植物は，種族を残すために種子を作っていることについて話し合い，生命のつながりに関心を持っている。 ・種子に与える条件を変えた発芽の実験を，友だちと協力し合ってすすめている。

◎ 指導計画　11 時間＋広げよう１時間 ◎

◇　発芽の実験は結果が出るまでに日数がかかります。また，気温にもかなり左右されます。そのこともふまえて，各時間の順番を入れ替えたり，他の単元と並行して進めたりするなど，指導計画は柔軟に考えてください。

◇　教科書では，植物の栄養素であるでんぷん（澱粉）そのものの学習が不十分です。そのため，『でんぷんとはどのような物質なのか』という学習を別に行ってもよいでしょう。

次	時	題	目標	主な学習活動
種子の発芽と条件	1	種子が発芽するのに必要なものを調べよう	植物の種（種子）が発芽するには，水などいくつかの条件が必要なことに気づく。	・これまでの栽培の経験をもとに，種子が発芽するには何が必要なのかを考え，話し合う。
	2	発芽の条件を調べよう（1）（水と空気）	発芽には，水と空気が必要かどうかを調べるための実験方法がわかり，準備することができる。	・水と空気の条件を変えた３つ（または４つ）のカップにインゲンマメの種子をまき，発芽するかどうかを予想し，話し合う。
	3	発芽の条件を調べよう（2）結果（水と空気），実験（光と温度）	種子が発芽するためには，水と空気が必要なことがわかる。発芽に光や適温が必要かどうか，その調べ方や比べ方がわかる。	・前時の実験の結果はどうなったかを調べ，発芽には水と空気が必要なことをまとめる。・また，光や適温が必要かを調べる準備をする。
	4	発芽の条件を調べよう（3）（光と適温）	種子の発芽には，適当な温度（暖かさ）が必要だが，光（明るさ）は必要でないことがわかる。	・前時に準備した「光を当てない種子」「冷蔵庫に入れた種子」が発芽したかどうかを確かめ，その結果から発芽に必要な条件を話し合う。
	5	種子が発芽するために必要なものをまとめよう	種子が発芽するには，水と空気，適温が必要で，光や土，肥料は必要ではないことがわかる。	・これまでの実験をふり返り，発芽に必要な条件をまとめる。また，発芽した種子の形を観察する。
種子のつくりと養分	6	種子のつくりを調べよう	インゲンマメの種子は，種皮の他，子葉や根や茎になる部分，葉になる部分からできていることがわかる。	・インゲンマメの種子を分解し，発芽したものと比べながら，子葉など各部分の形と名前を調べる。
	7・8	子葉のはたらきを調べよう	種子の子葉には，発芽のときに根や茎を伸ばすための栄養分（でんぷん）が蓄えられていることがわかる。でん粉はヨウ素液で見つけられることを知る。	・子葉のはたらきを聞き，子葉には栄養分としてでんぷんが入っていることを，ヨウ素液を使って調べる。
	広げよう	イネやトウモロコシの種子のつくりを調べよう	イネやトウモロコシの種子にも体になる部分（胚）とともに，栄養分を蓄えている部分（胚乳）があることがわかる。	・イネやトウモロコシの種子のつくりを調べる。・発芽のための栄養分として，でんぷんを蓄えている部分（胚乳）があることを，ヨウ素液を使って確かめる。
植物の成長	9・10	植物が成長する条件を調べよう（1）（光と肥料）	発芽後の成長には，発芽の３条件のほかに光と肥料が必要なことを予想し，それを確かめる実験方法がわかる。	・これまで植物を栽培してきた経験から，発芽後の成長に必要な条件は何かについて話し合う。・それを確かめる実験方法を考え，準備する。
	11	植物が成長する条件を調べよう（2）（光と肥料）	インゲンマメが発芽した後，丈夫に大きく成長するには，光と肥料が必要なことがわかる。	・条件を変えて植えた３つの鉢のインゲンマメについて，２〜３週間後の成長の様子を観察する。

◇　本単元の最後のページに，『学習資料』をつけています。子どもの理解を助け，また広げたり深めたりするための実験を紹介しています。

種子が発芽するのに必要な ものを調べよう

本時の目標　植物の種（種子）が発芽するには，水などいくつかの条件が必要なことに気づく。

板書例

〔問題〕　種子の発芽するためには，何が
　　　　　必要なのだろうか

① 　種子が
　　　　芽を出すには

　　　　春になって
　　　　土にまいて
　　　　水やりをして

②③　みんなで考えた発芽の条件（じょうけん）

・水　　（　）人　※水やりをした
　　　　　　　　　　やわらかく

・空気　（　）人　いきをしている

・土　　（　）人　土に種をまくから

※は児童の発言した理由。

1　いろいろな種子を見る

T　春は，種をまく季節です。ここにいろいろな種が
　あります。

　　アサガオ，ヘチマ，ホウセンカ，イネなどの種子を見せる。
　種まきをした経験を話し合ってもよい。

T　では，これらの種をこのまま机の上に置いておい
　たら，芽は出るでしょうか。

コスモス　　オクラ　　フウセンカズラ　　ダイコン

C　土に埋めて水をやらないと，芽は出ません。
C　机の上では芽は出ないと思います。ヘチマの種も
　土にまきました。
T　では，種が芽を出すにはどんなものがいるのか，
　どういうときに芽を出すのか，今日はそのことを考
　えましょう。（本時のめあて）
T　使うのは『インゲンマメ』という植物の種です。（見
　せる）

2　インゲンマメの発芽に必要なもの（条件）を考える

T　種が芽を出すことを『発芽』といいます。このイ
　ンゲンマメの種が発芽するには何がいる（必要）で
　しょうか。考えてみましょう。
C　水かな。
C　土は必ずいると思います。
T　このまま，机の上では発芽し
　ないのは，どうしてですか。
C　水がないと発芽しないと思い
　ます。種をまいた後は必ず水や
　りをするから…。

　　水が必要というだけでなく，経験などをもとにして，そう
　考えた根拠もつけ足して発言するように促す。

T　では，発芽には水が必要だと思う人は？
C　はーい。（ほとんど全員が挙手）
T　ひとつ，『水』という発芽するのに必要なものに
　気づきましたね。水の他に必要なものはないでしょ
　うか。ノートに書き出してみましょう。

　　書いた後，グループで相談させてまとめてもよい。

| 準備物 | ・いくつかの種子
・インゲンマメの種子（スーパーなどでは『金時豆』『うずら豆』などの名前で食品売り場にあるが，これも発芽する） | ICT | 発芽に必要だと思う条件について，意見集約アプリを使って，児童の実態を把握するのもよいでしょう。 |

QR

・画像

いろいろな種子 野菜も種子（たね）をつくってなかまをふやしている。

いろいろな種子 おたねコスモス，オクラ，フウセンカズラ，ダイコンの様子。

いろいろなインゲンマメ 私たちもいろいろな形のインゲンマメを食べている。

その他

3 ・あたたかさ　　（　）人　　春にたね
　（適当な温度）

4 ・肥料　　　　　（　）人　　肥料を入れて
　　　　　　　　　　　　　　　たがやす

　・光（明るさ）　（　）人

　実験でいるものいらないものをたしかめる

---

3 水のほかにも，発芽に必要なもの（条件）はないか，話し合う

T　では，発芽には水の他にどんなものがいる（必要）のでしょうか。考えたものを発表しましょう。

C　空気も必要だと思います。なぜなら，種も息をしていると思うからです。

C　土もいると思います。土がないと出てきた根を伸ばすことができません。

C　温度も大切です。種まきは冬はしないで，春，暖かくなってからするものだからです。

　このように，考えの発表にはその根拠を示させる。

T　すると，この『温度』というのは『暖かさ』のことですね。その温度は何℃くらいですか。

C　春だから20℃くらいかな。30℃かもしれない。

　子どもはよく『温度が必要』とか『適度な温度』という言葉を使う。しかし，温度には0℃もあれば100℃もある。だから，その『温度』の中身を問い直して，発芽に合った（ちょうどよい）温度がある，ということを確かめなおすとよい。

4 考えた『発芽の条件』を整理し，予想する

T　空気，土，ちょうどよい暖かさの他には？

C　『肥料』もいると思います。それは，種をまく前に土に肥料を入れて耕すからです。

C　『光』も必要です。光で土が温まらないと芽は出ないと思うからです。

T　その『光』というのは，暖かさのことですね。（問い直し，確かめる）

　このように，『光』といっても，子どもは明るさと暖かさを混同していることが多い。ここでの『光』という言葉は明るさの意味で使うことをはっきりさせておく。

T　『光』を『明るさ』だと考えると，光は発芽に必要でしょうか。

C　種をまいたら土をかぶせるので，発芽に光は関係しないし，要らないと思います。

T　発芽に必要だと思われるものが，たくさん考えられました。しかし，必要でないもの，要らないものもあるかもしれません。予想しましょう。

　「空気は必要か」など簡単に予想させ，次時につなぐ。

板書例

〔問題〕　種子の発芽には，何が必要なのだろうか

問題　発芽に水と空気は必要だろうか

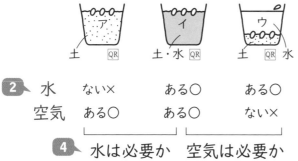

1　3つのカップに種をまく
　㊟肥料の入っていない土と水で

　　　　ア　　　　　イ　　　　　ウ
　　　土　QR　　土・水 QR　　土 QR 水

2　水　　ない×　　　　ある○　　　　ある○
　空気　　ある○　　　　ある○　　　　ない×

4　　水は必要か　　空気は必要か

3　予想
　ア，イ，ウの種子は，

アは　する　（　　）人
　　　しない（　　）人

イは　する　（　　）人
　　　しない（　　）人

ウは　する　（　　）人
　　　しない（　　）人

POINT　3つの実験を比べることが難しい場合は，（ア）と（イ），（イ）と（ウ）に分けて実験させてもよいでしょう。

1　3つの条件で種をまき，実験の準備をする

T　前の時間，発芽に必要なものを考えました。どんなものがありましたか。

C　水と空気です。（他に土，暖かさなど）

T　これからインゲンマメが発芽するのに要るものを調べていきますが，まず，水と空気が必要かどうかを調べましょう。土は，バーミキュライトという肥料を含まない土を使います。

T　ア，イ，ウの3つの方法で，種をまいてみます。それぞれ発芽するかどうか考えてください。

T　1つ目の（ア）は，乾いた土の上に種をまきます。2つ目の（イ）は，水で湿らせた土にまきます。3つ目の（ウ）は，カップの底に土を入れて水をいっぱい入れ，種を沈めます。（板書図参照）

　　（3つのカップを準備して見せる。土は，バーミキュライトの他，赤玉土や鹿沼土，脱脂綿でもよい）

T　グループでも，ア，イ，ウの3つのカップを作って準備しましょう。

2　実験に使うカップの条件のちがいを話し合う

T　では，3つのカップは『どんな条件がちがうのか』確かめておきましょう。

C　1つ目の（ア）には，水はありません。

C　空気はあります。空気に触れています。

T　すると，（ア）は，空気に触れているけれど，水はない…という条件ですね。

T　2つ目の（イ）には水と空気はありますか，触れていますか。水にしずめた（ウ）はどうですか。

C　（イ）は，種に水も空気も触れています。

C　（ウ）は，水はあるけれど，空気には触れていない。

T　3つのカップの条件を整理してみましょう。

カップ	ア	イ	ウ
空気は？	ある	ある	ない
水は？	ない	ある	ある
予想	発芽しない	発芽する	発芽しない
理由	水がない 発芽には水が必要	水も空気もある	空気がない 水が冷たい

QR

・画像

その他多数

発芽するか？ しないか？

予想の理由

※

・アは水がないから発芽しない

・イは水も空気もあるから発芽する

・ウは空気がない, 水が多すぎるので発芽しない

※児童の発言

4 実験準備した
ア, イ, ウを7日から
10日おいておく

---

3 ア, イ, ウの種子は発芽するかどうか, 予想する

T　ア, イ, ウのカップにまいた種は, 発芽するかどうか予想してみましょう。理由も書きましょう。(予想とその理由について話し合う)

T　まず, （ア）はどうでしょうか。発芽すると思う人は手を挙げましょう。(ふつう挙手なし。多くの子は発芽しないと考えている)

T　発芽しない…と考えた理由は何ですか。

C　水がないと発芽しないと思うからです。アサガオの種まきをした後も, 水やりをしました。

T　では, （ウ）は発芽すると思います
か。その理由を教えてください。

C　発芽しないと思います。水はたくさんあるけれど, 空気がないからです。

C　水にしずんでいると息ができないです。

C　水の中は冷たいから…発芽しない。

T　では（イ）はどうですか。発芽しますか。

C　（イ）は, 水も空気もあり, 発芽すると思います。

4 比べる実験を考える（発芽するまで7日から10日おいておく）

T　この3つの実験で, 水が必要かどうかを見るにはどれとどれを比べるとわかりますか。

C　水のあるものとないものを比べます。

C　（ア）には空気があります。だから, 空気がある（イ）と比べないとだめです。

　　対照実験をするには, 比べたい条件だけを変え, ほかの条件は同じにそろえておくことに気づかせる。子どもが考えにくいときは, 教師が説明する。

【あわせて準備しておきたい実験】　土を使わない実験など

ここでは, バーミキュライトを使った3つの実験をしている。しかし, この実験だけでは「やはり土は必要だ」と思ってしまう子どもも出てくる。そのため, 次のように土を使わない実験のセットも作っておき, 並行して結果を調べると「土は発芽の必要条件ではない」ことがとらえられる。また, インゲンマメだけで発芽の条件を決定するよりも, 他の植物でも調べると一般化できる。

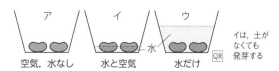

イは, 土がなくても発芽する

発芽の条件を調べよう（2）
結果（水と空気），実験（光と温度）

種子が発芽するためには，水と空気が必要なことがわかる。
発芽に光や適温が必要かどうか，その調べ方や比べ方がわかる。

板書例

〔問題〕 種子の発芽には，何が必要なのだろうか

1 結果
（7日から10日後）

	ア	イ	ウ
水	ない×	ある○	ある○
空気	ある○	ある○	ない×
発芽	しない	した	しない

2 まとめ
水がないと発芽しない（アより）
空気がないと発芽しない（ウより）
発芽には水と空気が必要（イより）

問題
発芽に光（明るさ）や，適

3 光は必要か？

光 → エ ← 光をなくす
水・空気あり

予想
発芽 { する　（　　）人
　　　 しない　（　　）人

---

1 7日から10日後に，発芽実験の結果を見て確かめる

T　3つの実験の結果を確かめましょう。

（料理番組のように，教師が前もって発芽させておいたものを「こうなります」と，見せてもよい）

T　まず，（ア）はどうでしょう。空気には触れていましたが，水はなかったカップです。

C　発芽していません。やっぱり水がないから…。

T　（イ）はどうですか。

C　（イ）は水があるから発芽している。

（同様に，（ウ）は発芽していないことを観察し，発芽したのは（イ）だけだったことを確かめる）

ア　発芽していない。　イ　発芽している。　ウ　発芽していない。

トウモロコシを使った実験でも（イ）だけが発芽する。

発芽したインゲンマメ

発芽したトウモロコシ

2 結果から発芽に必要なものは何かを考え話し合う

T　（ア）はどうして発芽しなかったのでしょうか。

C　水がなかったからです。（ほぼ全員）

T　それは，どのカップの結果と比べるとはっきりしますか。（対照実験）

ア　空気あり水なし　　イ　空気あり水あり

C　（イ）のカップと比べます。どちらにも空気があって，水ありの（イ）と，水なしの（ア）で比べられるからです。

T　（ウ）が発芽しなかったのは，どうしてだと考えられますか。

C　空気に触れていなかったからだと思います。

T　発芽に空気が必要なことは，（ウ）とどのカップを比べるとはっきりしますか。

C　（イ）のカップです。空気のある（イ）と，ない（ウ）で比べられます。

イ　空気あり水あり　　ウ　空気なし水あり

当な温度（あたたかさ）は必要なのだろうか

4 あたたかさは必要か？

光を
なくす →

オ

冷ぞう庫(約5℃)
あたたかさを
なくすと

水・空気あり

発芽するまで
実験準備をした
エ，オを
7日から10日
おいておく

予想

発芽 {
する　　（　　）人
しない　（　　）人
}

QR

・画像

発芽の種類結果を見る イのみ水もあたえたものだけが発芽している。

一斗缶

水でしめらせた土

発芽に光が必要か調べる 光をなくすために，箱や缶にをかぶせて発芽するか実験する。

水でしめらせた土

冷蔵庫の中（5℃くらい）
温かさがない

発芽に適当な温度は必要か？ 適当の冷蔵庫に入れて，発芽するかどうか実験する。

その他多数

---

3 発芽に必要な条件をまとめ，さらに光（明るさ）は必要かどうかを考える

T　発芽に空気が必要なことがわかりました。でも，土の中に空気はあるのでしょうか。

T　調べてみましょう。こうやって発芽したカップを水に沈めると…泡が出ますね。

T　発芽の条件として，水と空気の他に適当な温度，光も要るのではないかという意見がありました。次にこの2つが必要かどうかを調べましょう。

空気の泡が出てくる。

T　まず，発芽するのに光（明るさ）が必要かどうかを調べるには，どんな実験をしますか。

C　光をなくせばいいです。（引き出しのような）光のないところに置いて，発芽するかどうかを見ます。（イ）のカップに，箱や缶などをかぶせて，光（明るさ）をなくします。

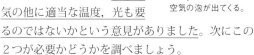

光（明るさ）がない　エ

一斗缶

水で
湿らせた土

※教室に置く。

4 適当な温度は必要な条件なのか，調べ方を考える

T　次は『適当な温度』です。まず『適当な温度』とは，何℃くらいだと思いますか。

C　冬のころの，10℃より寒いとだめだと思います。

T　『適当な温度』とは『暖かさ』のことですね。暖かさが必要かどうかを調べるには，どんな実験をすればいいですか。

オ

水で湿ら
せた土

冷蔵庫の中（5℃くらい）
暖かさがない

C　『暖かさ』のないところに置くといいです。

C　冷蔵庫の中は，寒くて『適当な温度』ではない…と思います。冷蔵庫（約5℃）に入れるといいと思います。

T　では，缶をかぶせるものを（エ），冷蔵庫に入れるものを（オ）として2つの実験をしましょう。準備するカップは（イ）と同じにしましょう。

T　（エ），（オ）はそれぞれ発芽するでしょうか。

C　冷蔵庫の中では，発芽しないと思うなあ…。

（冷蔵庫の温度を測り〔約5℃〕，簡単に予想をさせる。この2つの実験は，教師実験でよい）

発芽の条件を調べよう（3）
（光と適温）

板書例

〔問題〕　種子の発芽には，何が必要なのだろうか

1 結果 （7日から10日後）

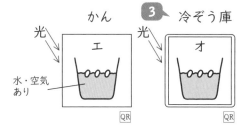

かん　　　　**3** 冷ぞう庫

光　→　　エ　　　　光　→　　オ

水・空気あり

	かん（エ）	冷ぞう庫（オ）
水・空気	ある○	ある○
光	ない×	ない×
適当な温度	ある○	ない×
発芽	した	しない

2 光はなくても発芽した
光は必要ではない

4 適当な温度
（あたたかさ）はないと
発芽しない

ふりかえり

ア　　　　　　イ　　　　　　ウ

土　　　　　　土・水　　　　土　　水

	ア	イ	ウ
水	ない×	ある○	ある○
空気	ある○	ある○	ない×
発芽	しない	した	しない

POINT　児童の興味のある植物について，発芽適温を検索エンジン等で調べてもよいでしょう。

1 光がないところで，種子は発芽しているか予想し，話し合う

T　この前，エ（光）とオ（温度）の2つの実験を準備しました。その結果はどうなっているのか。予想しましょう。（結果はまだ見せない）

T　（エ）と（オ）の結果の予想と理由を書きましょう。
（書いた予想を見て回り，考えの傾向をつかむ）

T　まず，（エ）から聞きましょう。（エ）の種子が発芽していると思う人は手を挙げてください。（多い）

T　まず，発芽していないと思った人に，考えを聞きましょう。

C　光が当たった方が芽は出やすいと思います。暗かったら芽は出ないと思いました。

T　次に「発芽している」と思った人は，どうしてそう考えたのか，発表しましょう。

C　土の中は暗いので，暗くても種は発芽すると思う…。発芽するだけなら土の中と同じなので，光は要らないと思いました。

発芽に光を必要とする『光発芽種子』もある。

2 結果を確かめ，発芽に光が必要かどうかを考える

T　（エ）のカップの結果を見て確かめましょう。

C　発芽しています。

T　発芽していますね。この結果から考えると，発芽するのに光（明るさ）は，必要なのでしょうか。

C　発芽に光は要らないと思います。光がなくて暗いところでも発芽したからです。

T　ア，イ，ウの，どの実験と比べると，『光は必要でない』ことがわかりますか。

C　（イ）の実験と比べます。どちらにも水と空気があって，光があるのが（イ）で，光がないのが（エ）だからです。どちらも発芽したのだから，光はあっても無くてもいいことになります。

子どもは（エ）の結果だけで「光は要らない」と考えてしまうが，正しくは（イ）の結果と対比してわかることである。この理屈は難しいので教師の説明で補う。

QR

・画像

その他

4 〔まとめ〕
種子が発芽するには
水と空気と適当な温度が必要
　　　　（あたたかさ）
（発芽に光はいらない）
種子によって発芽には適した温度がある

・インゲンマメ　　20℃〜30℃
・トマト　　　　　25℃〜30℃
・キュウリ　　　　25℃〜30℃
・トウモロコシ　　32℃〜35℃
・ダイコン　　　　15℃〜25℃
・イネ　　　　　　30℃〜37℃

3 冷蔵庫の中の種子は発芽しているか予想し，確かめる

T　冷蔵庫に入れた種は，発芽しているでしょうか。冷蔵庫の温度は，およそ5℃でしたね。考えを書きましょう。

T　まず，発芽していると，思う人は？
　（多くの子どもは『発芽しない』と考えている）

T　『発芽していない』と，予想したわけを発表してください。

C　冬に種まきをしないのは，温度が低いと芽が出ないからだと思います。

T　結果を見てみましょう。
　（冷蔵庫から出して見せる）

冷蔵庫（5℃）

オ
発芽しない　QR

C　やっぱり発芽していない。5℃は寒すぎたからだね。

T　この結果から確かめられたことは，どんなことですか。

C　冷蔵庫の中〔5℃〕は，発芽するには温度が低すぎるということです。

C　発芽には適当な温度，暖かさが要ります。

4 実験の比べ方を考え，発芽に適した温度を調べる

T　では，発芽に適当な温度が必要なことは，（オ）の結果とどの実験とを比べるといいですか。

C　（イ）の実験。（多くの子どもは誤ってこう答える）

C　（エ）の缶をかぶせた実験です。冷蔵庫の中は暗いので，暗くて温度だけがちがう（エ）の実験と比べます。（正しい比べ方）

　子どもは（オ）の結果だけで「適温が必要」と考えてしまうが，正しくは（エ）の結果と対比してわかることである。この理屈は難しいので教師の説明で補う。

T　ア，イ，ウ，エ，オの実験から，種子が発芽するには，水と空気と適当な温度が必要なことがわかりましたね。

T　また，種子によって発芽には適した温度があります。

　（植物の発芽に適した温度とは，何度くらいかを教える）

種子が発芽するために必要なものをまとめよう

板書例

㋫ 種子が発芽するために必要なものをまとめよう

1 発芽するための条件
2
- 水 ……………………
- 空気 …………………
- 適当な温度 …………

が必要
3つそろえば
発芽する

2 2000年前のハスの種

 休みん

必要なものがそろうと
（3つの条件）

↓

発芽した（大賀ハス）

- 光は必要ではない
- 肥料は必要ではない
- 土は必要ではない

だっしめんと水

POINT インゲンマメだけでなく，色々な植物の種子を発芽させることで，共通性や多様性を感じさせるのもよいでしょう。

1 みんなが考えた発芽に必要な条件を確かめる

（1時目にみんなが考えた発芽の条件をふり返る）

T　もう一度，初めにみんなが考えた発芽の条件は何だったのかを，ふり返ってみましょう。

C　水，空気，適当な温度（暖かさ），光，肥料，土。

T　このうち，発芽に要るものと要らないものがあることがわかりました。要るものは何でしたか。

C　水，空気，適当な温度です。

T　では，要らなかったものは何でしたか。

C　光（明るさ）でした。無くても発芽しました。

T　肥料は必要だったでしょうか。

C　この土（バーミキュライトや赤玉土）は，肥料を含んでいません。でも発芽したから，肥料は要らないと思います。

T　脱脂綿にまいた種も発芽しました。

T　このように，土でなくても，適当な温度で空気に触れさせ，脱脂綿を水で湿らせておけば，発芽するのですね。

プリンカップ

水で湿らせた
脱脂綿

2 発芽には土は必要かどうかを話し合い，確かめる

T　では，土も脱脂綿もなしに，種の半分だけ水につけたもので発芽しているのでしょうか。

（2時目に準備してあるものを見せる）

インゲンマメ

水に
ひたす

上から
見ると

C　根が出ている。土や脱脂綿がなくても発芽はできるんだ。

T　このことから，発芽に土は必要だといえるでしょうか。

C　土は要りません。でも大きく成長できないかも…。

　　『発芽』とは，成長と違って，ともかく根や芽（子葉）が出ることだととらえさせたい。

T　発芽するには，水，空気，適当な温度の3つの条件がそろえばいいといえますね。

T　大賀博士が見つけた2000年も前のハスの種子も，3つの条件がそろうと発芽したそうです。（板書）

T　土を使わずに発芽させているもの（食べ物）を，何か知っていますか。（モヤシやカイワレダイコンなど）

準備物	・土を使わないで発芽させたカップ（脱脂綿を使ったカップ，水に種子をひたしただけのカップ）

3 発芽の順序（じゅんじょ）

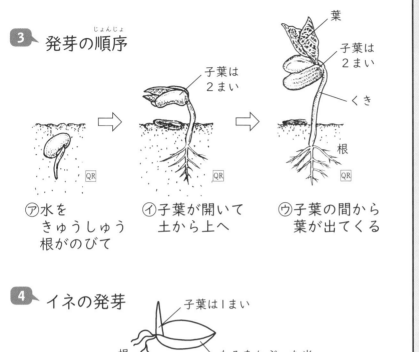

⑦水を
きゅうしゅう
根がのびて

⑦子葉が開いて
土から上へ

⑦子葉の間から
葉が出てくる

4 イネの発芽

子葉は１まい

根　　もみをかぶった米

QR

・画像

土がなくても発芽する　半分水につけた様子もやがて根が出てくる。土につけておいても

カイワレダイコン　土を使わずにダイコンの種子を発芽させたもの。

その他多数

---

3 発芽した種子の様子（姿）と，発芽の順序をふり返る

T　これまでの実験から，種が発芽していく様子と順序もふり返ってみましょう。『種から芽が出る』といいますが，初めに出てきたのはなんでしたか。

C　『根』でした。⑦

C　根が伸びてきました。

T　そうですね。初めにまず根が出てくるのは何のためでしょうか。

C　まず水を取り入れるためだと思います。

（子どもの発言に沿って，黒板にも絵を描いていく）

T　そのあとは，どうなりましたか。

C　種（子葉の部分）が土から出てきました。⑦

C　その後，種（子葉）の割れ目から，葉（本葉）が出てきました。⑦

⑦　⑦　⑦

根

4 発芽した種子の，各部分の名前を調べる

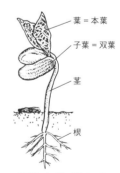

葉＝本葉
子葉＝双葉
茎
根

発芽したインゲンマメ

T　発芽したインゲンマメの体には，名前がついています。根，茎はわかりますね。土から出てきた種（子葉の部分）は，2つに分かれています。この部分を『子葉』といいます。アサガオやヒマワリ，ヘチマの双葉と同じです。そして，『子葉』の間から出ている葉を『本葉』ともいうのです。

T　みなさんも，発芽したインゲンマメの形を描きましょう。（『種子のつくり』への助走にする）

（芽が出たばかりのものと，葉が出始めたものとの2つを描くように指示する。実物をスケッチさせてもよいが，黒板や教科書の図を見て描かせてもよい。）

イネやトウモロコシは，種子をペトリ皿に入れ，水に半分くらいつかるようにしておくと，発芽する。

イネやトウモロコシの子葉は，1枚の子葉（単子葉）である。

種子のつくりを調べよう

板書例

ⓜ 種子のつくりを調べよう

1️⃣ 〈インゲンマメの発芽と種子〉　2️⃣ 〈種の中にあるもの（つくり）〉

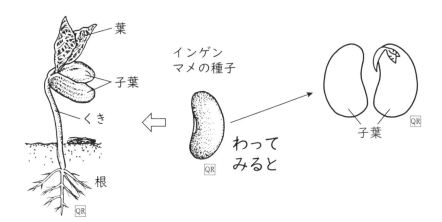

インゲンマメの種子

わってみると

子葉

POINT 実際の種子を解剖し、画像で学んだ種子の作りを確認するとよいでしょう。

1 発芽したインゲンマメと比べながら種子のつくりを調べる

（発芽したインゲンマメと、種子を見せながら）

T （発芽したカップを見せて）インゲンマメの種が発芽すると、このような姿になっています。では、（種を見せて）このインゲンマメの種の中にも根や子葉や葉（本葉）になっていくところがあるのでしょうか。今日は種の中を詳しく調べてみましょう。

C 根になっていく『もと』が、種の中にはいっているのかなあ。

（水につけておいたインゲンマメの種子を2人に1個ずつ配る）

T 発芽したインゲンマメと、種の形を見比べてみましょう。

C 子葉の形と、種の形が似ています。

C 発芽した芽の下に、種の皮が落ちています。

根、茎、葉（本葉）、子葉を確認させる。

葉 = 本葉
子葉 = 双葉
茎
種皮
根

2 種の中には、子葉が入っていることを観察する

T 種を解剖していきましょう。

T 種の外側にあるのは何ですか。

C 皮です。

T 『種皮』といいます。中身を守っているのですね。

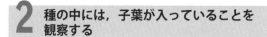
種皮をむいたところ
胚
種皮

T 中に入っているものを見てみましょう。

C 白い種（子葉の部分）が出てきました。

C 2つに分かれて（割れて）います。ここが、発芽したときに、土から出てきた『子葉』だと思います。

種皮

（発芽した子葉と、種の子葉の形を見比べさせる）

T 種のこの白い大きな部分が、発芽して緑色の『子葉』（双葉）になります。ですから、種のこの部分も『子葉』というのです。

『子葉』や『幼根』などの名前を知ることで子どもにもその部分がよく見えるようになる。

| 準備物 | ・インゲンマメの種子（前日から水につけて軟らかくしておく）　・カップで発芽したインゲンマメ　・（あれば）水につけたダイズ，ラッカセイ　・ルーペか虫眼鏡 | ICT | 種子を開いた写真を送り，児童とペンでなぞりながら，根やくきや葉になる部分などを確認するとよいでしょう。 |

QR

・画像

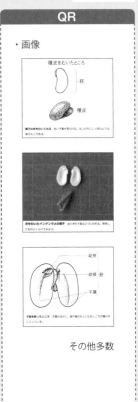

その他多数

3 4 〈種子の中の根・くき・葉〉

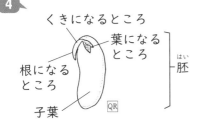

くきになるところ
葉になるところ
根になるところ
子葉
QR
はい 胚

・からだ（根，くき，葉と子葉）になっていくところが入っている
・子葉はいちばん大きい部分

ダイズの種子も
インゲンマメの種子と同じつくり
↓
子葉
白い大きな部分が発芽して
緑色のふた葉になる

---

3 子葉を割り，中のつくりも観察する

T　種の子葉は，（双葉になるところなので）2つに割れます。割って中を見てみましょう。

T　絵に描いて（スケッチして）みましょう。

T　中にどんなものが見つかりましたか。

C　小さなしっぽみたいなもの（『幼根』のこと）が子葉の間についています。

C　小さな葉っぱのようなもの（『幼芽』）も子葉の間についていました。

　見つけたものを黒板に描き込みに来させてもよい。

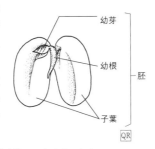

幼芽
幼根
子葉
胚
QR

T　これらの種の中身のうち，まず根になっていくのはどこだと思いますか。

C　この小さなしっぽみたいなところ（幼根）だと思います。伸びて根になる。

T　そうです。「根の赤ちゃん」といえるところです。

4 種には，発芽すると根や茎，葉になっていくところがはいっている

T　（幼芽の部分を指しながら）種子のこの部分は，何になっていくところだと思いますか。発芽したインゲンマメの体と比べてみましょう。

C　『子葉の間から出ている葉のもと』になっているところだと思います。

T　名前は『幼芽』といって，ここが育つと，子葉の間から出ていた葉になります。

T　種子の中には，『根や茎』，『葉（本葉）』『子葉』になっていくところがあって，決まっているのです。種皮以外の部分は，発芽するとインゲンマメの体になっていくのです。

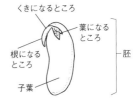

くきになるところ
葉になるところ
根になるところ
子葉
胚

　このような『体になっていく部分』を『胚』とよぶ。

　発芽したばかりの種子を解剖すると，各部分の形がよりよくわかる。時間に応じてダイズの種子の中を調べる。インゲンマメの種子のつくりとほぼ同じである。

子葉のはたらきを調べよう

本時の目標　種子の子葉には，発芽のときに根や茎を伸ばすための栄養分（でんぷん）が蓄えられていることがわかる。でん粉はヨウ素液で見つけられることを知る。

板書例

〔問題〕　子葉は，発芽するときに，どのようなはたらきをしているのだろうか

1 子葉の中身は何だろうか
↓
発芽してふた葉になる

子葉には発芽するための栄養分が入っている
＝
でんぷん ←

3 切って　わって
↓
ヨウ素液をかける
↓
青むらさき色になる

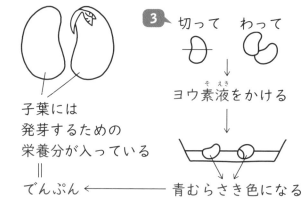

子葉の中のでんぷんのはたらき

発芽するとき，
根，くき，葉をのばす
栄養分になる

1 子葉のはたらきと，発芽の養分について聞く

T　種子のつくりを見ると，いちばん大きい部分は何というところでしたか。

C　子葉で，双葉（子葉）になる部分でした。

T　子葉は双葉だから，今は緑色をしています。この子葉には，もうひとつ役目があるのです。

　ここで，子葉の役割とは何かを説明する。子どもが考えてもわからないことは，教師が話して聞かせる。

T　この子葉には，発芽して根や茎や葉を伸ばすための養分が入っているのです。この栄養分を使って種子は発芽することができ，しばらく育つことができるのです。

発芽したインゲンマメの子葉

子葉は双葉であると同時に，発芽のための養分の貯蔵庫でもある。また，その養分とは，でんぷんという物質であることも教える。

子葉
落ちた子葉

T　子葉に含まれている養分とは何か，それは『でんぷん』という養分（栄養素）で，わたしたちが食べているものにも含まれているのです。

2 でんぷんの特徴と調べ方を聞き，ヨウ素液を使ってでんぷんを見つける

T　でんぷんとは，どんなものでしょうか。これがでんぷんです。（片栗粉を見せ，配布）

T　白いさらさらした粉ですね。顕微鏡で見るとこのように決まった形をしています。（写真を見せるか，図に描く）このでんぷんは，ジャガイモからとり出したものです。（しばらく触らせる）

ジャガイモのでんぷん

T　他に砂糖や食塩も白い色をしていますが，でんぷんを見分ける方法があるのです。この『ヨウ素液』をつけると，でんぷんなら青紫色に色が変化します。砂糖や食塩では色は変わりません。

　（子どもを前に集めて，ヨウ素液の反応を見せる）

T　グループでも，確かめてみましょう。（実験・観察）

T　ジャガイモの切り口にもヨウ素液をかけてみましょう。この後，ご飯つぶやパンなどでも試すとよい。

ジャガイモの切り口
ヨウ素液
ご飯（米）

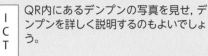

2 でんぷん

- ・ジャガイモ（いも）
- ・米（イネ）（ご飯）
- ・小麦の実（パン）
- など　いもや実に

・白くてさらさらした粉(こな)
　（かたくり粉）
・ヨウ素液をつけると
　青むらさき色に
　　→　見分け方

4 発芽したあとの子葉のでんぷん

- ・しぼんでいる
- ・ヨウ素液の色は
　変化しない
　（でんぷんはない）

子葉の
でんぷんが
使われていた

QR

・画像

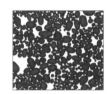

その他多数

3　ヨウ素液を使って，子葉にあるでんぷんを調べる

T　では，インゲンマメの子葉にもこのでんぷんが入っているかどうか，このヨウ素液を使って調べてみましょう。カッターナイフで種を半分に切り，切り口にヨウ素液をかけましょう。

ヨウ素液をかけると

切り口が青紫色になる

C　青紫色に色が変わりました。でんぷんがあります。

ヨウ素反応の色名は『黒』や『青』ではなく『青紫色』だと教える。

T　子葉を2つに割って，ヨウ素液に浸しておきましょう。どこが青紫色になるでしょうか。

C　青紫色になったのは子葉だけで，他のところは色があまり変化していません。

ヨウ素液に浸すと

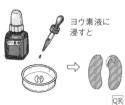

T　でんぷんが多くあるところは子葉ですね。

4　子葉のでんぷんは，体の成長につれて使われていくことを話し合う

T　今度は，発芽したインゲンマメの子葉を見てみましょう。気がついたことはありませんか。

C　しわが寄って，しぼんだ感じがします。

C　取れてしまって，落ちている子葉もあります。

T　この発芽した後のインゲンマメの子葉には，でんぷんがあるのでしょうか。

発芽前の子葉　　発芽後 落ちた子葉

青紫色になる　　青紫色にならない
でんぷんあり　　でんぷんなし

C　あるけれど，減っていて少ないと思います。

C　発芽して，根や茎や葉を伸ばすのに使ったから。

T　では，この子葉にもでんぷんがあるかどうかを調べるにはどうすればいいですか。

C　ヨウ素液をかけてみると，わかります。（ヨウ素液をかけさせると，色は変化しない）

C　でんぷんは発芽や成長に使われた。

イネやトウモロコシの種子のつくりを調べよう

板書例

㊎ イネやトウモロコシの種子のつくりを調べよう

1 〈イネの種子 … 米〉

もみ

↓ 発芽する

子葉
えい（もみがら）

根

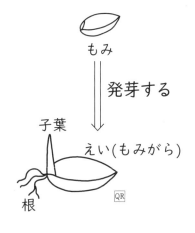

2 〈イネの種子（コメ）のつくり〉

えい（もみがら）を取る

── 根や子葉になるところ（胚という）
ここから芽が出る

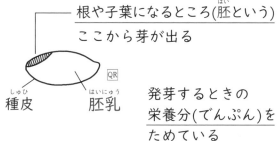

種皮（しゅひ）　胚乳（はいにゅう）

発芽するときの
栄養分（でんぷん）を
ためている

種皮と胚を取る

白米（はくまい）＝ 胚乳

POINT イネやトウモロコシは，胚乳という部分にデンプンを持っているなかまであり，ここではインゲンマメと区別して取り

1 発芽したイネの種子の様子を観察する

T （イネの種子＝種もみを見せて）ここに『米（お米）』があります。私たちはこれをご飯にして食べているのですね。米は，イネという植物の実，種子です。これが発芽してイネに育つのです。

T 発芽したイネの種子を見てみましょう。

T 根も葉も出ています。種のどこから出ていますか。発芽している姿を，絵に描きましょう。

C インゲンマメが発芽した形とは違うね。

C 種子の端っここの方から，根と芽（子葉）が出ているね。

イネの発芽
子葉（単子葉）
水
根

イネの種子の発芽は，水を半分くらい入れたペトリ皿に種もみを浸しておくと発芽する。

C インゲンマメと違って，発芽した芽は双葉ではなくて，1本です。

T イネは1本だけの子葉（単子葉という）が出てくるのです。

2 イネの種子（お米）のつくり - 胚と胚乳 - を確かめる

T 発芽する前の，イネの種子のつくりはどうなっているのか，調べましょう。（種子を配る）

T もみ殻（えい）を外して，中身をとり出しましょう。こんな形ですね。（黒板に描く）

C 1か所，色が違うところがあります。

C すみの方が形も違ってへこんでいる。

T では，発芽したもののもみ殻も外して，種子と比べてみましょう。

C この隅っこから，根と子葉が出ています。

C ここがイネ（の体）になっていくのかなあ。

T そうです。この隅っこにあって，色と形が少し違っている部分から根と芽（子葉）が出て，イネの体になっていくのです。この部分を『胚』といい，残りの部分は『胚乳』と呼びます。白米は，胚の部分をとって胚乳だけにしたもので，ご飯として食べているのです。

T 胚乳を割ってヨウ素液をかけてみましょう。

C 青紫色になった。でんぷんが入っている。

<table>
<tr><td rowspan="1">準備物</td><td>・一晩水につけておいたイネ（もみ米か，玄米）とトウモロコシの種子と，予めペトリ皿で発芽させておいたもの
・ヨウ素液　　・ペトリ皿　　・白米</td><td>ICT</td><td>実物を用意するのが難しい場合は，QR内の画像を使って説明するのもよいでしょう。</td></tr>
</table>

QR

・画像

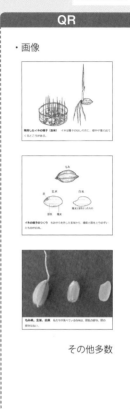

その他多数

3　〈トウモロコシの種子〉

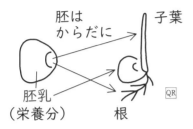

胚はからだに　　子葉

胚乳（栄養分）　　根

4　〈胚乳のはたらき〉

イネやトウモロコシの種子は
胚乳に栄養分（でんぷん）を
ためている　⇒　発芽するときの栄養分

扱っています。

3 トウモロコシの種子のつくりも見てみる

（発芽したトウモロコシを見せる）

T　トウモロコシはこのような形で発芽します。（板書）イネと似ていますね。発芽したものと，種子のつくりを比べましょう。（種子を配り，種皮を剥がさせる）

　　種子はトウモロコシの粒の実を使う。

T　種子のどこから根と芽（子葉）が出てきたのか，根や芽（子葉）になったところ（つまり『胚』）がわかりますか。

C　種のまん中に色の違うところがあります。ここが根と芽（子葉）になるところだと思います。

　　種まき用のトウモロコシの種子はしぼんでいて観察しにくい。トウモロコシの実そのものを求め，そこから種子の粒を取り出して用いる。

T　そうです。そこが根や芽（子葉）になるところで，『胚』といいます。その他の部分は『胚乳』といってみんなが食べているところです。

C　イネと同じように，トウモロコシの種子にも胚と胚乳という部分があるのですね。

4 胚乳の役割を考え，ヨウ素液を使って調べてみる

T　『胚』とは，根や芽（子葉）が出てくるところでした。つまり，イネやトウモロコシの体になっていくところです。では，『胚乳』の部分は，みんなが食べているところですが，どんな役割をしていると思いますか。

　　子どもから「発芽の養分を蓄えている」などと，意見が出ることもあるが，そうでなければ説明をする。

T　『胚乳』は，インゲンマメの子葉の部分と同じはたらきをしています。発芽のための栄養分を蓄えているところです。その栄養分とは，でんぷんです。ヨウ素液を使って，でんぷんが含まれていることを確かめましょう。

C　やっぱり青紫色になった。でんぷんがある。

T　イネ，トウモロコシの種には胚乳という部分があり（有胚乳種子），そこにでんぷんを貯めています。インゲンマメには胚乳がなく，でんぷんは子葉に貯めているのです。

トウモロコシの種はカッターナイフで切る。

トウモロコシ

植物が成長する条件を調べよう（1）（光と肥料）

板書例

〔問題〕 植物（インゲンマメ）が発芽した後，大きく
成長していくためには，何が必要なのだろうか

1 体が成長していくには
水，空気，などのほかに
何が必要だろうか

肥料分の
ない土

2 成長するのに必要なものを調べる

光
光を当てたものと当てないものを比べる

光あり　　　光なし

肥料
肥料をあたえたものとあたえて
いないものを比べる

水だけ　　　肥料と水

POINT 条件を制御するには，3つの鉢のうち，どの実験とどの実験を比べると，知りたいことがわかるのか考えさせることで，

1 発芽した後の成長には何が必要だろうか，話し合う

（発芽したカップのインゲンマメを見せながら）

T この発芽したインゲンマメを鉢に植え替えて，水をやりながら教室で育てます。果たしてうまく大きく育っていくでしょうか。

C 育ちにくく，ひょろひょろになりそう…。

T それは，どうしてですか。

C 教室は，<u>日の光が当たりにくい</u>からです。

C 子葉も落ちてとれているので，育つ養分もないからです。水だけでなく，<u>肥料もやらないと大きくならない</u>と思う。

C 入れもの（鉢）も大きくしないと。

T 発芽のときに必要だった水，空気，適当な温度は成長にも必要でしょうか。

C <u>水とか空気は，発芽のときと同じように必要</u>です。水やりしないと枯れてしまうから…。

T 発芽した後，大きく育っていくためには，空気のほかに，光と肥料もいるのでしょうか。

2 光，肥料が必要かどうかを調べる実験方法を考え，話し合う

T 成長に，光と肥料が必要なことを確かめるには，どんな実験をすればよいでしょうか。

（発芽の条件の実験のやり方を，ふり返らせる）

T まず，<u>成長に光が必要かどうかを見る</u>には，どのようにして調べればよいのでしょうか。

C <u>光を当てたものと，当てないものと2つ作って，成長を比べる</u>とよいと思います。

T では，肥料が必要かどうかを調べるには，どんな鉢とどんな鉢を比べるといいですか。

C 肥料をやる鉢と，やらない鉢を作って成長の様子を比べます。

肥料と水　　　水だけ

（肥料分のない土を使うことに気づかせ，植え替える）

T 気をつけることは，土は肥料の入ってない土にします。

| 準備物 | ・発芽したインゲンマメの苗4本　・植木鉢 (5, 6号くらい)　・肥料を含まない土 (パーライトやバーミキュライト)　・液体肥料 (ハイポネックスなど)　・空き缶か,空き箱 (光を入れないもの) | ICT | QR内にある3つの鉢の写真を見せ, 光と肥料, それぞれどの鉢を比べるか考えさせるとよいでしょう。 |

3 3つの実験を比べる

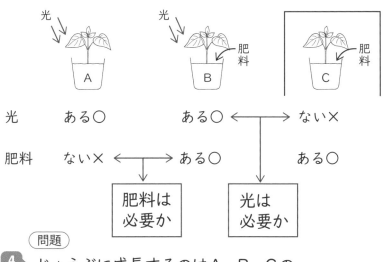

| 光 | ある○ | | ある○ ← | → ない× |
| 肥料 | ない× ← | → ある○ | | ある○ |

肥料は
必要か

光は
必要か

(問題)

4 じょうぶに成長するのはA, B, Cのどれだろうか

※児童の予想を板書する。

条件制御の練習となります。

---

3 条件を変えた実験を準備する

（4つの実験を整理してまとめる。準備, 教師実験）

T　光のあるものとないもの, 肥料を与えるものと与えないもの (計4つ) を比べればよいのですね。整理すると次のようになります。

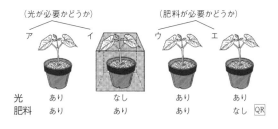

（光が必要かどうか）
ア　イ

（肥料が必要かどうか）
ウ　エ

| 光 | あり | なし | あり | あり |
| 肥料 | あり | あり | あり | なし QR |

　対照実験をするには, 変える条件と変えない条件がある。これが条件制御だが, 児童には難しさもある。無理のないように, 教師が説明で補う。
　教科書では, アとイ, ウとエを比べるようになっているが, アとウは同じものなので, 次の3つで考えさせてもよい。

A・光あり, 肥料なし　＝（イ）
B・光あり, 肥料あり　＝（ア・ウ）
C・光なし, 肥料あり　＝（エ）

4 条件を変えた鉢, それぞれの成長の様子を予想する

T　では, A, B, Cのインゲンマメの成長はどのようになっていくのか, 2〜3週間後の大きさや葉の数や色などを予想しましょう。

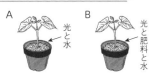

A　光と水
B　光と肥料と水
C　肥料と水

C　肥料があり, 日光のあたっているBがいちばん大きくなりそうだ。

T　この後, いちばん大きく丈夫に成長していくのはどれだと思いますか。

C　(B) だと思います。それは光も肥料もあるから。

T　次に, よく成長していくのはどれでしょうか。

C　肥料はないけれど, 光が当たっているAかな。

T　(C) はどうなるでしょうか。

C　肥料があっても光がないから枯れると思う。

T　では, これからもA, B, Cそれぞれの成長の様子を見ていきましょう。

植物が成長する条件を調べよう（2）（光と肥料）

板書例

〔問題〕　植物が発芽した後，大きく成長していくためには，何が必要なのだろうか

1 2 **2週間後のインゲンマメのすがた，ようす**

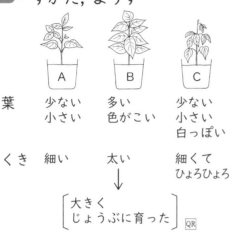

| 葉 | 少ない 小さい | 多い 色がこい | 少ない 小さい 白っぽい |

| くき | 細い | 太い | 細くて ひょろひょろ |

［大きく じょうぶに育った］ QR

※この欄は子どもの発言を受けて書く。

3 **実験の結果**

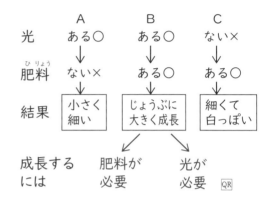

	A	B	C
光	ある〇	ある〇	ない×
肥料	ない×	ある〇	ある〇
結果	小さく 細い	じょうぶに 大きく成長	細くて 白っぽい

成長するには　肥料が必要　光が必要 QR

POINT 植物の茎の太さや葉の枚数，葉の色に着目させ，成長具合の比較をさせるとよいでしょう。

1 3つの鉢の成長の様子を見て，ちがいを調べる

（A，B，Cの3つの鉢を準備しておく。まだ見せない）

T　2（3）週間前に，A，B，Cの実験を準備しました。そのときの予想を思い出してみましょう。（板書）いちばん大きく成長していると予想したのは…？（そのころの意見を思い起こさせる）

C　(B) の，光も肥料もあるインゲンマメでした。

T　A，B，Cの3つのインゲンマメはどのようになったのか，今日は，その後の成長の結果を見て確かめます。（本時めあて）

T　まず，(A) は…（1つずつ順に見せていく）

C　ふつうに成長しているみたいだね。BやCは？

【結果を見て，確かめる】

T　A，B，Cの3つのインゲンマメの様子です。

A QR
日光あり
肥料なし
水あり
小さく細い

B QR
日光あり
肥料あり
水あり
じょうぶに大きく成長

C QR
日光なし
肥料あり
水あり
細くて白っぽい

（光と肥料を与えたBが，最も丈夫に成長している）

2 3つのインゲンマメの成長の様子を観察する

T　それぞれ，3つのインゲンマメの姿や様子で気づいたことをノートに書きましょう。

（観察。葉の色や数，茎の太さなど観点を示す）

T　ぱっと見て，いちばん丈夫に（立派に）育って見えるのは，どれでしょうか。（まず全体的な印象を問う）

C　(B)の，光が当たり，肥料をやって育てたものです。葉の色が濃い緑色で，葉の数もいちばん多いです。

T　では，(B) と比べて，(A) や (C) のインゲンマメの様子はどうですか。(A) は，どうでしょうか。

C　育っているけれど，葉が小さくて茎も細く，(B) に比べると，全体的に小さいです。

T　(C) のインゲンマメの様子はどうでしょうか。

C　くきが細く，ひょろひょろしていて，葉っぱも少ないです。

C　色が薄くて白っぽいです。弱っている感じがします。やっぱり成長には光が必要です。

QR

・画像

光あり，肥料なしのインゲンマメ 葉の数は少ないく，まだ細い。

光あり，肥料ありのインゲンマメ 葉の数も多く，じょうぶに育っている。茎も太い。

結果をくらべる 肥料のあるなしでの成長ぶりはどうちがうか？

その他多数

3 4 〔まとめ〕

植物がじょうぶに大きく育っていくためには
水，空気，適当な温度以外に
光 と 肥料 が必要

---

3 実験の結果から，丈夫に成長するために必要な条件を考える

T インゲンマメが丈夫に成長するためには，何が関係していたことがわかりますか。

C 日光（光）と肥料です。この２つがあった（B）がいちばん丈夫に成長していたからです。

T 成長するのに肥料が必要なことは，A，B，Cのどれとどれを比べるとはっきりしますか。

C （A）と（B）です。どちらも同じように光は当たっているけれど，肥料だけ条件を変えてあるからです。

T 肥料のない（A）と，肥料のある（C）を比べるとよくないのはどうしてですか。

（このように，対照実験の条件制御については，よくない比べ方も示すなど，教師の補説で理解させる）

T もう１つ発芽には要らなかった光が，成長には必要ですね。そのことは，A，B，Cのどれとどれを比べるとわかりますか。

C （B）と（C）を比べます。どちらも肥料はあるけど，光だけ条件を変えてあるからです。

4 発芽の条件もふり返り，それと合わせて成長の条件をまとめる

T 植物の成長には，発芽のときには要らなかった光と肥料が必要なことがわかりました。この２つがないとうまく成長しません。では，発芽のときに必要だった水や空気はどうでしょうか。

C 発芽した後も水をやらないと枯れてしまう。

C 空気も適当な温度も，必要だと思います。

T 水や空気，適当な温度は，発芽のあとも成長していくために，ずっと必要なものなのです。

（このことは，教科書や資料，教師の説明で補う）

T では，自然の草原や山の植物は，肥料をやっていないのに育つのはどうしてだと思いますか。

C 落ち葉や動物の糞が肥料になるのかな。

【肥料と光】
どちらも植物の成長には必要だが，実験を続けると，肥料があっても光のない（C）のインゲンマメは，白っぽくなりやがてかれる。一方，（A）は，肥料はないが，生き続けるので，光の重要性がわかる。

QR

その後の（C）の姿 このように枯れていく

＜学習資料＞ 「植物の発芽と成長」の，理解をたすける実験・観察

　本単元では，主にインゲンマメを使った実験を通して，植物の発芽や成長に必要な条件を追究していきます。これは，植物が種子で子孫を残し，種族を維持している事実をとらえるための基本的な知識になります。これまでもいくつかの実験を取り上げていますが，このほかにも子どもの理解の助けになる実験をいくつか紹介します。

◇ 種子は水中でも，空気があれば発芽する　－エアポンプを使った実験－

　種子の発芽の条件のひとつに『空気』があります。空気が必要かどうかを調べるのに，教科書では種子を入れたカップに水を満たして種子を沈めた状態にし，それを観察させています。

　その結果，もちろん種子は発芽しません。しかし，その理由を聞いてみると，子どもたちは必ずしも「空気がなかったから発芽しなかった。」とはとらえていないようです。「水が多すぎたから…腐った。」「水が冷たかったから…」「水の中で，水に圧された（水圧）」などと，いろんな原因を考えています。

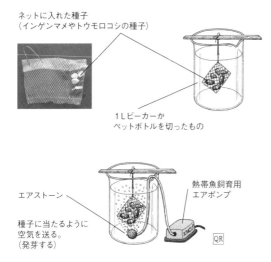

ネットに入れた種子
（インゲンマメやトウモロコシの種子）

1Lビーカーか
ペットボトルを切ったもの

エアストーン

種子に当たるように
空気を送る。
（発芽する）

熱帯魚飼育用
エアポンプ

QR

　そこで，直接『空気』に着目させる手だてとして，エアポンプを使って水中で発芽させる実験が有効です。

　図のように，大きなビーカーかペットボトルを切った容器に水を入れ，そこにネットに入れたいくつかの種子（インゲンマメ，トウモロコシなど）を沈めます。もちろん，このままでは種子は発芽しませんが，エアポンプ（通称ブクブク）で，種子に泡が当たるように空気を送り込みます。

　そして，『水中でも，空気を当てた種子は，発芽するだろうか』という課題で予想し，話し合わせます。数日後，結果を見ると水中でも根が出て発芽している様子が観察できます。その結果から，水中でも「空気があれば発芽できる」「水中で発芽できなかった原因は空気がなかったからだ」と，空気という発芽の条件を考察させることができます。なお，この実験を取り上げている教科書もあります。

◇ 1本の試験管で発芽の条件（水・空気）を調べる

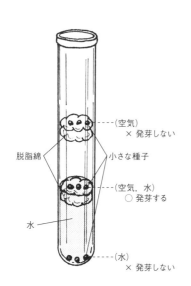

脱脂綿

小さな種子

水

（空気）
× 発芽しない

（空気，水）
〇 発芽する

（水）
× 発芽しない

　発芽の条件である水と空気の必要性を調べるために，教科書ではふつう条件を変えた4つのカップ（または3つでもよい）を準備して，調べるようになっています。

　しかし，図のように脱脂綿と試験管で，異なる3つの条件を作り出して調べるやり方もあります。（※紹介している教科書もあります）なお，種子はダイコンのように小さいもの，試験管は径18ミリ以上のものを使います。これで，上は『空気はあるが水はない』，中は『空気もあり，水もある』，下（底）は『空気はないが水はある』状態となります。

　そして，『上，中，下のそれぞれの種子は発芽するか，しないか』を予想させ，結果を検証します。もちろん，水と空気の両方がそろった『中』だけが発芽し，『上』と『下』は発芽せず，この実験でも発芽の条件をとらえることができます。

　ただ，1本の試験管にまとめているところが，子どもにはかえって複雑に見え，「真ん中の種には，ちゃんと空気が当たっているのか？」などと，余計な要素を考える子どもも出てきます。ですから，まずはカップを使った実験で結果を出し，そのうえで『他のやり方』として発展的にこの実験を取り上げると，認識も広がり効果的でしょう。

◇ 野草の種も，発芽の条件がそろうと発芽する　－セイヨウタンポポの種子を発芽させる－

　子どもは栽培植物の発芽は見ていても，野草の種子が発芽しているところは見ていないでしょう。ですから，野草の発芽も観察させることは，『発芽の条件がそろうと発芽する』という知識を一般化するためにも有効です。いろんな植物が使えますが，だれもが知っている野草の代表として，セイヨウタンポポは発芽率もよく，よい素材になります。

セイヨウタンポポの花と実

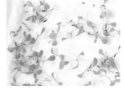
発芽したセイヨウタンポポ QR

　ペトリ皿に水で湿らせた脱脂綿を敷き，セイヨウタンポポの綿毛（実）をまいておきます。しばらくすると根がのび，小さな子葉（双葉）が開きます。頭では分かっていても，実物を見るとやはり驚き，感動があります。

　なお，1株のタンポポは，もともと1個の種子が発芽したものです。そこで1本の軸にできる綿毛の数を数え，『1本の軸にできる綿毛（実）の数×じくの本数』をすると，1株にできた種子の総数も概算できます。ほとんど，1000個を超えます。1000倍です。

　また，『1株のタンポポのすべての種子が死なずに生育すれば，地球の全陸地は，計算上15年でタンポポで覆い尽くされる』という試算もあります。多くの植物はじつに多くの種子を作ります。発展学習として，種を数え，『こんなに多くの種子を作る理由』，『多くの種子を作ると都合のよいこと』を考え，話し合うのもよいでしょう。

　なお，種子の多さを実感させるために，土手などに自生しているセイヨウカラシナ（アブラナ科）の1株の種子を教えてもいいでしょう。『1個のさやに入っている種の個数×さやの数＝1株の種子の数』で求めることができます。

◇ 発芽には土が要らないことを確かめる　－水と空気があれば発芽する－

　多くの子どもは，『発芽には土が必要』と考えています。これまでの栽培は，全て土に種まきをしてきたからです。『根を張るところ，つまり土がないと発芽できない』と考えるのも，もっともなことです。教科書では，肥料分のないバーミキュライトや，土に代わるものとして脱脂綿を使っています。さらに，これらも使わずに本当に水と空気だけで発芽させると，より『土は必要条件ではない』ことが確かにとらえられるでしょう。

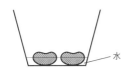
水

　やり方は，何も入れていないペトリ皿かカップに，種子が半分くらいつかるくらいの水を入れておくだけでよく，やがて発芽し，根や子葉が出てくる様子が観察できます。トウモロコシやイネもあわせて観察するとよいでしょう。

◇ もやしを作る　－水と空気があれば，土はなくても発芽する－

　インスタントコーヒーの空きビンを使って，水と空気だけでもやしを作ることができます。

　※（注意）できたモヤシは，衛生上，観察するだけにして食べないようにします。

【準備物】・種子はモヤシ用のダイズや緑豆（大さじ2杯）・コーヒーなどの空き瓶　・ガーゼ，輪ゴム

〈作り方〉

① モヤシの種を水で洗い，一晩水につけておく

② 翌日，水をすて，水で洗って口にガーゼをつけ，口を下にしておく（暗いところ）

③ あくる日も水で洗い，ななめさかさにしておき，水を切る。これをくり返すともやしになる。

水
種
ガーゼ
ワゴム

丸めたタオル
（または，斜めにできる物）

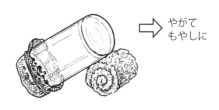
⇨ やがてもやしに

※また，カイワレの「台所，水栽培セット」なども市販されています。発芽の様子が観察できます。

魚（メダカ）のたんじょう

◎ 学習にあたって ◎

◉ 何を学ぶのか

　生き物は，自分と同じ種のなかまをつくり，生命をつないでいます。種を維持する営みは，生物の本質であり，この基本を行わない生物はいません。このことを，5年生では動物と植物のなかまののこし方（生殖・繁殖）として学習します。動物では「メダカの誕生」としてメダカを飼い，卵を産ませるところから観察を始めます。メスの産んだ卵とオスの出した精子は合体し，受精します。このときが生命の始まりで，受精卵は発生を始めます。そして，卵の中でメダカの体がどのように形づくられていくのか，受精卵から子メダカがふ化するまでの変化を観察します。このように，実物に触れて追究することにより，生命誕生への驚きや感動が生まれます。

◉ どのように学ぶのか

　教材としては，鑑賞用のヒメダカを用います。メダカの卵は中がよく見え，体ができていく過程も観察しやすいからです。ただ，大きさは1㎜くらいと小さく，観察には解剖顕微鏡や顕微鏡などが必要で，その使い方も指導します。また，観察の際には，ただ「観察してみましょう」という言葉かけだけでは，子どもは何を見てよいのかわからないものです。メダカの成長にあわせて，目や心臓，血流，動きなど「何を」見るのか，見どころを絞って観察させます。その際は，教科書の画像なども参考にできます。また，観察しにくい受精の瞬間や，メダカのふ化までのふり返りには，DVDなど視聴覚教材も活用するとよいでしょう。

◉ 留意点・他

　メダカは比較的飼いやすい生き物です。飼育水槽も，日ごろ子どもの目に触れる教室などに置くと，世話もしやすく，メダカにも目を向けるようになります。「わたしたちのメダカ」という意識も生まれ，それが観察の動機となります。また，サケなど，メダカ以外の「魚の卵と，生命のつながり」のような学習に広げてもよいでしょう。

◎ 評 価 ◎

知識および技能	・メダカのオスとメスを見分けることができ，飼育の方法がわかる。 ・メスの産んだ卵に，オスが精子をかけると受精卵となり，卵の中で背骨や目，心臓などが作られていき，やがて，ふ化してメダカの赤ちゃんとして生まれてくることがわかる。 ・メダカの卵には，育つための養分があり，それを使って卵の中で体がつくられていくことがわかる。 ・ふ化したメダカは，しばらくの間はえさを食べず，腹部にある養分を使って生きていることを知る。
思考力，判断力，表現力等	・メダカの飼い方を調べることができている。また，卵の中での成長の様子を，絵や文で記録し，表現することができている。
主体的に学習に取り組む態度	・友だちとも協力してメダカを飼い，顕微鏡で観察するなど，受精卵からのメダカの成長に目を向け，実物を通した生命誕生の学習に，驚きや関心を持って取り組んでいる。

次	時	題	目標	主な学習活動
メダカを飼う	1	メダカを飼ってたまごを産ませよう	メダカの飼い方を知り，卵を産ませるための環境を考えて，飼育する水槽を準備することができる。	・メダカは卵から生まれてくることを話し合う。 ・メダカの飼育に必要なものを調べ，水槽を準備する。 ・グループで飼う準備をする。 ・これからのメダカの世話と観察について話し合う。
メダカを飼う	2	メダカのからだを調べよう（おすとめすの見分け方）	メダカに卵（受精卵）を産ませるには，おすとめすが必要なことを知り，メダカのおすとめすは，ひれの形で見分けられることに気づく。	・メダカの体を観察し，体のつくりを調べる。 ・メダカのおすとめすの違いと，見分け方を調べる。 ・教科書のメダカの写真や実際のメダカを見て，おすとめすを見分けてみる。
受精卵の変化	3	産みつけられたたまごとおすの役わりを調べよう	めすのメダカが産んだ卵に，おすが精子をかけて受精した受精卵は，やがてメダカに育っていくことがわかる。	・生まれた卵を観察し，気づいたことを話し合う。 ・卵を産まないおすの役割を考え，話し合う。 ・受精し，受精卵になる様子を，動画で視聴する。
受精卵の変化	4	顕微鏡を使って受精卵を観察してみよう	解剖顕微鏡の使い方を知り，生まれて間もない卵の形態を観察することができる。	・解剖顕微鏡の使い方の説明を聞く。 ・解剖顕微鏡を使って，受精卵を観察する。 ・観察したことを絵と文で表現する。
受精卵の変化	5・6	受精卵からメダカへの変化を観察しよう	受精卵はやがてメダカへと変化を始め，背骨や目，心臓，血液などができ，メダカの形で産まれてくることがわかる。	・卵の観察の見通しを話し合う。 ・受精後5〜6日目の卵を解剖顕微鏡で観察する。 ・受精後9〜10日目の卵を，顕微鏡で観察し，心臓や血流を確かめる。
子メダカの誕生	7・8	（7時）たんじょうした子メダカのすがた・形を調べよう （8時）受精卵から子メダカのたんじょうまでをふり返ろう	・生まれた子メダカはえさを食べず，しばらくは，腹の養分を使って育つことに気づく。 ・受精卵からふ化までの育つ過程を，ふり返ることができる。	・卵からかえった稚魚（仔魚）の姿形を観察する。 ・子メダカの腹にあるふくらみは何なのか，その役割を考え，話し合う。 ・これまでの記録をもとに，受精卵から子メダカまでの変化の様子をまとめ，感想を交流する。
生命のつながり	深めよう	サケの一生と生命のつながりを調べよう	メダカの誕生とも比べながら，サケの産卵からふ化，成長，また産卵という，その一生と，生命のつながりを知る。	・タラコやイクラは，魚の卵巣だということを話し合う。 ・サケやサケの一生について，知っていることを話し合う。 ・サケの一生はどのようなものか，図や写真も使った説明を聞く。（または動画などを視聴） ・サケの一生や子孫ののこし方について考え，話し合う。

【参考】
☆「メダカのたんじょう」についての資料が右の QR コードに入っています。

板書例

㋐ メダカを飼（か）ってたまごを産ませよう

1 〈子どものこし方〉

・チョウは（たまご）

・バッタは（たまご）

・こん虫は（たまご）を産む

・メダカは（※　　　　）を産み，
（ヒメダカ）
子ども（次のメダカ）をのこす

⇓

生命がつながる

※（　）にはあとで（たまご）を入れる

2 〈メダカの飼い方と水そう〉

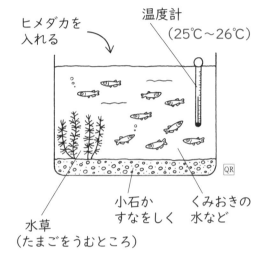

ヒメダカを入れる

温度計（25℃～26℃）

水草（たまごをうむところ）

小石かすなをしく

くみおきの水など

ほか，タニシなど

POINT　インターネットや本で調べる前に，予想や仮説を立てさせ，見通しをもって調べさせるほうがよいでしょう。

1 メダカは卵で生まれてくることを話し合い，メダカを飼うというめあてを聞く

新しい学習の始めとして，ここでどんなことを学習するのか，目標を伝える。

T　4年生のとき，チョウを飼ってその育ち方を調べました。5年生ではメダカを飼って，みんなでその育ち方を調べます。（メダカを見せる）

T　チョウやカマキリは，卵を産み，そこからチョウやカマキリの親（成虫）になり，また卵を産んで生命がつながれていきました。では，メダカはどのように生まれてくるのでしょうか。

C　魚も卵を産んで，卵からかえると思います。メダカも卵を産むと思います。

C　タラコやイクラは，タラやサケの卵です。魚は卵を産んで子どもをのこしています。

T　そうです。これはヒメダカというメダカです。（ヒメダカを見せて）このメダカを飼って，まず卵を産むところから観察を始めましょう。

2 教科書も参考にして，飼育に必要なものを調べ，メダカを入れる水槽を準備する

卵を産ませるためには，メダカを飼わなければならない。必要な準備は，教科書も参考にして調べる。子どもにとって楽しい活動になる。クラスで1つの水槽で飼うやり方と，ペットボトル等でグループごとに飼うやり方がある。水槽等を教卓に準備する。

T　メダカを飼うには，メダカを入れる水槽が必要です。その水槽にはどんなものを入れておくとよいのでしょうか。教科書も見て調べましょう。

C　水槽の底には砂か小石を敷きます。

（発言に沿って，教師が入れていってもよい）

C　水は，くみ置きの水か，池の水を入れます。

T　水道水には消毒薬が入っているからですね。

C　水草も入れておきます。メダカは水草に卵を産みつけるみたいです。

C　温度計も入れておきます。温度も大切みたい。

T　何度くらいで卵を産むのでしょうね。

QR
・学習の手引き
・画像

その他

〈おくところ・せわ〉

3 ・<u>日光のあたらない明るいところ＝ロッカーの上</u>

4 ・<u>水をかえる</u>（半分ずつ）

　・<u>えさやり</u>（食べ残さない量）

〈調べてみたいこと〉

　・たまごの形や大きさ，個数(こ すう)

　・たまごからどのようにメダカになるのか，変化

　・たまごから生まれてくる様子

---

3 グループでも飼う準備をする
※グループでの飼育は，実情に応じて

　クラス全体で水槽を準備し，ヒメダカを飼う。一方グループで飼うやり方もできる。「わたしたちのメダカ」という意識も生まれ，観察への意欲も期待できる。

T　グループでも飼ってみましょう。ペットボトルを使った「水槽」もつくれますよ。（見せる）

　（ペットボトル水槽を紹介している教科書もある。小さなプラ水槽でもよい。グループで作らせる）

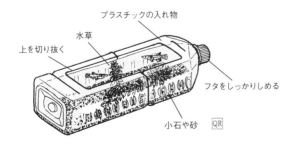

プラスチックの入れ物
水草
上を切り抜く
フタをしっかりしめる
小石や砂　QR

T　準備できましたね。では，置く場所など，飼うときに気をつけることは何でしょうか。
C　直射日光の当たらないところにおきます。

4 必要な世話と，これから調べていくことを話し合う　次時の予告を聞く

　飼育するメダカは，次時におす，めすの見分け方を学習してから水槽に入れる。

T　メダカを入れた後，どのような世話をするとよいでしょうか。
C　水がよごれてきたら，水を半分ずつ換えます。（浄化装置がない場合）
C　餌やりをします。気をつけることは，やり過ぎないことです。食べ残しで，水がよごれないようにします。
T　では，メダカを飼って，どのようなことを見たり調べたりしていきたいですか。
C　どんな卵を産むのか，見てみたいです。
C　卵からどのようにメダカになっていくのか，変わり方を観察したいです。（など，出し合う）
T　次の時間には，メダカを入れて卵が産まれるようすを見ていきましょう。

メダカのからだを調べよう（おすとめすの見分け方）

本時の目標　メダカに卵（受精卵）を産ませるには，おすとめすが必要なことを知り，メダカのおすとめすは，ひれの形で見分けられることに気づく。

板書例

め メダカのからだを調べよう（おすとめすの見分け方）

1 〈水の中でくらすからだ〉

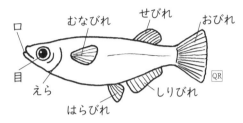

口　むなびれ　せびれ　おびれ　目　えら　はらびれ　しりびれ

2
- 口 → えさを食べる
- えら → こきゅう
- 目 → えさを見つける　てきを見つける
- 泳ぐために，ひれを動かす

（にげる，えさ）（7まい）

3 〈おすとめすのからだのちがい，見分け方〉

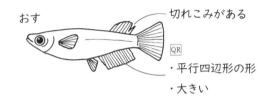

おす　切れこみがある
・平行四辺形の形
・大きい

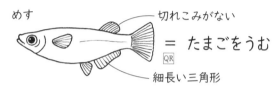

めす　切れこみがない　＝ たまごをうむ
細長い三角形

せびれとしりびれの形で見分ける

1 メダカの体を観察して，体のつくりを調べる

メダカとはどんな生き物なのか，まず体のつくりを確かめておく。そのためメダカを観察ケースに入れて各グループに配布する。（できればおすとめす）

T　今日は，水槽にメダカを入れます。その前に，まずメダカとはどのような体をしているのか，体にはどのようなものがあるのかを観察して調べましょう。ノートにもメモしましょう。

（しばらく観察させ，その後発表）

C　口と目があります。でも耳はわかりません。

C　手や足もありません。でもひれがたくさんついています。全部で・・・7かな。

C　体は細長くて泳ぎやすそうです。（流線型）泳ぐときは，しっぽのひれを動かしています。

T　では，メダカの体についていたものを整理してみましょう。（板書参照）

（図にもかいて，各部分の名称も確かめていく）

2 メダカも動物として，「食べる」「呼吸する」をしていることを話し合う

メダカの体にも，動物として生きるための基本が見られる。えさを見つける目，食べるための口，水中で動くための「ひれ」，呼吸するえらなど，主なつくりとはたらきを確かめる。（板書参照）

T　メダカの体で動いているところはありますか。泳ぐためのひれのほかに，どこでしょう？

C　食べる口です。それに目の後ろ，むなびれの前のすき間（えらぶた）も動いています。

T　そこは「えら」ですね。メダカは，えらと口を動かして，呼吸をしているのです。

C　メダカも水中で息をしているのだね。

T　そして，めすのメダカは卵を産みます。

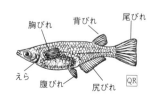
胸びれ　背びれ　尾びれ　えら　腹びれ　尻びれ

メダカ観察用ケース

4 〈おすとめすを見分けてみよう〉

・ケースの中のメダカ
・教科書の写真のメダカ[※]

〈メダカを水そうへ入れ，たまごを産ませよう〉
おすとめすを10ぴきくらいずつ入れる

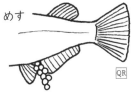
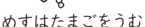

めす

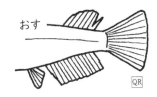

おす

めすはたまごをうむ　　おすの役わりは？

※拡大コピーをして，掲示して話し合うのもよい

3 メダカのおすとめすの体の違い（見分け方）を調べる

卵を産ませるために，おすとめすの違いを知っておく。教科書の説明も参考にして，メダカは背びれとしりびれの形で見分けられることに気づかせる。その後，実物や写真で見分けさせたい。

T　おすとめすの違いはわかったでしょうか。

　　（実物から，子どもに違いに気づかせるのは難しい）

C　教科書に見分け方が出ています。おすとめすでは，ひれの形が違うみたいです。

T　教科書で確かめてみましょう。（調べさせる）

C　背びれとしりびれの形が，おすとめすでは違っているので見分けられます。

おすの体

背びれには小さな切れ込みがある。

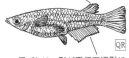

尻びれは，形が平行四辺形に近いものになっている。

めすの体

背びれは，切れ込みがない。

尻びれは小さい。形は，細長い三角形になる。産卵期は，ややオレンジ色になる。

4 教科書の写真や実際のメダカを見て，おすとめすを見分けてみる

おすとめすの違いを知った後で，メダカを見分けてみる。また，絵（スケッチ）にも描く。

T　グループに配ったメダカのおすとめすを見分けてみましょう。

C　右の方がしりびれが大きくて，おすみたい。

　　（おすのしりびれは，ふつう大きく見える。）

C　おなかに小さい丸い粒がついているメダカもいる。卵をつけているめすだと思う。

T　隣のグループと交換して，見てみましょう。

T　教科書のメダカの写真でもおす，めすを見分けてみましょう。（教科書にも写真が出ている）

T　メダカのスケッチもしましょう。

T　それでは，どちらも10匹くらいずつになるように，水槽におすとめすのメダカを入れます。（各グループからメダカを入れさせる）卵を産むでしょうか。

産みつけられたたまごとおすの役わりを調べよう

板書例

め 産みつけられたたまごとおすの役わりを調べよう

1 〈めすのメダカ〉

水草にたまごを産む（早朝）
細い糸（毛）で
（水温25℃くらい）

3 めす　　　　おす

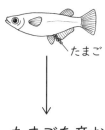 

たまご

何を？

たまごを産む　　精子を出す

2 〈たまごの様子〉

- 1mmくらいの小さな玉
- とう明で丸いつぶ
- まわりに毛（付着糸）
- 中に丸いものが見える

POINT 交尾の際に，おすはめすを尻びれや背びれで包み込みます。そのために，からだのつくりが違っていることにも触れる

1 水草に産んであったメダカの卵の様子について話し合う

メダカは，水温が25℃くらいになると水草に卵を産みつける。ふだんから観察し，卵を見つけたら，水草ごと別のカップに移すようにしておく。

（卵の入ったカップを見せて，…）

T 卵を見つけた人が多くいますね。どんなところに産んでありましたか。（卵を見せて）

C 5，6個くらいの卵が，水草に絡みつくようにくっつけて，産んでありました。

C 細い糸で水草についているみたいでした。

C おなかに卵をつけているめすもいました。

T 卵を水草につけておくと，何か都合のよいことでもあるのでしょうか。

C 水に流されないし，水草に隠れて敵に見つかりにくいのかもしれません。

T これからも，卵を見つけたら（日付も書いて）カップに移しておきましょう。

2 産まれた卵を観察し，気がついたことを話し合う

産まれたばかりの卵を，まずは肉眼と虫眼鏡（ルーペ）で観察する。触ってみてもよい。案外固い。見つけたことをノートに書き，交流する。

T 見つけたことや気づいたことは，どんなことですか。まず見た目の大きさ，色や形は？

C 卵は小さくて1mmくらい。透明な玉できれいだなと思いました。これがメダカになるのかな？

C やわらかそうに見えたけれど，触ってみると固い感じのする，つぶのような卵でした。

T 虫眼鏡で見て，見つけたこと（発見）はありましたか。どんなことでしょうか。

C 卵のまわりに毛がたくさんついていて，長い毛もありました（付着糸）。これで水草についていると思いました。

C 卵は透明で，中に水玉みたいなものも見えました。

QR

・画像

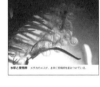

その他多数

③ ④ 〈メダカの受精〉

めす　　　　　　　　おす
たまご　　　　　　　精子

受精卵（じゅせいらん）

結びつく
（受精）

子メダカに QR

おすのようす

・からだをすり合わせて
・おすがめすのはらを
　しりびれでつつむ
・精子を出す
　（受精）

（動画で見てみよう）

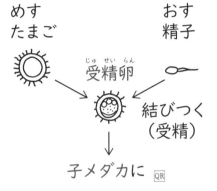

とよいでしょう。

---

③ 卵を産まないおすの役割を考え，調べる

　めすだけでなくおすのメダカも水槽に入れている。おすを入れておく理由を調べ，おすの出す精子で受精し，卵が受精卵になることに気づかせる。

T　卵を産むのはめすです。でも，おすも同じくらいの数を水槽に入れて飼っています。おすを入れるわけと，おすの役目を考えてみましょう。

C　おすの役割ってあるのかな？何だろう？

　（知っている子もいるが，知らないことを前提にしてすすめ，教科書で調べさせる）

T　教科書で，調べてみましょう。（各自読む）

C　おすは精子を出します。それがめすの出した卵と結びつくと「受精卵」となって，メダカになっていくようです。（などと話し合う）

T　その部分を，みんなで読みましょう。（読む）

T　先生がくわしく説明します。

　（受精する過程を，黒板も使って説明する）

④ めすの産んだ卵が，受精し受精卵となる様子を動画で見る

　受精の様子を直接観察することは難しい。そのため，動画を通して卵がどのように受精し，産みつけられるのかを具体的にわからせる。

T　では，実際にめすとおすの間でどのように受精が行われるのか，動画を見てみましょう。

　（動画を視聴する。つぶやきも大切に。）

C　（見ながら）めすに，おすが近づいている。

C　おすがめすに体をくっつけているね。
　おすは，しりびれでめすを抱いているみたい。

C　何か白いものが出た。おすの精子のよう…。
　精子は，めすの卵に入る（受精する）みたい…。

C　そして，めすは水草に卵を産みつけます。

T　受精の瞬間を，もう一度見てみましょう。

　（などと，見逃しやすいところは再度視聴）

C　受精しなかった卵は，どうなるのですか。

T　残念ですが，メダカにはならないのです。

顕微鏡を使って受精卵を観察してみよう

板書例

〔問題〕　メダカは，たまごの中でどのように変化してたんじょうするのだろうか

1 〈受精卵を観察してみよう〉

観察のめあて

受精卵は　→　どのようにして変化して　→　子メダカになるのか

・何日で子めだかになるのか

・たまごの中にあるものは何か

・からだのどこからできていくのか

2 〈かいぼうけんび鏡〉

レンズ

ステージ

調節ねじ（ピントを合わす）

水草ごとたまごを入れてのせる

3 〈見えたもの〉

・あわのようなもの

・白いところ

・形はまだメダカに見えない

・まわりに毛

POINT　顕微鏡の接眼レンズにタブレットのカメラを近づけて写真を撮り，写真で記録したり，見たものを友だちと交流させ

1 「卵を観察していく」というめあてを聞き，調べたいことを話し合う

産まれた卵は，どのようにしてメダカに育っていくのか，メダカになっていく過程をこれから観察していくことを伝える。

T　メダカが産んだ卵（受精卵）は，メダカの赤ちゃんになっていきます。これから，どのようなことを調べていきたいですか。（卵を見せる）

C　卵の中の様子を見て，メダカの体のどんなところができていくのか，見てみたいです。

C　体のどんなところからできていくのか，できていく順番を知りたいです。

C　卵は，何日でメダカになるのか…。

T　卵からメダカになっていく様子は，小さな卵を詳しく見なければなりません。そのため，これを使って観察しましょう。

（解剖顕微鏡を見せる）

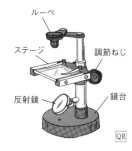

ルーペ

ステージ

調節ねじ

反射鏡

鏡台

QR

2 解剖顕微鏡（または双眼実体顕微鏡）の使い方を聞く

顕微鏡には，解剖顕微鏡，ふつうの顕微鏡，双眼実体顕微鏡がある。どれを使うかは，備品数にもよる。倍率は大きくないが使いやすいのは解剖顕微鏡，きれいに見えるのは双眼実体顕微鏡になる。ここでは解剖顕微鏡を例にしている。

T　これは昨日生まれた卵です。まず卵のついた水草をちぎってペトリ皿に入れます。（入れる）水も少し入れます。この卵を観察するのです。

T　小さな卵の中を見るために，この解剖顕微鏡を使います。教科書で使い方を見てみましょう。先生が実際にやってみます。

（教科書も見させながら実演も交えて説明し，操作もさせる。倍率は20倍，顕微鏡なら40倍に。）

T　まず置く場所は…（室内ならどこでもよい）

T　次に反射鏡を動かして明るく見えるようにします。（この場合，調整しなくても見える）

QR

・学習の手引き
・画像

4 〈生まれて1〜2日目のたまごの観察〉

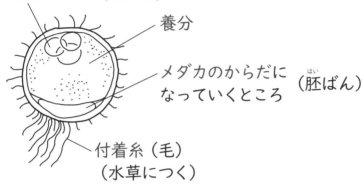

まるいもの（油てき）

養分

メダカのからだになっていくところ　（胚ばん）

付着糸（毛）（水草につく）

たりするのもよいでしょう。

3 解剖顕微鏡（または双眼実体顕微鏡など）を使って，卵を観察する

　器具の使い方などは，教科書も見せながら，グループを回っての個別指導も必要。解剖顕微鏡の各部の名称も教える。顕微鏡などの場合も同じ。

T　では，ペトリ皿に入った卵を，台（ステージ）に載せて，レンズの真下に来るようにしましょう。

T　ぼやけて見えたら，調節ねじを回してレンズを上げ下げしてピントを合わせます。（させる）

C　卵がはっきり見えたよ。毛も見える。すごい。

　　（見えたものや感想をグループ内でも交流する）

C　卵のまわりの毛もはっきり見えるよ。

C　卵の中に泡のようなものが見えます。何かな。

C　あわの反対側に，白いところも見えます。

C　まだ，全然メダカらしくないなあ。

C　これからメダカの形に育っていくのかな。

T　卵の中がよく見えるようになりましたね。どのグループも，解剖顕微鏡がうまく使えています。

4 観察したことを，スケッチと簡単な文で記録する

　記録することで，後で変化の過程を見返したり，比べたりすることができる。教科書に準じた記録カードを作って書かせてもよい。日付も大切。観察を終えた卵は，もとのカップに戻す。

T　この産まれて間もない卵の中にある「丸いもの」など，卵のつくりを先生が説明します。

　　（この時期の卵は，見ただけではどこが何なのか，子どもにはわからない。教科書も見せながら，卵の各部の説明をするとよい。）（板書参照）

C　卵には，体になっていくところと，育つための養分になる部分があることがわかりました。種子のつくりとも似ていると思いました。

T　では，今日見えたものを，絵（スケッチ）と文で表して，記録しておきましょう。

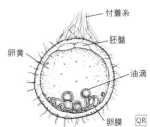

付着糸

胚盤

卵黄

油滴

卵膜　QR

受精卵からメダカへの変化を観察しよう

本時の目標 受精卵はやがてメダカへと変化を始め，背骨や目，心臓，血液などができ，メダカの形で産まれてくることがわかる。

板書例

（第5時）

〔問題〕 メダカは，たまごの中でどのように変化してたんじょうするのだろうか

1 受精卵（じゅせいらん）の中でからだができていく様子を観察しよう

観察の見通し

①1日〜2日目のたまご（前時）

　　生まれて間もないたまごのすがた

②5日〜6日目のたまご（今日）

　　でき始めた目，せぼね，心ぞう

③8日〜10日目のたまご（次時）

　　目，心ぞうと血液（けつえき），動き

2 観察

〈5日〜6日目のたまごのようす〉

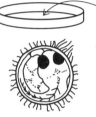

たまご

・目がはっきりしてきた，まん中が黒い

・からだ全体　はっきりする

・心ぞう　ぴくぴく動く

・血液　　流れている

POINT 児童が実際に観察したときには，教科書の写真を使って，受精卵がおよそ何日目なのか照らし合わせるとよい

1 【第5時】1. 卵を，いつどのように観察していくのかを聞き，見通しを持つ

　産まれた受精卵はどのように変化していくのか，メダカの誕生まで何日かごとに観察していく。いつどの程度観察するのか，見通しを持たせる。観察日を書いて，水槽のそばに掲示する。

T　前の時間には，産まれて2日目くらいの卵①を観察しました。まだメダカの姿は見えませんでしたが，これからどう変化していくのか，次の②③のように，あと2回（または3回）観察していきましょう。

【卵の観察の時期と，観察させたいこと】

○前回の2日目くらいの卵の観察も含めて，最低下の3回は観察させたい。4回にしてもよい。

	（卵の日数）	（見させたいところ・観点）
①	1，2日目（前時）	生まれて間もない卵の姿
②	5，6日目（今時）	でき始めた目，背骨，心臓
③	8〜10日目（次時）	目，心臓と血液，動き

2 2. ②5〜6日目の卵を解剖顕微鏡で観察し，見つけたことを話し合う

　解剖顕微鏡の使い方もふり返りながら，観察する。

T　まず，カップの卵を水草ごとペトリ皿にとり出しましょう。（5・6日目の卵をグループで準備させる）

T　解剖顕微鏡で観察して，見つけたことをノートにも書いてグループで教え合いましょう。

T　観察して気づいたことを発表しましょう。

C　目が出来ています。黒いのが目玉のようです。

C　体は丸まっているみたいです。

C　ぴくぴく動いていたのは心臓だと思いました。

C　背中の黒い線が見えるようです。

C　丸いつぶつぶは見えなくなって，1つのつぶ（油滴）になったみたいです。

T　教科書も見ながら，見えたものを話し合って，まとめましょう。見えたのは…目と心臓と…体も出来てきたようですね。（板書参照）

　　（各自，絵と文で観察の記録も書かせる）

QR

・画像

その他多数

（第6時）

③ （観察）
〈8日〜10日目のたまごのようす〉

けんび鏡で観察（40倍）

教科書の写真の
拡大コピーを
貼るのもよい。

4
・目がはっきり
・心ぞうがしっかり動く
　（ぴくぴく）
・血液（赤いつぶつぶ）が
　流れている
・体を動かす（くるん）

児童の
記録カードを
貼付して
お互い見せ合う。

でしょう。

---

3 【第6時】1. ③8〜10日目の卵を，顕微鏡を使って観察する

　水温25℃〜26℃なら，およそ11日でふ化する。そのため，8〜10日目にはふ化直前の姿が観察できる。心臓や血流もはっきり見え，子どもはそこに生命を感じる。そのため今回は顕微鏡（40倍）を使う。
　観察中にふ化し，メダカが出てくることもある。

T　今日はより大きく見えるように，この顕微鏡を使って観察します。倍率は40倍にしておきます。

【顕微鏡を使う】
教科書も参考にして，実際に操作させながら使い方を指導する。また，明るい部屋なら光源や反射鏡の調整は不要。また，倍率は操作もしやすい40倍で十分。高倍率にはしない。双眼実体顕微鏡でもよい。

T　カップの卵をペトリ皿（または時計皿）に移して顕微鏡で見てみましょう。（観察）
T　卵の中に見えたものや動きは，ノートに書いておきましょう。（グループごとに指導）

4 2. 顕微鏡で卵を観察して，見つけたことを話し合い，記録する

　顕微鏡で見えたものを交流し，共有する。特に心臓，血流や動きなど，新しい生命の芽生えに気づかせたい。ただ，卵の向きによって見えにくいこともあるので，他グループの卵も見合うとよい。

T　どんなものが見えましたか。発表して教え合いましょう。
C　メダカは大きくなって，時々くるんと動いていました。元気でした。
C　背骨のようなものもできていました。
C　心臓がぴくぴく動いているのが見えました。
C　その心臓も大きくなっているようでした。
T　心臓は，血液を送り出すところですね。
C　血液が流れているのも見えました。赤いつぶつぶが流れているみたいでした。
T　では，絵と文で観察の記録を書きましょう。

板書例

（第7時）

め たんじょうした子メダカのすがた・形を調べよう

1 たまごからかえった子メダカ

26℃
約11日で
たまごから
出てくる
→ 子メダカ
（ふ化）

子メダカのようす

・動かない　じっと
・3〜5mmくらい
・目と頭が大きい
・はらがふくらんで（ふくろ）
・とう明なからだ

2 子メダカのはらのふくらみの役わり

ふくろ　QR

・しばらく育つための養分
　（えさがとれるようになるまで）
・だんだんへっていき、
　小さくなる
・種子の子葉みたい

POINT からだが出来ていった過程や、その変化についてふり返り、単元の学びをまとめましょう。

1 【第7時】1. 卵からかえった子メダカの姿を観察する

　観察してきた卵からは、やがて子メダカが出てくる（ふ化）。本時は、このメダカの赤ちゃんを観察し、姿はメダカだが、まだ腹部の中の養分を使って生きていることに気づかせる。

T　カップの中では、子メダカがかえっています。子メダカの様子を見て、気づいたことを書きましょう。

　　（カップかケースに入れて配布）

C　まだ泳げないので、じっとしています。

C　とても小さくて5mmくらいかな。小さいけれど、メダカらしい形をしています。

C　頭と目が大きくて、お腹もふくらんでいる。

C　まだ、ひれは出来ていないようです。

T　親メダカと似たところ、違うところがありましたね。ところで、（図を指して）このお腹のふくらみは、何だと思いますか。

C　何だろう？卵がまだ付いているのかな？

2 2. 子メダカの腹にある　ふくらみの役割を調べる、観察の記録を書く

　子メダカの腹のふくろには、しばらく生きるための養分が入っていることについて話し合う。児童が気づきにくいときは、教科書で調べさせる。

T　（図を指して）このお腹のふくらみは何でしょうか。中には何が入っているのでしょうね。

C　袋みたいです。胃袋かな？中身は食べたものかな、空気かな？

T　教科書を見て調べましょう。○ページです。

C　わかりました。養分が入っているようです。

C　『まだえさをとれないので、しばらく育つための養分が入っている …』と書いてあります。

C　子メダカは、この養分を使って生きています。

C　だんだん、袋は小さくなっていきそうです。

C　「お弁当持ち」で生まれてくるみたいです。

T　種子の「子葉」のようなはたらきですね。では、絵と文で、観察の記録を書きましょう。

| 準備物 | ・ふ化した子メダカ（各グループ）
（カップかケースに入れておく）
・これまでの観察の記録（各自）や画像, 動画
（教科書の写真コピーもよい） |

ICT　教科書の写真や動画教材を使って, 受精卵からメダカの孵化までをふり返るとよいでしょう。

QR
・学習の手引き
・画像

（第8時）

め　受精卵（じゅせいらん）から子メダカの
　　たんじょうまでをふり返ろう

3
4

| 受精卵 | 1日〜2日目 | 5日〜6日目 | 8日〜10日目 |

養分
からだに
なる

・丸い
・約1mm

・からだになる
　ところと
　養分に
　なるところ

・目
・心ぞう
・血液（けつえき）の流れ
・せぼね

・目→はっきり
・心ぞう
　（ぴくぴく）
・血液の流れ
・よく動く

その他

※図は教科書に応じて拡大コピーを貼るか, 児童のスケッチ記録を貼る。
（または電子黒板）

3　【第8時】1. 観察の記録などをもとに, 受精卵からメダカの誕生までをふり返る

　ここで, 受精卵からメダカの孵化までをふり返り, 体が出来ていった過程, その変化についてみんなで確かめ合う。そのため, これまで書いてきた記録とともに, 教科書やNHK番組の録画, QR内の画像なども使える。

T　受精卵から子メダカ誕生までの変化の様子をまとめましょう。書いてきた観察の記録を並べてみましょう。教科書の写真も見て比べましょう。

　（子メダカの観察も入れて, これまでの4回（または5回）の記録をふり返り, 以下のような成長の要点を確かめ合う。）

【受精からの期日と, 観察してきたこと】（板書参照）

① 2日目くらい　　体になるところ（胚）と, 養分
② 5〜6日目くらい　体のでき始め　目　心臓　背骨
③ 8〜10日目くらい　体の形と動き, 目　心臓　血流
④ 生まれた子メダカ　腹の袋とその役わりなど

4　2. 受精卵から子メダカまでの変化の記録をふり返り, わかったことや感想を交流する

　まとめとして, 生命の誕生について思ったことを発表し交流する。メダカの成長の動画などを視聴すると, 経過をとらえ直すことができ, 発見もある。

T　これまで, 「メダカが誕生するまで」を観察してきました。どのようなことが心に残りましたか。

C　卵の中が変化して, 背骨や目, 心臓ができていくところが不思議ですごいと思いました。

C　あんな小さい卵の中で, 血が流れ, 心臓も動いているのを見てびっくりしました。

C　受精して10日（11）ほどでメダカになることを, 初めて知って驚きました。（など）

T　それでは, まとめとして「わかったこと・知ったこと」を書いておきましょう。

　（受精からふ化までの動画を視聴するのもよい）

　（子メダカにえさも与えて育てようと呼びかける）

板書例

ⓜ サケの一生と生命のつながりを調べよう

1 生命のつながり

2 （産卵）イクラ

3 2500～3000個のたまご

4

（ふ化）

約2か月　2cmの大きさ

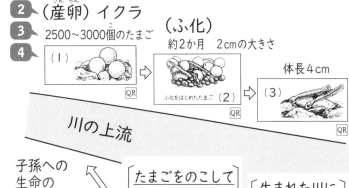

（1）

ふ化をはじめたたまご（2）

体長4cm

（3）

川の上流

サケは
どこで生まれ（たまご）
どのように大きくなり
たまごを産むのか

タラコ＝タラのたまご
イクラ＝サケのたまご
カズノコ＝（ニシン）
　　　　のたまご

子孫への
生命の
バトンタッチ
＝
同じなかまをつくる
なかまをふやす

たまごをのこして
命を終える

生まれた川に
もどる
受精，産卵

産卵して一生を終えたサケ
いろいろな動物に食べられます。（7）

たまごを産みつけるサケ
オスが精子をふりかける。（6）

◎多くのたまごを産むわけは？
◎もしたまごが少なかったら？

POINT　メダカだけでなく，サケについても学び，魚は卵で生命をつないでいるという共通点に触れるとよいでしょう。産む

1 タラコやイクラとは何なのかを考え，魚の卵であることを話し合う

　「生命のつながり」の見方を広げる一歩として，メダカ以外の動物（魚）も取り上げる。ここではサケの一生を知り，児童と考える。なお，サケの一生を載せている教科書（学校図書など）もある。

T　メダカは卵を産み，その卵から子メダカが生まれ，そのメダカがまた卵を産んで命がつながれていました。他の魚ではどうでしょうか。そのことを考えてみましょう。まず…。

T　（タラコを見せて）これは何でしょうか。

C　タラコです。タラの子どもです。

C　子どもではなくて，卵だと思います。

T　そうです。タラコ（鱈子）という名まえですが，本当はタラの卵の集まり（卵巣）です。

T　では，（イクラを見せて）これは何でしょうか。

C　イクラです。これも何かの卵かな？

C　はい，イクラはサケの卵です。

2 サケや，サケの一生について知っていることを話し合う

　メダカの学習では，受精から発生，ふ化までを取り上げた。ここではサケの産卵からふ化→成長（海へ）→再び川へ→産卵…とその一生を通して，生命のつながりを考えさせたい。

T　サケについてどんなことを知っていますか。

C　イクラがサケの卵だと，初めて知りました。

C　海で大きくなって，海から川を上って，また卵を産むようです。テレビで見ました。

【サケの一生は…】およそ次のようになる。

① 川（川底）に産卵し受精する。（約2500～3000個）

② 2ヶ月…ふ化して稚魚になる。（約2cm～4cm）

③ 少し成長して川を下り，海へ向かう。（約5～6cm）

④ 約4年，海で過ごし，えさを食べて成長する。

⑤ 再び産まれた川へもどり，産卵する。
　　産卵した後，一生を終える。

<table>
<tr><td>準備物</td><td>・（できれば）タラコ, イクラ…少量
　なければ図か画像
・サケの図,（出ている教科書もある）サケの
　一生のイラストか画像 QR, 動画</td></tr>
</table>

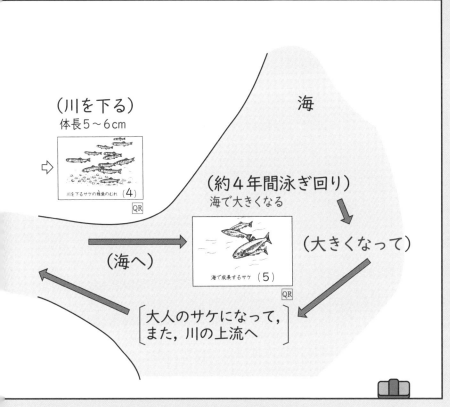

（川を下る）
体長5〜6cm

⇨ 川を下るサケの稚魚のむれ（4）QR

海

（約4年間泳ぎ回り）
海で大きくなる

海で成長するサケ（5）QR

（海へ）

（大きくなって）

大人のサケになって，
また，川の上流へ

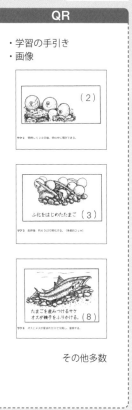

QR

・学習の手引き
・画像

（2）
サケ　受精して約30日後，中の体に膨れできる。

ふ化をはじめたたまご（3）
サケ　受精後，約60日で孵化する。（体長約2cm）

たまごを産みつけるサケ
オスが精子をふりかける。（8）
サケ　オスとメスが寄り添うだけで受精し，協同する。

その他多数

卵の数や孵化する日数の違いにも着目し，多様性を学ぶのもよいでしょう。

3　サケの一生について，図や写真，画像を もとに説明を聞く（または動画を見る）

　サケはどのような一生を送るのか，およその流れを図や写真などを使って教師が説明する。また，動画を視聴する。（「説明を聞く」というのも重要な学習活動）

【サケの一生】（お話・説明の例）
サケは，海から川の上流までを泳いでさかのぼります。そして川底に穴を掘り，その中に卵を産みつけます。サケは，そのあとその一生を終えます（つまり死ぬ）。卵は他の生き物に食べられることがなければ，2cmくらいの子どものサケが生まれます。その後, 成長しながら川を下り，海に出ていきます。泳ぎ回って，海の小さな生き物を食べて大きく育っていきます。海で4年ほどかけて大人になったサケは，再び産まれた川にもどってきて，上流を目指します。上流の産卵場所に着くと，また川底に産卵する穴を掘り，おすとめすが並んで産卵し，受精します。

このように，サケの命は引き継がれていくのです。

4　サケの一生について感想を交流する 子孫ののこし方について考える

　サケの一生から，生命をつなぐサイクルが見えてくる。またメダカとの共通点，相違点も見えてくる。

T　サケの一生を知って，心に残ったことはどんなことでしょうか。発表しましょう。

C　サケもメダカもおすとめすの精子と卵子が受精して，受精卵ができて命が生まれ，つながっていきます。

C　生まれたばかりのサケにも，お腹に養分の入った袋があり，メダカと同じでした。

C　メダカと違って，サケは海で成長する魚だとわかりました。でも卵を産むのは同じです。

T　サケは3000個ほどの卵を産みますが，もし2, 3個しか産まなかったらどうなりますか。

C　食べられたりして死ぬこともあるので，10個くらいだと，子どもが残らない（残せない）と思う。

T　そうですね。3000個産んでも生き残るのは，少しです。そのため多くの卵を産むのですね。

花から実へ

全授業時数　7時間＋つなげよう3時間

◎ 学習にあたって ◎

◉ 何を学ぶのか

　花とは人の目を楽しませる美しいもの…と，多くの子どもは（大人も）考えています。しかし，植物にとっての『花』とは，種子（実）を残すための生殖器官です。本単元では，そのような『ながめる花』から『子孫を残すための花』へと花の概念を広げます。そのため，まずアサガオなどいくつかの花を調べ，花びら，がく，雄しべ，めしべといった基本的な花のつくりを学習します。そして，実を作るという花の役割から見ると，大切な部分は目につく花びらではなく，花粉を出す雄しべと実に育っていくめしべだということに気づかせます。その後，めしべが実に育っていくためには，めしべに雄しべの花粉がつくこと（受粉）が必要なことを確かめます。

◉ どのように学ぶのか

　前学年までの理科でも，植物の栽培や花の観察をしています。その経験から，子どもたちも花が咲いたあとに実や種ができることには，ほぼ気づいているでしょう。さらに，アブラナやエンドウ，また野草の『実になりかけの花』を見つけて観察すると，花から実ができていく過程や，花と実のつながりがよくわかります。花粉のはたらきについては，アサガオやヘチマ，ツルレイシなどの花を使い，花粉をつけためしべとつけないめしべの育ち方を比較して調べます。そして，結実には花粉が必要なことから，雄花が決して『むだ花』ではないことや，人工授粉の意味にも気づかせます。

　また，顕微鏡での花粉の観察もぜひ行わせたい活動です。花粉の形や色の多様さは，子どもの心を動かすからです。

◉ 留意点・他

　『植物の発芽と成長』の単元とあわせて，5年生では『生命のつながり(種族維持)』に関わる自然の事実に気づかせます。『花が咲いて、実ができる』『実のもとは花』という具体的な事実を，アサガオやヘチマだけでなく，できるだけ多様な植物からも学ばせます。トウモロコシやイネなど，花びらのない花も取り上げると，大切なのはめしべと雄しべだということがよくわかります。また，イネの実（米）は知っていても，花があることは子どもも大人もあまり知りません。『イネにも花があり，咲く』という事実を知ると，『実をつくる花』の認識がより一般化され深まります。

◎ 評　価 ◎

知識および技能	・花はふつう，雄しべ，めしべ，花びら，がくからできていることに気づき，めしべの元にある子房が育って実（種子）ができることがわかる。 ・花から実（種子）ができるには，雄しべの花粉がめしべの先（柱頭）につかなければならない（受粉が必要な）ことがわかる。また，受粉のやり方には虫や風によるものや人工授粉などがあることに気づく。
思考力，判断力，表現力等	・顕微鏡を使って花粉の観察をすることができる。また，花のつくりと実を比較して観察することができる。 ・花粉のはたらきを調べるための，実験のやり方（対照実験）を考えることができる。
主体的に学習に取り組む態度	・花と実のつながりに関心を持ち，花粉のはたらきは人工授粉など，農業にも応用されていることに気づく。 ・友だちと協力して実験や観察をすすめることができている。

◇　花が咲く時期，実のできる時期に合わせて，第1時・つなげよう1の学習は4月に行います。

◇　本指導計画ではヘチマを使っていますが，他のウリ科植物で進めている教科書もあります。ヘチマの代わりに，ツルレイシやセンナリヒョウタン，カボチャなどを使うこともできます。

◇　ここで使う植物は，4，5月に植えて準備しておきます。トウモロコシもあるとよいでしょう。なお，ウリ科植物は，親づるを止めて（摘芯），子づるや孫づるを出させると，そこにめ花がつきやすくなります。

◇　アサガオやヘチマだけでなく，季節ごとの「花と実」を観察させるのも効果的です。

　（例）モミジの花と実，ミカンの花，スギやマツの花粉，ドングリ（カシやクヌギ）の花，イネの花。

次	時	題	目標	主な学習活動
花のつくりと実	1	アブラナの花から実（種）へのつながりを調べよう（4月）	アブラナの花は，めしべ，雄しべ，花びら，がくから成り，その中のめしべが大きくなって実に育っていくことに気づく。	・アブラナの花を分解し，つくりを調べる。 ・実になりかけの花や実の形を観察し，実はめしべが育ってできたことを話し合う。
	つなげよう1	いろいろな植物の花から実へのつながりを調べよう（タンポポ，エンドウ，ミカンなど）（4月）	タンポポやエンドウは，花のめしべから実ができていくことに気づく。	・タンポポやエンドウの花と実を観察して比べ，実に残る花のあとを探す。
	2	アサガオの花のつくりと実を調べよう（7月～9月）	アサガオの花は，がく，花びら，雄しべ，めしべからできていることがわかり，めしべの下の子房が実に育っていくことに気づく。	・アサガオの花を分解してつくりを調べ，雄しべからは花粉が出ていることや，めしべの形と実の形を比べて観察する。
	3・4	ヘチマの花と実を調べよう	ヘチマの雄しべとめしべは別の花にあり（雌雄異花），め花の下に実になる部分（子房）があることがわかる。また，花粉の形や色は，植物によって異なることに気づく。	・ヘチマなど，雌雄異花の花のつくりを観察し，雄花とめ花のちがいを調べる。また，め花と実の形を比べて観察する。 ・ヘチマやアサガオの花粉のプレパラートを作り，顕微鏡で観察する。
花粉のはたらきと受粉	5	花粉のはたらきと実のでき方を調べよう	ヘチマの実ができるには，雄花の花粉がめ花のめしべの先につかなければならない（受粉が必要な）ことに気づく。また，それを確かめる実験方法がわかる。	・実にならない『雄花』の役割を考え，花粉のはたらきについて話し合う。また，花粉のはたらきを確かめる実験方法を考え，準備する。
	6・7	（6時）花粉のはたらきを調べよう（7時）受粉のしかたを調べよう	めしべに花粉がつかないと（受粉しないと），実はできないことがわかる。また，花粉の運ばれ方には虫の他，風や人の手によるものがあることを知る。	・前時の受粉の実験の結果を観察し，わかったことを話し合い，まとめる。 ・花の観察からアサガオの受粉の仕方を調べる。 ・花に虫が集まる理由について話し合う。 ・花が咲いても実ができない原因や，人工授粉など花粉の運ばれ方について調べる。
	つなげよう2	トウモロコシの花と受粉のしかたを調べよう	トウモロコシにも雄しべとめしべがあり，花粉が風に飛ばされてめしべにつくと，受粉して実ができることがわかる。	・トウモロコシにも，雄しべやめしべがあるかどうかを話し合い，教科書で調べたり，実や雄花の観察をしたりして確かめる。
	つなげよう3	イネの花から実（米）への変化を調べよう	イネにも雄しべとめしべがあり，自家受粉して実（米）ができることがわかる。	・イネにも雄しべやめしべがあるかどうかを話し合い，穂のもみ殻の中を観察し，確かめる。 ・イネも花が咲くことを話し合う。

アブラナの花から実（種）への つながりを調べよう（4月）

本時の目標　アブラナの花は，めしべ，雄しべ，花びら，がくから成り，その中のめしべが大きくなって実に育っていくことに気づく。

板書例

め　アブラナの花から実（種）への つながりを調べよう

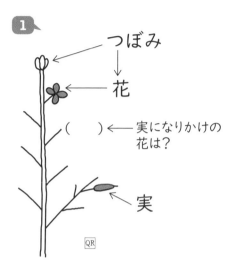

1
- つぼみ
- ↓
- 花
- （　　）← 実になりかけの花は？
- 実

QR

実のもとは花だろうか？

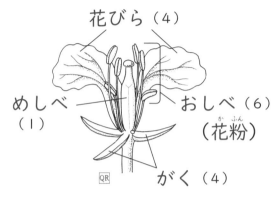

2 〈アブラナの花のつくり〉

- 花びら（4）
- めしべ（1）
- おしべ（6）（花粉）
- がく（4）

QR

実になっていくところは？

POINT　受粉と結実を学習する前に，この時間に花のつくりを正しく学習しておくとよいでしょう。

1 アブラナの『実になりかけの花』を 見つける

（花と実のついたアブラナを1本提示し）

T　（下の方の実を指して）これは，アブラナの何でしょうか。

C　実です。（と，児童は答える）

T　実なら，中に種が入っていますね。調べてみましょう。（実を配る。指で割ることができる）

C　中に緑色の種が入っています。

T　種が入っているので，これは実だといえますね。では，花と実には何かつながりがあるのでしょうか。

C　花が咲いた後，実になっていくと思います。

T　では，『実になりかけの花』はあるのでしょうか。探してみましょう。

C　ありました。まだ花びらがついているけど，小さい実の形をしています。

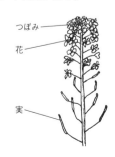
- つぼみ
- 花
- 実

アブラナは，つぼみ，花，実が1本の株の中で観察できる。

2 アブラナの花のつくりを観察し， 実になっていくところを確かめる

T　花が実になっていくようですね。実の「もと」はというと，何でしょうか。

C　花が咲いて，実ができます。

T　では，アブラナの花のどこが実になっていくのか，まず，花を解剖（分解）して，花のつくりを調べましょう。

T　外側から順に見ていきます。

C　花びらの外側に，小さな緑色のものが4枚あります。

　1人に1つずつ花を準備させ，虫眼鏡で観察する。虫眼鏡は目に当てさせ，観察する。

T　外側の緑色のものを『がく』といいます。4枚ありますね。

T　がくの内側には何がありますか。

C　花びらです。これも4枚あります。

T　次に，花びらの内側には，何がありますか。

C　雄しべです。6本あります。

（『雄しべ』という名前も，知っていることが多い）

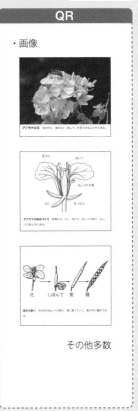

QR

・画像

その他多数

3 アブラナの花びら（4）とがく（4）と
　　おしべ（6）がとれて（ちって）

花のめしべが残って　→　実になっていく

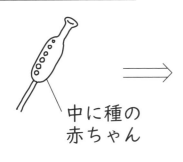

中に種の
赤ちゃん

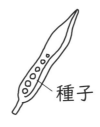

種子

（観察では，各部分の名前と数を確認していく）

T　<u>雄しべの先には，何かついていませんか。</u>

C　黄色い粉がついています。

T　この粉（花粉）は，雄しべから出ているもので，<u>『花粉』</u>といいます。（花粉という言葉も多くの子が知っている）

T　花のまん中にあるものは何でしょうか。

C　めしべだと思います。1本です。（『めしべ』と教える）

T　アブラナの花は，このように4つの部分からできていることがわかりました。

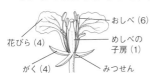

おしべ（6）
めしべの子房（1）
花びら（4）
がく（4）
みつせん

花の構造は「巻きずし」に似ている。海苔が『がく』，ご飯が『花びら』，具は『雄しべ』『めしべ』にあたる。

T　このうち，散ってしまうところもあります。

C　花びらと，がくと…雄しべ，かな。

C　『実になりかけの花』を見ると，雄しべがとれています。花びらもちりかけです。

C　<u>めしべが残って，実になると思います。</u>

---

3 花のめしべが育って実になっていくことを確かめる

T　花が咲いた後，がくや花びら，雄しべは散りますが，めしべは残って実になっていくのです。（カッターナイフでめしべを縦に切り，中に緑色の種の赤ちゃん（胚珠）があることを観察させてもよい）

T　では，花から実になっていく順に，テープでノートに貼りましょう。

アブラナの花から実ができる順

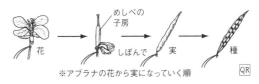

めしべの子房
花　　　　しぼんで　実　　　　　種

※アブラナの花から実になっていく順　QR

T　花が実になっていくことを確かめる方法があります。<u>花に赤い糸を結んでおき，目印とします。</u>何日か後にその花が実になっているかどうかを確かめるという方法です。

（授業後，学級園などで各グループごとに糸をつけさせるとよい）

T　今日，したこと，わかったことを書きましょう。

板書例

㊥ いろいろな植物の花から実への つながりを調べよう

1 〈セイヨウタンポポ〉　　　　**2** **3** 〈エンドウ〉

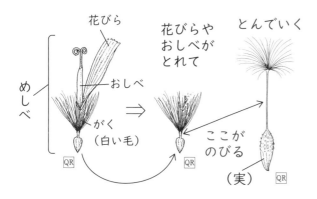

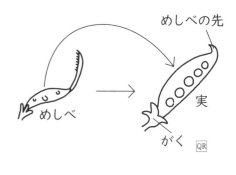

セイヨウタンポポの実のもとは，花のめしべ
エンドウの実のもとも，花のめしべ

POINT 実の先にめしべがついている様子を見せ，めしべの根元が膨らんだということを実感させましょう。

---

1 タンポポの花の中にある実（種）の もとを調べる

T 今日はいろいろな花と実を観察して，実はどのようにできるのかを調べます。

T これはタンポポの『綿毛』です。風が吹くと飛んでいきます。下についているものは何ですか。

C 実です。（ここでは『種』でもよしとする）

T この1つ1つのタンポポの実（種）も，花からできたのでしょうか。

T 花の中に実のもとがあるのかどうか，探してみましょう。手で割ると，中が見えますよ。

C 綿毛のもとがありました。実と同じ形をしています。

割ると，綿毛（冠毛）と実のもとが並んで入っているのが見える。タンポポの花は1つ1つの小さな花がたくさん集まったものである。

T 咲き終わって花びらがとれると，綿毛の軸が伸びて，実をつけて飛んでいくのです。

2 エンドウの花と実を調べる （カラスノエンドウでもよい）

T タンポポも実のもとは花にあり，花が咲いた後，実になっていくのです。

T これは，エンドウの実です。中を割ると種（マメ）が入っています。（割って見せる）では，エンドウの実のもとも，花の中にあるのでしょうか。探してみましょう。

（花を配る）（児童と，がく，花びら，雄しべ，と確かめ，雄しべに囲まれためしべにたどりつく）

T 雄しべに囲まれているのが，めしべです。めしべの形を見て気がつくことはありませんか。

C エンドウの実の形にそっくりです。

C めしべの先が曲がっています。

T このめしべが大きくなって実になっていくのです。実になりかけの花もありますよ。（実物を見せるとよくわかる）

QR

・画像

セイヨウタンポポの花と実　実になりかわる「実のつぼみ」もでている。

エンドウの花　花びらの中にめしべとおしべが入っている。

エンドウの花から実へ（3）　おい落をつけておいた花は，実になっている。

その他多数

4 花から実へ ＝ 実に残る花（めしべ）のあと

ミカン　　めしべのあと
　　　　　　めしべのもと

リンゴ　　がくのあと
　　　　　　めしべのもと

モミジ　花　→　実
　　　　めしべ　　QR

花のめしべから実ができていく

---

3 エンドウの実には，花のあとがあることを見つける

T　エンドウの実を見ると，花のあとを見つけることができます。実が花からできたという証拠があります。（実を配る）見つけてみましょう。

C　実の根元に，『がく』がまだのこっています。食べるときにとるところです。

C　がくのそばに『雄しべ』がついています。

C　先の方についているのは，『めしべ』のあとです。

めしべの先（柱頭）　　おしべ
　　　　　　　子房　QR　　がくのあと

T　先にめしべ（柱頭）のあとも残っています。実のもとは花だった証拠の1つですね。

T　また，花のめしべ（の子房）と実は，形も似ていましたね。

T　タンポポとエンドウの花と実を観察して，どちらにも（共通して）いえることはどんなことでしょうか。（ノートに書かせて発表）

C　実のもとはどちらも花の中にありました。

4 ミカンなどの実と花を比べ，花から実になることを話し合う

T　これは，ミカンの実です。ミカンの実も花からできたとすれば，花のあとが残っているはずです。見つかるでしょうか。（児童がわからなければ，まずヘタの部分は枝についていたあとだと説明し，次に反対側のくぼみに着目させる）

T　どのミカンにもこのくぼみがあります。これは何でしょうか。

C　花のあとですか？

T　そうです。ここにめしべがついていたのです。写真で花を見てみましょう。

C　めしべの下が，小さいミカンみたい…。

T　リンゴやナシのお尻のところも，花のがくとめしべのあとなのですよ。

T　モミジの実を知っていますか。プロペラみたいな飛ぶ実です。では，モミジの花（のめしべ）は，どんな形なのか，想像してみましょう。

C　実と似ているのかな？

※モミジの花のめしべは実とそっくりの形で，4月ごろ観察できる。

アサガオの花のつくりと実を調べよう（7月～9月）

板書例

〔問題〕　アサガオの花は，どのようなつくりをしているだろうか

1️⃣　アサガオの花のつくり
2️⃣
3️⃣

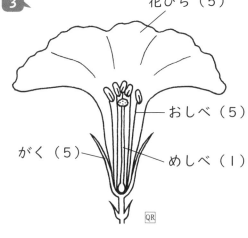

花びら（5）
おしべ（5）
がく（5）
めしべ（1）

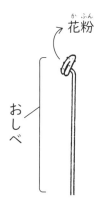

花粉
おしべ

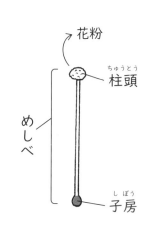

花粉
柱頭（ちゅうとう）
めしべ
子房（しぼう）

POINT　アブラナの花のつくりの学習と関係付けて，アサガオの花のつくりと各部の名前を学習させましょう。

1　アサガオのがくと，花びらを観察する

T　朝採ってきたアサガオの花です。今日はこの花のつくりを調べます。（1人か2人に1つずつ，観察用の花を採らせておく）

T　外側から見ていきましょう。いちばん外側にあるのは，このような形のもの（がくの形を板書）ですね。これを『がく』といいます。花の台にあたり，中のものを守っています。

（初めて出る名称などは，教えて説明する）

T　では，がくのすぐ内側にあるものは何ですか。

（花びら＝花，だと考えている児童もいる）

C　花びらです。ラッパみたいな花びら…。

T　そうです。花びらです。花弁ともいいます。アサガオの花びらは，1つの筒（ラッパ）のように見えます。花びらは，サクラのようにふつうは離れていますが，アサガオの花びらは5枚の花弁が合わさっている（合弁花という）と考えられています。

観察は，野外より教室で行った方が集中しやすい。

2　アサガオの雄しべと，めしべを観察する

（4月に学んだアブラナの花のつくりも，随所でふり返ると共通点がとらえられ，より一般化できる）

T　花びらを指で（縦に）割いて，中を見てみましょう。何がありますか。

C　雄しべかな。アブラナにもありました。

（本数（5本）も数える）

T　そうです。『雄しべ』といいます。雄しべを，ルーペで観察しましょう。何か見つけたこと（もの）はありませんか。

C　雄しべの先に白い粉がついています。

T　その粉を『花粉』といいます。雄しべの先（葯）から出ているようです。

花粉
おしべ

T　つぎは，花びらと雄しべも取りましょう。何が残りましたか。

C　めしべです。アブラナにもあったから。

4 アサガオの花と実のつながりを考えよう

花びらとおしべは落ちる

━━ めしべのあと

━━ めしべの下の子房が大きくなる

⇩

実になっていく

〔まとめ〕
アサガオの花には，おしべとめしべがあり，
めしべのもとの部分（子房）が
ふくらんで実になる

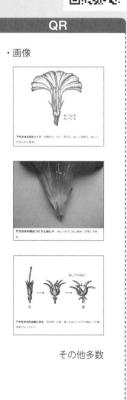
3 アサガオのめしべの形と，花のつくりをまとめる

T この真ん中にあるのが『めしべ』です。

T がくも外して，めしべの全体を見てみましょう。絵に描きましょう。

T めしべの下の方の形は，どうなっていますか。

C 丸い玉になっています。

T このふくらんでいる部分を，『子房（しぼう）』といい，先を『柱頭』といいます。

> 「子房」という言葉，「実のもと」として，できれば教えたい。

花粉
柱頭
子房
めしべ QR

T アサガオの花には，どんなものがついていたのか，花のつくりをまとめましょう。外側から順に見ていくと…。

C いちばん外側には，がくがありました。

> あと，花びら，おしべ，めしべと確かめる。

子房
（実になる
ところ）

QR

4 花から実へのつながりを考える

T （未熟な青い実を掲示して）これはアサガオのまだ青い実です。花と実は何かつながりがあるのでしょうか。（半熟の実を配り，形を観察する）

C 花が咲いたあと，実ができていくと思います。

T では，その証拠はありますか。

C 実にめしべのあとが残っています。

C 雄しべと花びらは取れているけれど，めしべが残って根元の部分が大きくなっています。

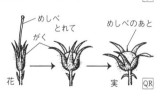

めしべ
とれて
がく
花

めしべのあと

実 QR

T そうです。花びらや雄しべはとれてしまいますが，花のめしべの子房はとれずに残り，大きくなって実に育っていくのです。

T 他の花にも雄しべやめしべ，実になりかけの花（めしべ）はあるのか，調べてみましょう。

> （オクラ，オシロイバナなどを見せてもよい）

ヘチマの花と実を調べよう

板書例

（第3時）
〔問題〕　ヘチマの花は，どのようなつくりを
　　　　　しているのだろうか

1　ヘチマの花 … おしべとめしべが別の花につく

2

3

（お花）　　　　　　　（め花）

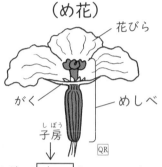

お花は実にならない　　　め花は 実に なっていく

ウリ科の花

ヘチマ
キュウリ
ヒョウタン
ツルレイシ
カボチャ
スイカ
　…
お花とめ花がある

ヘチマには，実になる花（め花）と，
ならない花（お花）がある

POINT　いろいろな植物の花粉を顕微鏡で観察し，大きさや，色，形の違いに気づかせ，学習への関心を高めましょう。

1 【第3時】ヘチマには，2つの形をした花があることを話し合う（学級園で）

T　ヘチマの花が咲いています。でもよく見ると，アサガオとは違うところがあります。

C　色は同じだけれど，花の下がふくらんでいる花があります。（め花を探させる）

T　下がふくらんでいる花と，そうでない花がありますね。実に似ているのはどちらですか。

C　下がふくらんでいる方の花です。

（子房の形からも実になることが予想できる）

T　そうです。ヘチマには，実に育っていく花とそうでない花の2種類があります（雌雄異花）。実になる花を『め花』，実にならない花を『雄花』と呼んでいます。簡単に絵に描いてみましょう。

【参考】ヘチマ以外のめ花
め花の花びらの下に実の形をした子房があるので，「実のもとは花」だとわかる。

キュウリ

ヒョウタンのめ花

2 雄花とめ花を観察し，ちがいを調べる

（グループごとに，雄花とめ花を教室に持ち帰る）

T　ヘチマの花を詳しく調べましょう。まず，雄花からです。どんなものがついていますか。外側から調べましょう。

C　がくがあります。

T　花びらの中には，何がありますか。

C　雄しべかめしべだと思います。

C　先をさわると，黄色い粉がつきます。

T　何があるのか，教科書で確かめましょう。

C　雄花の中にあるのは，雄しべだけです。

C　黄色い粉は，雄しべから出る花粉でした。

T　つぎはめ花です。花びらやがくの中にあるのは何でしょうか。

C　めしべだと思います。

（教科書でも確かめさせる）

ヘチマの子房は，がくや花弁の中にあるのではなく，外（下）にある。

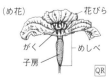

74

〔まとめ〕
へちまは, め花にめしべがあり,
お花におしべがある

（第4時）

4 いろいろな植物の花粉
花粉の形や色を見てみよう

けんび鏡で100倍くらい

花粉
セロハンテープ

アサガオ　　ヘチマ

ユリ　　　（　　）

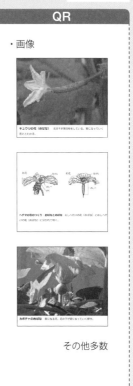

---

3 アサガオと比べながら, ヘチマの花のつくりをまとめる

T　め花の下にある実の形をしたところは何でしょうか。実になっていくところですね。

C　教科書には, 「めしべ」と書いてありました。

T　柱頭は花の内側にありますが, 子房は花びらや, がくの外（下）に出ているのです。

T　ヘチマの花を, アサガオの花と比べてみましょう。まず, 共通するところは何ですか。

C　どちらの花にも, 花びらとがくがあります。

C　どちらの花にも, 雄しべとめしべがあります。

T　違うところはどこですか。

C　ヘチマは雄しべとめしべが別々の花についています。

C　ヘチマは実にならない花があり, めしべ（子房）のある『め花』しか実になりません。

T　そうですね。ヘチマはめしべがあって実になるめ花と, 実にならない雄花とに分かれているのです。他にも, 雄花とめ花に分かれている植物があります。カボチャなどです。

　　（写真などで, キュウリやヒョウタン, カボチャなど, ウリ科植物のめ花を紹介する QR ）

4 【第4時】顕微鏡を使って, 花粉の形や色を観察する

T　ヘチマの花粉は黄色い色をしていました。アサガオの花粉は白色でした。花粉はどんな色や形をしているのでしょうか。顕微鏡で見てみましょう。

【観察の手順】 基本的な顕微鏡の使い方は教科書を参照。

① 顕微鏡を準備させる。倍率は100倍か150倍（40倍, 60倍でも見える）※小学校では基本的に400倍などの高倍率は使わない。

② プレパラートを作る。雄しべにセロテープをそっと当てて少しの花粉をつける。空気が入らないよう, 図のようにスライドガラスに貼らせる。

端をはみ出しておくとあとではがしやすい
セロハンテープ
おしべの花粉

③ 顕微鏡の反射鏡などで視野を明るくし, ピントを調節して検鏡。なお, 明るい部屋なら下からの反射光なしでもきれいに見える。
　注意：花粉は水をつけると壊れるので, セロハンテープを使う。

C　わあ, 花粉っておもしろい形をしている。

T　花粉の形をノートに書いておきましょう。

T　黒板にも, 描きに来てください。

QR

【さまざまな花粉】
（花粉の観察は, 1時間にまとめて行います）

 タンポポ　 トウモロコシ　 ヘチマ　 アサガオ

花粉のはたらきと実のでき方を調べよう

ヘチマの実ができるには，雄花の花粉がめ花のめしべの先につかなければならない（受粉が必要な）ことに気づく。また，それを確かめる実験方法がわかる。

板書例

め お花（花粉）の役わりは何か考えよう

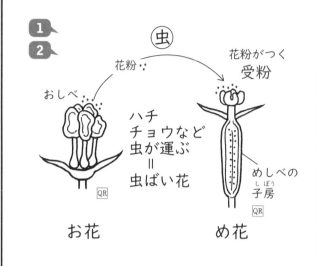

おしべの花粉が
めしべにつくと
子房が育って実になる

花粉が虫に運ばれる花

花びら
みつ ｝ で虫をさそう

アブラナ，サクラ
ウメ，タンポポなど

(POINT) 実験方法の手順について，理由を一つ一つ確認することで，対照実験に慣れさせていきましょう。

1 実にならない雄花（雄しべ）の役目は何かを考える

（ヘチマの雄花とめ花を見せながら）

T め花にはめしべがあり，子房の部分が実になっていきますね。（「子房」という言葉も使う）

T けれども，雄花は実にはなりません。では，雄花には何か役目があるのでしょうか。それとも，ただ咲いているだけでしょうか。

C 雄しべの花粉がめしべにつかないと，実にならないと思う…けど。

ツルレイシ

キュウリ

いろいろな雄花（ツルレイシ・キュウリ）

（「花粉がめしべについて実になる」ことを知っている児童も多い。この知識も生かして話し合う）

T 実ができるには，めしべに（雄しべの）花粉がつかなければならないのかどうか，教科書で調べましょう。

2 花粉のはたらきと，花粉の運ばれ方を聞き，調べる

T 雄花の雄しべからは，花粉が出ていましたね。それがめ花のめしべにつかないと，実はできないのです。めしべの先に花粉がつくことを『受粉』といいます。だから，雄花は実にならないけれどムダな花ではなく，実ができるためには必要な花なのです。（などと，説明）

T では（雄花の）花粉は，離れているめ花のめしべにどうやって，つくのでしょうか。

C 風で花粉が飛んでいくと思います。

C ハチなど，花に来る虫の体について，運ばれるのかなあ。

T ヘチマの場合は，ハチやチョウなど花にやって来る虫の体について花粉が運ばれ，めしべの先につく（受粉する）のです。

T 他にも虫によって花粉が運ばれる花があります。見たことがありますか。調べてみましょう。（教科書や資料で調べさせる）

（問題）

めしべのもとの部分（子房）が実になるためには，受粉が必要だろうか

3
4

ア　花粉をつけた
め花　　⟹　実はできるか
　　　　　　　　できる
　　　　　　　　できない

イ　花粉をつけない
め花　　⟹　できる
　　　　　　　できない

※約10日後に確かめる。

3 花粉のはたらきを確かめる実験方法を考える

T　では，花にある，蜜やよいにおい，きれいな色の花びらは，花にとってどんなことに役立っている（都合がよい）のでしょうか。

C　虫が蜜や色に引き寄せられてやってくるから。

C　虫の体に花粉がついて，め花に運ばれる。

T　つまり，きれいな花びらや蜜は，虫に来てもらって受粉するためのものだと考えられますね。

【実験方法を考える・調べる】

T　実ができるには，花粉がめしべにつかなければなりません。このことを実験でも確かめるには，どうすればよいでしょうか。

　　（できれば対照実験をして調べることに気づかせる）

C　めしべの先に花粉を『つけた花』と『つけない花』を用意して，そのあと実ができるかどうか調べればよいと思います。

T　同じ実験方法が，教科書にも出ています。

4 花粉をつけためしべとつけないめしべが実になるかどうか比べる

【実験方法】

①2つのめ花のつぼみに袋をかぶせる。開いた花はすでに受粉しているおそれがあるのでつぼみを使う。実験は，午前中に行うとよい。

②袋の中で花が咲いたら，（ア）の花のめしべには花粉をつけ，（イ）の花は袋をかぶせたままにしておく。その後，虫が来ないよう，どちらも袋をかぶせた状態にしておく。

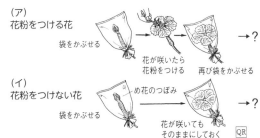

（ア）
花粉をつける花　　　袋をかぶせる　　花が咲いたら花粉をつける　　再び袋をかぶせる　→？

（イ）
花粉をつけない花　め花のつぼみ
　　　　袋をかぶせる　　花が咲いてもそのままにしておく　→？　QR

T　（ア），（イ）のめ花には，実はできるでしょうか。

T　外に出て，実験の準備をしましょう。

　　（①の作業は前日に行い，②を本時に行うとよい）

T　実はできるのか，観察していきましょう。

　　（約10日後に確かめる。または準備したものを見せる）

（6時）花粉のはたらきを調べよう
（7時）受粉のしかたを調べよう

めしべに花粉がつかないと（受粉しないと），実はできないことがわかる。また，花粉の運ばれ方には虫の他，風や人の手によるものがあることを知る。

板書例

（第6時）
〔問題〕 **めしべのもとの部分が実になるためには，受粉（じゅふん）が必要なのだろうか**

① ヘチマの実験

（ア）

〔結果〕
花粉をつけたものは
実ができた

（イ）

花粉をつけないものは
実はできない

〔実験からわかったこと〕
めしべのもとの部分（子房（しぼう））が実になる
ためには，受粉が必要

POINT 植物の種類によって，いろいろな受粉の方法があることを学習させるとよいでしょう。

1 【第6時】花粉をつけた（受粉した）花だけが実になったことを確かめる

（実験から約10日後）

T それぞれ，実はできているでしょうか。（（ア），（イ）の実を観察する。教科書の写真を見て確かめてもよい）

C 花粉をつけた方（ア）だけ実に育っています。

C 花粉をつけなかった方（イ）は，しぼんでいます。

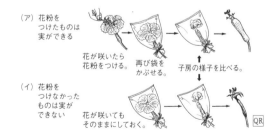

（ア）花粉をつけたものは実ができる

花が咲いたら花粉をつける。

再び袋をかぶせる。

子房の様子を比べる。

（イ）花粉をつけなかったものは実ができない

花が咲いてもそのままにしておく。

T 花粉と実についてどんなことがいえますか。（考察）

C めしべに花粉がついたときだけ実ができる。つかなければ，実になりません。

C 実ができるには受粉しなければならない。

C 雄花は，実ができるためにいるものだった。

2 アサガオの受粉のやり方（自家受粉）を考える

T 実ができるためには，雄しべの花粉がめしべの先（柱頭）につくことが必要でした。これを受粉といいました。（まとめ）

T では，アサガオはどのようにして受粉しているのでしょうか。まず，虫眼鏡でめしべを見てみましょう。花粉はついていますか。

C めしべの先に花粉がついています。

C ヘチマみたいに，虫が花粉を運ぶのかなあ…。

T 明日咲く花のつぼみを割って，中を見てみましょう。咲いた花の雄しべと，つぼみの雄しべを見比べてください。

C つぼみの雄しべは，めしべよりも短いです。花粉が出ていない。

アサガオの咲く前（左）と咲いた後（右）

C 咲いた花の雄しべは，長くのびています。花粉が出ている。

【参考】アサガオの雄しべは，花が開くとのびてめしべをおいこす。そのとき花粉がめしべにつく。

準備物	・受粉実験で使った, (ア), (イ)のヘチマ ・アサガオの花と明日開くつぼみ（事前に採ら 　せておく）　・虫眼鏡（ルーペ） ・図鑑（虫媒花, 風媒花などを調べる）

QR

・画像

その他多数

2 アサガオの受粉＝自家受粉（自分で受粉）

つぼみのとき　→　花がさく

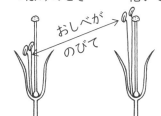

おしべが
のびて

**おしべがのびて花粉が
めしべにつく**

**3
4** （第7時）

め **受粉のしかたを調べよう**

受粉のしかた　…　植物によっていろいろ

・虫が運ぶ ———— ヘチマ, タンポポ, コスモス
・風が運ぶ ———— スギ, マツ, ススキ
・自家受粉 ———— アサガオ, イネ
・人の手 ————— 虫がいないところ,
　（人工授粉）　　　虫がいないとき
　　ほか, 鳥, 水など

---

3 【第7時】花粉の運ばれ方を, いろいろ
調べる

T　アサガオは, つぼみから花が開くときに雄しべが
伸びます。そのときめしべの先に花粉がつくのです。

T　このように, 虫の手助けなしに自分の雄しべの花
粉で受粉するやり方もあるのです。『自家受粉』と
いいます。（イネも自家受粉）

C　とてもうまいやり方でびっくりした。

T　他にどんな受粉のやり方（花粉の運ばれ方）があり
ますか。教科書でも調べてみましょう。

C　スギの花粉は風で飛ぶと聞いたことがある。

T　花粉の運ばれ方は, いろいろありそうです。コス
モスやタンポポは, どんなやり方で受粉すると思い
ますか。

C　チョウがとまっているの
を見たことがあります。

C　花びらがあるので, 虫が
やって来て, 虫が花粉を運
んでいると思います。

アブラナ
花粉は虫に運ばれる（ハチ）　QR

4 実をつくる受粉の大切さと, 人工授粉に
ついて考える

T　（写真を見せて）これはアブラナですが, 不思議な
ことに上の方は実ができている
のに, 下半分には実ができてい
ません。下半分に実ができな
かった理由を考えてください。
ヒント：花は下から咲く。

C　下の花が咲いたとき, 受粉し
なかったのかな。

T　そうです。下の方の花は3月
ごろ咲きました。が, そのころ
はまだチョウやハナアブなどの虫はいなかったの
で, 花が咲いても受粉できませんでした。上の方の
花が咲いた4月ごろには虫もいて, うまく受粉でき
たのです。

T　虫のいない時期や場所で受粉させるには, どうす
ればよいでしょう。教科書を読みましょう。

（人工授粉の話をみんなで読む）

アブラナ

※虫のいない時期に咲
いた花は受粉できずに
実にならない。　QR

トウモロコシの花と受粉の しかたを調べよう

板書例

め トウモロコシの花と受粉（じゅふん）のしかたを調べよう

トウモロコシの花と実

1 問題
2 トウモロコシには，おしべやめしべはあるだろうか

予想

実

ア．ある ……………… ※実ができるからほかの植物にも
（　　）人　　　　おしべやめしべはあった

イ．ない ……………… トウモロコシの花は
（　　）人　　　　見たことがない

ウ．わからない
（　　）人

（ヒント）「ひげは何だろうか」　　　　※児童の発言を板書する。

POINT　トウモロコシの粒にはめしべが繋がっています。ヒゲと呼ばれるめしべに花粉がつくことで受粉し，実が膨らんで

1 トウモロコシに，雄しべやめしべはあるか，予想する

（トウモロコシの実を見せながら）

T　これは，トウモロコシの実です。食べたことがあるでしょう。

C　はい。つぶつぶがいっぱいありました。

T　それが実の集まりであり，種なのです。

T　では，トウモロコシにも雄しべやめしべはあるのでしょうか。自分の考えを書きましょう。『ある』か『ない』か，どちらでしょうか。

C　実があるということは…めしべは…？

C　雄しべやめしべは，あったのかなあ？

トウモロコシの実

（課題を写させて考えを書かせる。「ある」「ない」だけでなく，そう考えた根拠も書くようにする）

T　雄しべやめしべがある，と思った人は？

（まず人数を調べ，考えの傾向をみる）

T　次に，『ない』と考えた人は手を挙げましょう。

2 『ある』か『ない』か，考えの根拠を示して話し合う

T　『ある』と考えた人の意見を聞きましょう。

C　アサガオもヘチマも花のめしべが実になったから，実があるトウモロコシにもめしべや雄しべがあると考えました。

C　トウモロコシの花は，見たことがないけれど，実ができたので，めしべはあると思います。

T　雄しべやめしべは『ない』と思った人は？

C　雄しべもめしべも花にあるけれど，トウモロコシの花が咲いているのを見たことがないから…。

C　トウモロコシには花は咲かないと思うから。

T　迷っている人はいますか，意見はありますか。

C　雄しべ（花粉）やめしべ（子房）がないと，実はできないはずだけど，めしべや花を見たことがないから迷っています。

（この後，各意見への，賛成意見，反対意見を述べ合う）

QR

・画像

その他多数

③ 実のかわをむいてみる ---→ ひげはめしべ
④

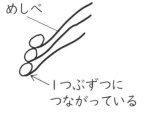

めしべ

1つぶずつに
つながっている

風で
上から
花粉は
めしべ
につく

おしべ
（花粉）

トウモロコシにも
おしべとめしべがある
　　　⌢花⌣

おしべとめしべがあり
実に育っていくものは } ⌢花⌣といえる
（花びらがなくても）

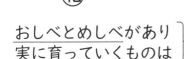

いきます。

3　トウモロコシのヒゲとは何なのか，実とのつながりを調べる

T　では，実を観察して確かめましょう。皮をむいてつぶつぶの実の様子を見てみましょう。

T　このヒゲは，何でしょうか。よく見ると，どこにつながっていますか。

C　たくさんのヒゲは，1つぶ1つぶの実につながっているみたいです。

め花のめしべ　**QR**

T　このヒゲは何なのか，教科書（または図鑑，資料）で調べてみましょう。

（教師が読んでもよいし，教えてもよい）

C　めしべです。めしべだと書いてあります。

T　このヒゲはめしべの柱頭で，実（子房）の1つ1つにつながっているのです。だから，実の数だけめしべ（のヒゲ）もあることになります。

（ヒゲには細かい突起がたくさんあり，花粉がつきやすくなっている）

めしべ　**QR**

4　トウモロコシにも『花』が咲き，風で受粉することを確かめる

T　では，雄しべはあるのでしょうか。（トウモロコシの雄花を示して）

T　このアンテナのようなところにたくさんついているものが『雄しべ』です。（揺らすと花粉が落ちる）この落ちてくる白い粉が『花粉』です。アサガオやヘチマなどと同じように，トウモロコシにも，雄しべとめしべがありました。

C　やっぱり，実ができるということは，雄しべもめしべもあったんだね。

雄花の雄しべが
見える　**QR**

雄花　**QR**

T　では，トウモロコシにも『花がある』といえるでしょうか。（教師が説明）

T　科学者は，花びらがなくても雄しべとめしべがあり，実になっていくものならそれを『花』と呼んでいます。だから『花がある』といえるのです。

T　では，トウモロコシの花粉はどうやってめしべにつくのでしょうか。

C　虫ではなくて，落ちてくる。

C　風で揺れると落ちてくる。

イネの花から実（米）への変化を調べよう

板書例

め　イネの花から実（米）への変化を調べよう

1 2 〔問題〕 イネには，おしべやめしべはあるだろうか

米
（イネの実）

〔予想〕

ア．ある
（　　）人

イ．ない
（　　）人

ウ．わからない
（　　）人

※
実ができるから
見たことがある

花はないと思う
見たことがない

ないと実は
できないが…

※児童の発言を板書する。

3 イネの花のつくり

えい
もみがら

おしべ
（花粉）

めしべ

自家受粉（じかじゅふん）

花びらはないが
おしべとめしべがある
花といえる

POINT　イネにもおしべとめしべがあり，受粉してめしべの子房が実となり，お米として食べられています。

1 イネには，雄しべやめしべはあるか，予想する

T　（イネの穂を見せ）これは，イネの穂です。ここにたくさんついているのがイネの実（種）です。もみ殻をむくと（むいて見せる）中はお米（玄米）です。

T　では，イネには雄しべやめしべはあるのでしょうか。（問題）次のア，イ，ウ，3つのうちどれでしょうか。考えを書きましょう。

C　イネのめしべってあるのかな。

（課題と自分の予想，考えを書かせる）

稲の実（米）

T　まず，ア，イ，ウ，の人数を調べますよ。（ア）の意見の人は？

T　では，（ア）の考えから聞きましょう。

C　イネにも雄しべとめしべはあると思います。雄しべとめしべがなかったら，実（お米）はできないと思うからです。

2 イネには雄しべやめしべがあるのか，考えを述べ合う

T　では，次に（イ）の『ない』という意見を聞きましょう。

C　イネに雄しべやめしべがあるとは思いません。雄しべやめしべは花にあるのに，イネに花が咲いたところは見たことがないからです。花屋さんにもありません。

C　私も見たことがないから（イ）です。

T　（ウ）のわからない，という意見の人は？

C　アサガオでもめしべと雄しべがないと実ができません。でも，花を見たことがないから…迷っています。

（このように，（ウ）については，どんなところに迷っているのかを発言させる）

T　ア，イ，ウに対して，意見はありませんか。

C　私も（ア）の「ある」という意見です。去年の夏休みに，おじいちゃんが田んぼで『これがイネの花や』と教えてくれたからです。だから，花があれば雄しべとめしべもあるはずです。

花から実へ

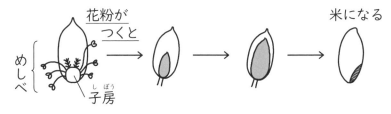

めしべ ｛ 花粉が つくと　→　→　→　米になる

子房（しぼう）

めしべの子房が育って実（米）になる

4 イネにもおしべとめしべがあり，受粉して
めしべの子房が実（米）になっていく

花びらのない花の草（イネのなかま）
メヒシバ　オヒシバ　エノコログサ
ススキ　ムギ

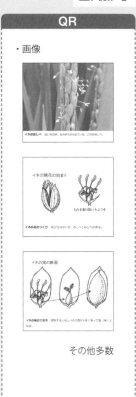
---

3 イネの雄しべとめしべを見つけて観察する

T では，雄しべやめしべがあるとすれば，イネのどこにあると思いますか。

C 実ができる前の穂のもみ殻かな。

（イネの穂を各グループに配る。観察し，探させる）

T イネの実ができる前の『穂』
をとってきました。雄しべやめ
しべらしきものは，ありますか。

C 白いものが，もみ殻（えい）
から出ています。これが雄しべ
やめしべかもしれません。

白い雄しべの先（葯）
が見えている　QR

T その出ている白いものが，イネの雄しべなのです。
もみ殻からはみ出しています。では，めしべはどこ
にあるのか，指でもみ殻を2つに割ってみましょう。

（図を描いて）このようなものが
あるはずですが，これがイネの
めしべなのです。

（めしべの形を板書し，ルーペで探
させ観察させる）

えい
めしべ
雄しべ
えいを開くと雄しべと
めしべが見える　QR

4 （まとめ）イネも花が咲いて実ができる

T イネにも雄しべとめしべがありました。でも花び
らはありません。『花』といっていいでしょうか。

C 実のもとになるから『花』だといえます。

C トウモロコシも花びらがなくて『花』でした。

T 科学者もこの雄しべとめしべを『イネの花』と呼
んでいます。田んぼでも探すと見つかりますよ。（8
月～9月ごろ）

T イネは，どのようにして受粉すると思いますか。

C 虫は来そうもないから，風で花粉が飛ぶのかな。

（イネは主に自
家受粉であること
を説明する。昼ご
ろ1時間ほど，も
み殻（えい）が開
く。そのとき花粉
がめしべにつき受
粉して閉じる。）

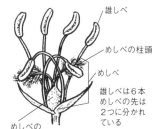

雄しべ
めしべの柱頭
めしべ
雄しべは6本
めしべの先は
2つに分かれ
ている
めしべの
子房（米になるところ）
もみ（えい）を取り除いた様子　QR

台風と天気の変化

全授業時数　4時間＋深めよう1時間

◎ 学習にあたって ◎

● 何を学ぶのか

　天気の移り変わりにも，きまりがあります。そのことは，「天気の変化」の学習で，天気はふつう西から東へと移っていくことを学んでいます。一方，日本ではその時期による特徴的な天気もあります。6，7月の梅雨や，8月から9月にかけて日本にやって来る台風もそのひとつです。台風は，くらしとも関わりがあり，子どもたちも「台風情報」として耳にしているでしょう。本単元では，この台風の姿やどこで生まれ，どのような進路で日本にやって来るのかなど，台風について基本的なことを学びます。また，台風は，強い風と大量の雨を伴います。それによる被害と，命とくらしを守るための防災についてもここで取り上げます。

● どのように学ぶのか

　台風は，北太平洋の赤道付近で発生する熱帯低気圧です。そして，発達しながら太平洋高気圧のへりに沿うようなコースで，日本に近づいてきます。このような台風の理解には，地理や気圧，気団などの知識も必要になり，小学生には難しいところもあります。ですから，学ぶ内容としては，台風の形状やコース，また暴風雨を伴うことなど，台風の現象面が中心になります。そして，渦を巻いて進む台風の様子などは，気象衛星の画像から，また，暴風雨の様子もニュース映像などからリアルに伝わってきます。なお，台風の時期に，地域の防災ともつないで取り上げると，より身近に主体的に学べるでしょう。

● 留意点・他

　本単元は防災とも関わる学習です。台風が近づいたとき，いち早く気象情報を手に入れ，進路や勢力などを知ることが，防災の第一歩です。また，それぞれの地域の地形や実情に応じた対策を考えることも大切です。それには，自治体のハザードマップや避難場所地図なども活用でき，防災を自分事としてとらえる上で役立ちます。

　台風について調べるには，用語もふくめて，台風に関わる気象情報を読み取れることも大切です。およその進路の見方など，基本的なことがらの理解も必要です。それがあって，台風の画像や降雨情報，進路予想図なども理解でき，地域に応じた防災，対策などの話し合いも実（じつ）のあるものになります。

◎ 評　価 ◎

知識および 技能	・日本にやってくる台風は，南の赤道付近の海上で発生し，渦を巻きながらおよそ西から北東へと曲がるように進み，おもに8月から9月にかけて日本に上陸することがわかる。 ・台風が近づくと，多くの雨が降ったり強い風が吹いたりすることがわかる。また，それらは，建物の倒壊や洪水，土砂崩れなどの災害をもたらすことや，それらに対する防災の取り組みを知る。 ・台風の進路や大きさなどは，気象衛星やアメダスなどの気象情報をもとに，新聞やテレビ，インターネットなどで調べられることを知る。
思考力，判断力， 表現力等	・台風について，調べたり話し合ったりすることを通して，その影響や災害，また防災について，自分の考えを発表したり，書き表したりすることができる。
主体的に学習に 取り組む態度	・台風とその災害に関心を持ち，防災についても考え，それを自分たちの生活に生かそうとしている。

◇　この学習は，台風の時期や台風が来たときにあわせて行うと効果的です。また，この学習に向けて，台風の様子や災害について，ニュース等で調べることを呼びかけておくとよいでしょう。

◇　また，台風を画像や動画などで記録しておくと，身近な教材として授業で使うことができます。

◇　防災の教材として，地元自治体のハザードマップや避難場所地図など，防災資料も入手しておきます。

次	時	題	目標	主な学習活動
台風の動きと天気	1	台風とはどのようなものか調べよう	台風は，強い風と多くの雨を伴い，渦を巻きながら日本にやってくる大きな雲のかたまりだということがわかる。	・最近来た台風について，様子を話し合う。 ・台風の画像を見たり説明を聞いたりして，台風とはどのようなものか，姿や実体を確かめる。 ・台風について調べていきたいことと，その調べ方について話し合う。
	2	台風の進み方と天気を調べよう	台風は赤道付近の熱帯の海で発生し，やがて西から北東へと向きを変え，8，9月頃に日本に上陸することを知る。	・台風はどこからやってくるのか，台風の進路図を見てそのコースについて話し合う。 ・台風はどこで生まれ，どのように大きくなるのか，説明を聞く。 ・台風の動きを，動画で見て確かめる。
台風による災害と防災	3	台風による天気の変わり方を調べよう	台風は，強い風と短時間に多くの雨をもたらすことがわかり，それがもとになって，洪水や土砂崩れなどの災害をもたらすことに気づく。	・台風が来ると天気はどのように変わり，どんな災害が起こるのかを調べ，ニュースなどをもとに話し合う。
	4	台風によってどのような災害がおきるか考えよう 防災について考えよう	台風による強い風と多くの雨がもたらす被害の様子を知り，台風情報の見方など，災害から身やくらしを守るための方法を知る。	・台風の「進路予想図」の見方を調べる。 ・自分たちの地域でおこりやすい台風の災害と防災の手立てについて考え，話し合う。 ・地域のハザードマップを見て話し合う。

【以下は，台風と同じく『日本の天気』のひとつとして，発展の形で取り上げてもよい学習です。】

※「深めよう」は指導計画には入れていますが展開案は載せていません。行う場合は，冬の初めに取り上げます。

次	時	題	目標	主な学習活動
冬の天気の特徴	深めよう	冬の天気 ※社会科の「日本の気候」学習とも関わります	冬には北西からの冷たい風が吹き，日本海側では多くの雪が降り，太平洋側は晴れる日が多いことを知る。	・冬の天気で知っていることやニュースで見た各地の天気の様子について話し合う。 ・雲画像から，日本海に並ぶ雲の様子を見て，冬には北西の風が吹くことを話し合う。 ・冬のアメダス降水量情報を見て，日本海側に雪が多いこととそのわけを話し合う。

※この「冬の天気」のほか，6月〜7月に「梅雨」を取り上げてもよいでしょう。ただ，梅雨の時期に雨が多く降る理由については，子どもの調べ学習は難しく，教師からの説明が中心になります。

台風とはどのようなものか調べよう

板書例

㋞ 台風とはどのようなものか調べよう

1 〈台風のニュース〉　　**2** 〈台風の雲画像〉　　**3** 〈台風のうずまき〉

「台風〇号は…」

・九州に上陸して
　→ 四国 → 近きへ

・各地で大雨

・木もたおれた（風）

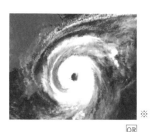
※

大きな雲のかたまり
まん中が中心（目）

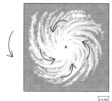

うずをまいて
左回りに風が
ふきこむ

※雲画像などは電子黒板で提示してもいい。

POINT 教科書の写真や動画資料をもとに，台風による災害や被害の様子を確認するとよいでしょう。

1 最近来た台風について，知っていることを話し合う

台風の時期にあわせて学習すると効果的。最近やってきた台風で，子どもたちも知っているものを取り上げ，話題にしたい。また，そのときの画像や動画，ニュースなどを録画しておくと，臨場感のある教材にできる。

T　9月〇日，台風〇号が来ました。この台風のことで，どのようなことを知っていますか。

C　ニュースでも，台風の位置や様子を伝えたり，実況放送をしたりしていて怖かったです。

T　ニュースを見ると，台風についてどのようなことがわかりましたか。

C　台風の画像も出ていて，白く写っていました。雲のかたまりのようでした。（実体）

C　台風は，日本に近づいてきていました。

C　九州に上陸したと伝えていました。そのあと四国，近畿地方を通ったようです。（進路）

C　台風の被害も伝えていました。県内でも大雨で堤防がこわれ，木も倒れました。（被害）

2 台風とはどのようなものか，画像を見て確かめる

まず，台風の姿や位置を画像で確かめ合い，「台風とは渦を巻く巨大な雨雲」という共通の認識を作りたい。

T　台風の画像をニュースで見た人もいるでしょう。これが台風の姿です。（と，画像を見せる）

※できれば気象庁の画像を，なければ教科書などの画像を提示。

T　この画像は，どこから写したものでしょうか。

C　気象衛星で，宇宙から映したと思います。

T　この白く写っているものは「雲」ですね。この雲の様子を見て，気づいたことを発表しましょう。

C　台風は雲のかたまりです。

C　真ん中に丸く黒いところがあります。そこが台風の中心で，雲はないみたいです。これが「目」かな？

C　雲は渦を巻いて流れているように見えます。

T　この白い雲の下の天気は？…晴れかな？

C　きっと大雨だと思います。（アメダスで見てもよい）

④

〈これから調べていきたいこと〉

・台風…いつ
　　どこで生まれ（できて）
　　どのようなコースで日本にくるのか
・天気の変化
・台風による災害と身の守り方（防災）

調べ方
　・新聞，テレビのニュース
　・インターネット
　・気象庁サイト　　　　など

3 台風についての説明を聞き，その姿を想像してみる

　台風は，画像だけでわからないこともある。児童にわかる程度で説明を加えてもよい。台風の大きさや形のイメージとしては，CD盤のようだとも言われる。

T　画像の雲の形からもわかるように，台風の中では，強い風が渦を巻くように真ん中に吹き込むように流れています。そして，まわりからも吸い込まれるように，風と雲が流れこんでいるのです。

C　台風が近づくと強い風が吹くのも，台風の中で強い風が吹いているから・・・だとわかりました。

　台風の渦は左回りであり，この動きは風呂の排水口などで見られる渦とも似ている。また，台風は巨大な低気圧であり，まわりから空気が流れこみ，内部には強い上昇気流が生じている。その強さは気圧（ヘクトパスカル）からもわかり，台風の強さの目安ともなる。

C　それに台風は日本でできるのではなく，南の方からやってくるみたいです。

4 台風と天気について調べたいこととその調べ方について話し合う

　台風とは，渦を巻くように強い風が吹きこんでいる雲のかたまり…と，およそのとらえができたところで，これから調べていく課題と，その調べ方について話し合う。

T　では，台風について疑問に思ったこと，これから調べたいことを，ノートに書きましょう。（まず書いて，その後発表，交流する）

C　台風は日本に来るときと来ないときがあります。どこでできて，どんなコースでやってくるのか知りたいです。（できるところと進路）

C　台風が来ると，天気はどうなるのか，詳しく調べたいです。（天気の変化）

C　どんな災害が起こるのか，また被害を少なくするには，どうすればよいか…。（被害と防災）

T　これらのことは，新聞やテレビ，インターネットなどで調べられそうですね。

C　コースは，新聞やテレビでもわかります。

板書例

〔問題〕 台風はどこで生まれて，どのように
進むのだろうか

1 〈台風○号の進路〉

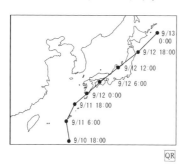

9月10日 → 9月13日
九州 → 四国 → 本州 →
南西から北東へ

2 〈月ごとの台風の進路〉

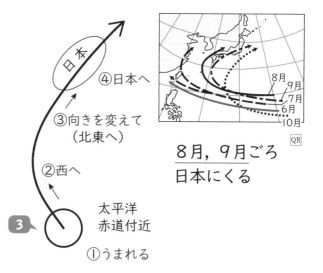

④日本へ

③向きを変えて
（北東へ）

②西へ

8，9月ごろ
日本にくる

太平洋
赤道付近

3

①うまれる

---

1 台風の進路図を見て，どのような進路で日本にやって来たのかを話し合う

　まず台風の進路について調べる。児童個々の調べ学習としてもよいが，パソコンの台数などの条件により難しい場合もある。ここでは，教師が資料などを提示して，みんなで考える形をとっている。資料として，最近来た台風の進路図とアメダス雨量情報図を用意しておく。

T　調べたいことの中に，台風はどこでできてどのように進んでくるのか，ということがありました。この前の台風12号がやってきた進路（コース）を見てみましょう。

　　（進路図を提示。進路をなぞらせるのもよい。）

T　このコースの図を見てわかることは何かな？どちらの方角からやってきていますか。

C　台風は，南の方からやってきて，九州に上陸したみたいです。

C　それから，四国へ行って，日本の上空を通って東北地方まで北東に進んでいます。

2 台風のやってくるコースは，決まっているのか，コースを見て話し合う

　年によって例外もあるが，台風はおよそ決まったコースでやってくることが多い。また，日本に上陸する台風が来るのは，8，9月に多いこともここで取り上げる。（東南アジアの地図も準備）

T　この地図を見てみましょう。これまでに発生した多くの台風の進路をまとめて，月ごとに表したものです。まず，台風はどちらの方角からやってきていますか。（地図とあわせて確かめていく）

C　南の方です。太平洋の南，熱帯地方です。

T　月によって，コースに違いはありますか？

C　台風が日本に上陸するのは，8月と9月です。6，7月や10月には日本には来ないみたいです。

C　台風がやってくるコースはおよそ決まっているみたいで，8，9月頃，日本に来るようです。

C　はじめは西に進み，その後，北東に進んで日本に上陸するようです。

| 準備物 | ・掲示用の東南アジアの地図（台風の発生場所を確かめる）　・台風の月別コースの図 QR　・台風の進路図 QR　・台風の進む様子の動画 QR　・アメダス雨量情報図 | ICT | QR内の資料や教科書の写真等で台風の進み方について学習させましょう。 |

3 〈台風のでき方〉

③雲ができる　④まわりからも空気が流れこむ

②しめった空気が上へのぼる

⑤さらに大きくなり（発達），台風となる QR

①あたたかい海で空気があたためられる

4 〈台風の進路と風〉

台風の進む方向
風の方向
QR

感想　・
　　　・
　　　・

※児童の感想を板書する。

〔まとめ〕 台風は，日本の南の方で発生し、多くは、はじめは西の方へ動き，やがて向きを変えて北や東の方へ動く

QR

・動画
「台風の様子」

・画像

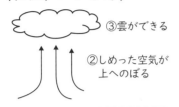

その他

---

3 台風はどこで生まれ，どうやって日本に来るのか、説明を聞く

　台風がどこで，どのように生まれるのか，児童は知りたいと思っているが，基礎知識も必要なので，難しいところもある。ここは，教師がわかりやすい説明をして補う。

T　台風がやってくる方角から考えると，台風はどこで生まれて（できて）いるのでしょうか。

C　南から来るので，日本の南の方だと思います。

　　（ここから，でき方と進み方を教師が説明する）

T　台風は，赤道近くの太平洋で生まれます。1年中，暑いところです。さて，台風の始まりは…。

　4年生の「もののあたたまり方」で学習したように，熱くなった空気は軽くなり，海からの水蒸気といっしょに上に動きます。すると，そのまわりからも空気と水蒸気が，渦を巻くように吸い込まれ，上に大きな雲ができます。これが台風の始まりです。やがて，どんどん大きくなり西の方へ向かい，方向を変えて日本に向かうのです。

4 台風の動きを，気象衛星の動画で見てみる

　ここで，学習のまとめとして，台風の進路や動く様子を動画で見せる。渦を巻きながら日本に近づいてくる様子が，実感をともなってとらえられるだろう。気象庁ホームページや，教科書会社の資料が利用できる。

T　それでは，南の海で生まれた台風がどのように進んでくるのか，その様子を動画で見てみましょう。

　　（動画の視聴は個別に行うよりも，みんなで視聴した方が後の話し合いもしやすくてよいだろう）

T　台風の進んでくる様子を見て，わかったことや思ったことを発表しましょう。

C　台風が左回りに渦を巻いて進んでいる様子がよく分かりました。台風が動いていることがわかってびっくりしました。

C　台風は，大きい雲の集まりで，雲の下では，風が強く吹いて，雨もたくさんふっているのだろうと思いました。

台風による天気の変わり方を調べよう

本時の目標
台風は，強い風と短時間に多くの雨をもたらすことがわかり，それがもとになって，洪水や土砂崩れなどの災害をもたらすことに気づく。

板書例

〔問題〕 台風によって，天気はどのように
変わるのだろうか

〈台風がきたときの雲画像とアメダスの雨量情報〉

1 雲画像で見る

※教科書の雲画像を
貼付する。

雲の下の天気

※（○月○日の九州，四国など…）

2 アメダス（雨量）

※アメダスの雨量
情報を貼付する。

多くの雨

強い風

※画像や図に合わせて地域や日をかえる。

POINT 教科書に載っている被害の写真を使って，台風による影響を学習させましょう。

1 台風が来たときの雲画像などをもとに，そのときの天気について話し合う

　本時は，台風が来たとき，天気はどう変わるのかを考え，調べる（めあて）。まず，雲画像を見て台風の画像の位置から天気の変化を考える。

T　これは，○月○日とその2日後の○日の雲画像です。（教科書の雲画像とアメダスの雨量情報を見せる）この画像で，台風はどれでしょう。
　指で指しましょう。（指させる）

C　どちらにもある白い丸いところ（目）です。

T　この白く写っているものは台風の何ですか。

C　台風の雲です。渦を巻いていると思います。

T　では，台風が九州や四国に来ているのは，どちらの日ですか。

C　雲が九州，四国の上にあるのは，○日です。台風が来たのは，○日だと思います。

2 アメダスの雨量情報からも，台風時の天気を確かめる

　雲画像で見た台風の，雲の下の天気（雨・風）を予想する。それをアメダスの雨量情報図で確かめる。

T　○日には，九州，四国の上に台風の雲がやってきています。ではその雲の下（地上）は，どのような天気になっていると思いますか。（予想）

C　台風が来ているときだから，きっと強い風が吹いていると思います。風速30mとか…。

C　大雨も降っていると…思います。

T　それでは，実際に雨がどれくらい降っているのかその様子は何で調べるといいですか。

C　雨がどこにどれだけ降っているのかは，「アメダスの雨量情報」でわかると思います。

C　やっぱり○日の九州，四国は大雨です。

　資料があれば，風力についても，調べさせる。

QR

・画像

3 〈台風の下の天気, 様子〉

　・強い風…たおれる木, 建物

　・大雨　…ふえる川の水 (あふれることもある)

　(短時間に)

4 〈映像(えいぞう)を見てみよう〉

　　台風のときの様子 (ニュースなど)

〔まとめ〕

　台風が近づくと, 大雨がふったり, 強い風が
　ふいたりする
　過ぎ去ると, 晴れることが多い (青空になる)

---

3 台風が来ると, 天気はどのように変わるのか, 体験やニュースをもとに話し合う

　台風が来たときの天気の変化について, 児童の体験やニュースなどをもとにして話し合う。前もって, 台風のニュースを見ておくように呼びかけておく。

T　台風が来ると, 天気はどのように変わりますか。台風18号が来たときのニュースも見たでしょう。(ここで映像を視聴してもよい) 思い出して, まずノートに書き出してみましょう。

T　台風が来たときの天気について, どんなことがあった (起こった) のかを発表しましょう。

C　いつもとはちがうような『大雨』が降りました。集中豪雨かな。木津川の水も増えました。

C　九州の川の水があふれて洪水になったと・・・。

C　強い風もふきました。倒れる木や電柱もあった様子をテレビのニュースで見ました。

T　まとめると, 強い風がふき, そして, 短時間に多くの雨が降るのが台風の天気ですね。

　※他に高潮 (海面が上がる) も, 台風時の天気の特徴。

4 台風時の天気の様子について映像でも調べる　学習のまとめをする

　台風時の天気の様子を, 児童それぞれに (グループでも) 画像や映像で調べる。間接の体験だが実感できるだろう。次時の「災害」で調べてもよい。

T　台風 (の雲) がやって来ると, 強い風が吹き, 大雨も降ることがわかりました。実際の様子はどうなのか, 映像でも調べてみましょう。

　QRコード等を利用し, 各自グループ等で調べる。

T　(調べ学習のあとで) 強い風や多くの雨が降る様子が, 画像からもわかりましたね。

　(その後の台風と, まとめ)

T　では, やってきた台風はそのあとどうなるのでしょうか。また天気はどうなりますか。

C　前の台風18号は, 関東へ進み弱くなって通り過ぎました。その後は晴れのいい天気でした。

　「台風時の天気」について, まとめをする。(板書)

台風によってどのような災害がおきるか 考えよう　防災について考えよう

板書例

め　台風によってどのような災害（さいがい）が起きるか考えよう

1 〈大雨によって〉

・川のはんらん，こう水

・しん水（水つき）

・土砂（どしゃ）くずれ，土石流

〈強い風によって〉

・木などがたおされる

2 〈台風の進路と大きさを知る〉

台風の進路予想図の見方

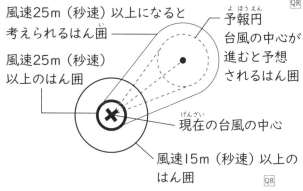

風速25m（秒速）以上になると考えられるはん囲

風速25m（秒速）以上のはん囲

予報円（よほうえん）
台風の中心が進むと予想されるはん囲

現在（げんざい）の台風の中心

風速15m（秒速）以上のはん囲

※貼付するか画像を提示。

POINT　防災グッズや避難生活に使えるものなど，災害への対策について調べ学習させるのもよいでしょう。

1 台風による災害は，大雨と強風がもとになって起こることを話し合い，確かめる

台風が来たとき，洪水や土砂崩れなど災害の原因は，大雨と強風（高潮も）にあることを話し合う。

T　台風がやってくると，どのような災害が起こるのでしょうか。ニュースなどで知った被害にはどのようなものがありましたか。

C　「集中豪雨」で，堤防から水があふれて洪水になり，家が水に浸かって（浸水）いました。

C　土砂崩れが起こって，道路や家が壊されていました。橋も流されていました。

C　「土石流」ということも聞きました。

T　これらの被害は，台風による短時間の大雨がもとになっていますね。

C　屋根瓦や看板が飛んだり，木も倒されたり・・・。

T　これらは強い風による被害ですね。

　ここで，ニュースなどの台風の風と雨による被害の画像を見せて，実際の様子をふり返るのもよい

2 台風の進路や大きさを予想できる「進路予想図」の見方を調べる

台風がもたらす被害から身を守る「防災」の基本は，まず台風の情報を得ることにある。そのため，ニュースに出てくる用語の意味や画像の見方も知っておきたい。ここでは「進路予想図」を取り上げる。

T　台風が近づいてきたとき，「いちばん知りたいこと」は，どんなことですか。

C　台風の今の位置と「これからの進路」です。

C　台風がわたしたちの県を通るのかどうか・・・。

C　台風の大きさと強さも知っておきたい…。

T　それらを知る方法があります。台風が近づくと，テレビや新聞でこのような図を目にするでしょう。これを見ると台風の位置やこれからの動きがわかるのです。教科書にも出ています。

　ここで台風の「進路予想図」を提示する。（板書）

T　「×印」が台風の中心（目）ですね。ではその周りの円や線は何を表しているのでしょう？

　などと，教科書の図をもとに見方を調べ確かめる。

ⓜ 防災（ぼうさい）について考えよう

4🗨 〈災害から身を守る（防災）のために〉

・ラジオ，テレビをつける（情報）（じょうほう）　　・けい報，特別けい報　ひなん命令

・ひなんも考えて準備（じゅんび）（持ち物，ルート）

・ふだんから予想　　　　　　・どこへひなんするか

> 自治体の
> ハザードマップ

> ひなん場所
> 地図

しん水，こう水の予想　　　よびかけ　早目のひなんも

その他

---

3 地域での台風による被害を予想し，防ぐための方法（対策）について話し合う

防災については，できればその地域に合わせて具体的に考え，実感を伴ったものにしたい。ここでは，平地で起こりやすい川の増水による氾濫や浸水を想定している。教科書を使って一般的な被害をもとにした防災を考えてもよい。

T 台風が来たとき，「わたしたちの町なら」どのような被害が起こると考えられますか。

C やはり，○○川の水があふれて洪水になるのが心配です。8年前にもあったからです。

C 家が水に浸かる浸水もありました。

T そうですね，この地域では土砂崩れよりも洪水や浸水が起こりそうです。それを防ぐために，どんなこと（対策）がされているでしょう。

C 上流にダムがあります。

C 水を逃がす場所（遊水池）も造られています。

水害対策は，「流れる水のはたらきと土地の変化」の単元でも取り上げる。

なお台風がもたらす水は，水不足の解消もしている。

4 身を守るために自分たちにできる手だてを考えたり調べたりする。学習のまとめをする

自分たちでできる身や命を守るための防災について考える。地域のハザードマップや危険箇所，避難所を知っておくのも防災の基本になる。

T ではわたしたちが被害に合わないためにできることはどんなことでしょうか。防災です。

C 避難するための道具や準備をしておく。

C 台風が来たら避難命令などが出ていないか，ラジオやテレビをつけて，いつも確かめる。

C そして，早めに避難することが大切だと…。

T もし川の水があふれたら，どこがどれくらい水につかるのか，また避難する場所も知っておくことが大切です。この図を見てみましょう。

地域のハザードマップ（避難所も）を配り，提示する。

C 水が来る高さが色分けされています。

C 1mも水に浸かるところもあります。怖いな。

このあと，校舎の屋上から土地の高低を観察したり，危険箇所や避難できる高台，避難所を確かめたりする。

流れる水のはたらきと土地の変化

全授業時数 12時間

◎ 学習にあたって ◎

◉ 何を学ぶのか

平野の多くは大きな河川の下流域に広がっています。それは，平野が，川が運んできた大量の土砂が積もってできた土地であることを表しています。つまり，平野は流水のはたらきによってできた土地だといえます。このように，地形や土地の変化には，流れる水（川）のはたらきが関わっていることをここで学びます。そして，このはたらきも含めて，川のように流れる水には3つのはたらきがあることを学習します。それは，土地を削る『浸食』，土砂をおし流して運ぶ『運搬』，そして運んできた土砂を積もらせる『堆積』の作用です。しかし，実際の河川で，ふだんこれらの作用そのものを見ることは難しいでしょう。それは，これらの作用のほとんどは，洪水時などになされるからです。

そこで，土を入れたバットや土の小山に水を流して，実験的に3つの流水のはたらきを観察し確かめます。そして，この3作用を学んだ目で，山間部を流れる川と平地部での川の姿を比べ，流速や川原の石などの違いも調べます。さらに，洪水時の流水が地形を変えていることとともに，防災の観点から洪水等への対策，対応についても学びます。

◉ どのように学ぶのか

流水の3つの作用については，流水実験器や土の小山を使って，土の削られ方や土がおし流され積もる様子を観察します。また流量を変え，そのはたらきの大きさが変わるかどうかを調べます。ただ，実際の川とは時間や空間のスケールがかなり違うので，子どもには現実の川のはたらきとはつながりにくいところがあります。その点，新しい造成地やがけ等が近くにあれば，雨水の流れなどでできた溝など，浸食されたあとを観察してもよいでしょう。

実際の川で，その姿や流水のはたらきを観察するには，安全面も含めて難しいところがあります。ですから，洪水時の川の様子や，流れる場所による川の姿の違いなどは，川の画像や動画など視聴覚教材を活用します。

◉ 留意点・他

できれば，地域の河川や地形も取り上げるとよいでしょう。「くらしの中の川」を教材とすることにより，関心が高まり学びも主体的なものになります。地域が下流域にあたるなら，その川の源流や上流域の姿，洪水時の様子などを映像で見せることも有効です。このような地域独自の地学的な視聴覚教材を作成しておくのも1つの方法です。

◎ 評　価 ◎

知識および技能	・流れる水には，土地を削ったり（浸食），土砂をおし流して運んだり（運搬），積もらせたり（堆積）するはたらきがあり，流量や流速が大きいほどそのはたらきも大きくなることがわかる。 ・山地を流れる川の上流と，平地平野を流れる下流では，流量や流れの速さにちがいがあり，川幅や川原の石の大きさ，丸みなど，川の姿にはちがいがあることがわかる。 ・流れの曲がったところでは，外側と内側で流速が異なり，外側の岸は削られるが，流速の遅い内側では土砂を積もらせるはたらきが大きくなり，川原ができることがわかる。 ・大雨などで川の流量や流速が増すと，浸食や運搬のはたらきも大きくなり，洪水などの災害が起こりやすくなることに気づき，それを防ぐ手立てや対処等を知る。
思考力，判断力，表現力等	・流水の実験を通して，流れる水には3つのはたらきがあることに気づき，まとめることができている。
主体的に学習に取り組む態度	・川はそのはたらきによって土地の姿を変えていることに気づくとともに，人のくらしと川との関わりに関心を持ち，水害への対処や防災について考えようとしている。

次	時	題	目標	主な学習活動
川のようすと水の量	1・2	川の様子と，流れる水の量を調べよう	・増水時の川が茶色く濁っていることから，水には土が混じって運ばれていることに気づく。 ・校庭には，流れる水によって削られたあとがあることに気づく。	・画像などで，平時の川と比べて増水時の川は流れが速く，濁っていることを話し合う。 ・校庭で，流れた水が地面を削ったあとを探し，水を流して削る様子を確かめる。
流れる水のはたらき	3・4	流れる水のはたらきと土地の変化を調べよう（1）	流れる水には，土を削っておし流すはたらきがあり（浸食・運搬），流れが速くなるとそのはたらきも大きくなることがわかる。	・流水のはたらきを調べる実験装置をつくる。 ・流れる水が土を削り流す様子を観察する。 ・装置の傾斜を大きくして流れが速くなったとき，はたらきはどうなるかを観察する。
	5・6	流れる水のはたらきと土地の変化を調べよう（2）	流れる水の量が多くなると，浸食や運搬，堆積のはたらきも大きくなることや，流れの曲がったところでは内側では堆積が，外側では浸食がおこりやすいことがわかる。	・実験器に流す水の量を多くすると，流路の土の様子はどうなるかを観察する。 ・流水実験器に曲がった水路を作って水を流し，カーブの外側と内側での土の削られ方や積もり方を観察する。
川の姿と川原の石や地形	7・8	流れる場所によって，川のようすにはどのようなちがいがあるのか調べよう	川は，上流から下流までの流れる場所によって，流れの速さや川幅，川原の石の様子などその姿が異なっていることに気づく。	・1 本の川の始まりから海までの流れを，地図上でたどる。 ・画像などを見て，流れる場所ごとに川や石の姿や流れの様子の違いを表に書く。
	9	流れる場所によって，川のすがたや石のようすがちがうわけを考えよう	川は，山間部では「浸食」「運搬」の作用が大きく，平野部では「堆積」の作用が大きく，見られる石の大きさや形も異なることに気づく。	・流れる場所によって川の姿が異なるのは，浸食など流れる水のはたらきの大きさが関係していることを話し合う。 ・上流と下流では，見られる石の大きさや形が異なっているわけを考え，話し合う。
	10	流れる水のはたらきと土地の変化を調べよう（3）	川の流れは，浸食や運搬，堆積のはたらきにより，カーブ地点の川原やがけ，またV字谷や三角州などの地形をつくり，土地の姿を変えていることに気づく。	・川のカーブ地点でがけや川原ができるわけを，流れの速さとつないで考える。 ・V字谷や三角州の画像を見て，その成り立ちを考え，でき方を話し合う。
川と災害	11	大雨によって，どのような災害が起きるのか考えよう	川の増水時には「浸食」や「運搬」のはたらきが大きくなり，堤防の決壊や浸水，崖崩れ，土石流などの災害が起こることがわかる。	・川にある大きな石は，増水時に運ばれてきたものであることを話し合う。 ・川が増水すると，どのような災害が出るのか話し合い，画像で見る。
	12	水による災害を防ぐための工夫や対策を考えよう	増水時の水害を防ぐために，ダムなどの貯水池や堤防の護岸工事などが行われていることを知り，水害への備えについて関心を持つ。	・洪水などの水害から命やくらしを守るために行われている対策を調べ，話し合う。 ・ダムや護岸工事は，何のためにあるのかを考える。

川の様子と，流れる水の量を調べよう

板書例

〔問題〕 流れる水には，どのようなはたらきがあるのだろうか

1 川の水がふえたときの川のようす

ふだんの川 QR

増水時の川（ぞうすいじ） QR

2 川の水がふえたとき

・流れ→速くなる

・茶色くにごった水になる

＝

土も流されている

※平時と増水時の写真か画像を提示する。

POINT 『水が濁っている＝土が運ばれている』とつなげて考えることができるよう，事前に教師が話しておくとよいでしょう。

1 増水時の川の様子について話し合う

大雨が降ったときの川は増水し，流れも速くなり水が濁っていることを話し合う。（動機づけと課題）

T 大雨が降ったときの川の様子は，ふだんの川と比べてどんなところが違いますか。

C 川の水が増えます。川原も水に沈んで見えなくなっていました。流れも速いです。

C ニュースで見たけれど，茶色く濁った水が勢いよく流れていました。

T この写真（画像）を見てみましょう。

飛鳥川（平時）

飛鳥川（増水時）

C 大雨の後の川は，水が増えて濁っています。

※教科書の河川の画像を映してもよい。また，地域の川の画像を撮っておき，見せると関心も高まる。

2 川の水が茶色く濁っている原因を話し合い，学習のめあてを聞く

川の水が茶色く濁っているのは，水とともに土も流されてきていることを話し合う。

T このように水が増えたとき，水が茶色くなるのはどうしてでしょうか。川ではどんなことが起こっているのでしょうか。

C 水が土を運んでいるので茶色いと思います。

C 水に混じった土が川の上（上流）から流れてきているから，土の色をしていると思います。

T 川の水は，土もおし流しているかもしれませんね。このように，流れる水は，他にもどのようなはたらきをしているのか，これから学習していきましょう。
（単元のめあて）

T では，校庭にも水が流れたあとがあるか，調べてみましょう。

※校庭や小さな斜面などにできている流れのあとなどを見つけておき，そこを観察するとよい。

QR

・画像

その他多数

3 4 校庭で水の流れのあとを見てみよう

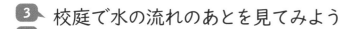

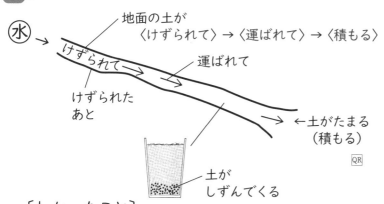

(水) →

けずられて → 運ばれて

けずられた あと

地面の土が
〈けずられて〉→〈運ばれて〉→〈積もる〉

運ばれて

← 土がたまる
（積もる）

土が
しずんでくる

〔わかったこと〕
（水が流れると）
　地面がけずられ，土がはこばれていく

---

3 校庭を流れた水のあとを観察する

校庭や斜面で，雨水の流れたあとを調べる。

T　雨が降って水が流れたあとはあるでしょうか。見つけてみましょう。

　（流れのあとを見つけておき，見せるのもよい）

C　この溝のようになって，へこんでいるところが，雨水の流れたあとだと思います。

C　この坂にもあります。掘ったようにへこんでいる溝は，水が流れたあとだと思います。

T　では，水を流してみて流れるのか見てみましょう。
　（バケツにくんだ水を少しずつ流してみる）

C　茶色い水が流れて行きます。やっぱり水が流れたあとでした。この溝は流れた水が，土を削ってできた溝だと思います。

T　では，流れた土はどこへ行ったのか，行き先をたどってみましょう。（溝をたどって調べる）

C　校庭の周りの溝（側溝）に土がたまっています。

4 濁った水を汲みおくとどうなるか，観察する

流れる水は，土を流していることを話し合う。

流れの
あとを
見つける。

T　校庭に降った雨は小さな流れとなって，最後は周りの溝に流れこんでいたのですね。

T　では，流れている濁った水をくみ取って，しばらく置いておくとどうなるでしょうか。

C　水といっしょに流れていた土が沈んでくると思います。
　（再度水を流し，ポリコップなどで汲み取ると底に土が沈んでくる）

水
土

C　土が沈んできました。

C　水といっしょに，土も流れていたことがわかりました。水は地面を削っていたみたい…。

流れる水のはたらきと土地の変化を調べよう（1）

流れる水には，土を削っておし流すはたらきがあり（浸食・運搬），流れが速くなるとそのはたらきも大きくなることがわかる。

〔問題〕 流れる水には，どのようなはたらきがあるのだろうか

1 流れる水のはたらき

2

〔実験〕

トレイ

土砂（どしゃ）

みぞ

土

水を流す

土やすなはけずられて
（みぞは深くなり）

↓

流されて（**運ばれ**）

↓

下の方にたまる（**積もる**）

水のはたらき

＝〈しん食〉
けずる

＝〈運ぱん〉
運ぶ

＝〈たい積〉
つもる

QR

POINT 傾きが大きい場合は山の斜面，傾きが小さい場合は平地を流れている川を想定しています。流れる場所によって同じ

---

1 【第3時】流れる水のはたらきを調べる流水実験装置を作る

流れる水のはたらきを調べることを話し合う。

T 前の時間に川の画像を見て，川の水は土や砂を運んでいるのではないかと考えました。今日は，水を流す実験をして，流れる水のはたらきを確かめてみましょう。（本時のめあて）

T 実験では，このような長めのトレイに土を入れてそこに水を流して水のはたらきを調べます。

※水を使うので，実験は校庭に出て行う。教科書も参考に装置を作る。入れる土には砂を混ぜておき，滑り止めマットを敷く。トレイの代わりにバットやプランターの受け皿も使える。水の流し方も教科書を参考にして，洗浄びんやポリコップなどで静かに一定の流量で流す。まず教師がやって見せ，要領をつかませる。または，流水実験用の土の小山を造り，実験してもよい。

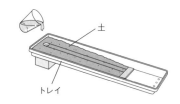

土

トレイ

2 流水実験装置で，流れる水のはたらきを観察する

流れる水が土を削り，流している様子を観察。

【流水実験装置で観察することは，次の4つになる】

① 流れる水が土を削り，おし流している様子。

② 土の傾きが大きく流れの速いときは，流れる水が土を削りおし流すはたらきも大きくなること。

③ 水量が多くなると，流れは速くなり，土を削り運ぶはたらきも大きくなること。

④ 流れが曲がっているところでは，内側と外側の流速が異なり，流れのはたらきの大きさも違うこと。

※本時は①②を取り上げ実験する。まず雑巾2枚をトレイの下にしいた程度の傾斜をつけて水を流す。

※流れの速さは，おがくずを流して観察する。

T それでは，指で少し溝をつけて流れやすくして，上から静かに水を流しましょう。

C 砂が流れて行く様子が見えます。

C 溝が深くなっていく。土がけずられている。

準備物	・流水実験装置（バットやトレイなど・滑り止めマット，砂を混ぜた土，おがくず） ・水を流すための洗浄びんか，ポリコップなど ・雑巾	ICT	流れが遅いときと速いときの流水実験の様子を動画で記録し，はたらきの大きさを比べるのもよいでしょう。

QR

・動画
「流水実験」

・画像

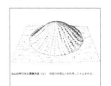

土山の作り方と実験方法（1）　砂山の地面にしき水をしみ込ませ砂山を作る。

土山の作り方と実験方法（2）　土山の上から水の通り道を作る。

土山の作り方と実験方法（3）　上から水を流す。

その他

3
4

かたむきを大きくする
↓
水の流れは速くなり
↓

・みぞの土は深くけずられて＝<u>しん食</u>　　⎫
・土は多く流されて　　　　＝<u>運ぱん</u>　⎬ 大きくなる
・土は多く積もる　　　　　＝<u>たい積</u>も多くなる

↓

流れが速いときは3つのはたらきも大きい

〔まとめ〕
かたむきが大きくなると，水の流れが速くなり，
しん食したり，運ぱんしたりするはたらきは
大きくなる

水の量でもはたらきの大きさに違いがあります。

---

3 【第4時】流れが速くなると，水のはたらきはどうなるか，観察する

実験装置の傾きを大きくすると，<u>流水の速さが速くなる</u>。そのときの様子を観察し，記録する。

T　<u>流れる水は，土を削って流していましたね。</u>

T　今度は，実験装置の下に敷く雑巾を4枚にしてみます。すると傾きが大きくなります。水を流してみましょう。（2つのグループを組にして，一方の実験装置の傾きを大きくして比べてもよい）

T　気がついたことを記録しておきましょう。

C　傾きが大きいと流れが速くなった。流れの溝も深くなって，幅も広がったみたいです。

C　下の方に流れていく土も多くなったみたい。下の方に多く積もって（たまって）います。

C　大きめの小石は流されずに残り，小さい砂や土はどんどん流れていくみたいです。

流れの速さと流水のはたらきをつないでとらえる。

・傾きが大きくなると→　流れは速く→　削る力も大

---

4 観察記録をもとに，流れる水のはたらきについて話し合い，まとめる

教室で「流れる水のはたらき」を，浸食，運搬，堆積などの言葉とつないでまとめる。

T　水を流すと土はどうなりましたか。<u>流れる水にはどんなはたらきがあったといえますか。</u>

C　土は削られて溝が深くなりました。土を削ったり流したり，運ぶはたらきがあります。

C　その土は流れがゆるくなった下の方にたまって（積もって）いました。

T　このように流れる水のはたらきには，土を削る「<u>浸食</u>」と，おし流す「<u>運搬</u>」と，積もらせる「<u>堆積</u>」という3つのはたらきがありました。

（3つの言葉としてまとめる。言葉も言わせる）

T　では，傾きを大きくして流れが速くなったとき，水のはたらきには違いはありましたか。

C　流れが速いと溝も深く広がったので，「<u>浸食</u>」や「<u>運搬</u>」のはたらきも大きくなりました。

流れる水のはたらきと土地の変化を調べよう（2）

流れる水の量が多くなると，浸食や運搬，堆積のはたらきも大きくなることや，流れの曲がったところでは内側では堆積が，外側では浸食がおこりやすいことがわかる。

板書例

〔問題〕 流れる水には，どのようなはたらきがあるのだろうか

1
2 流れる水の量を2倍にして比べる

実験

水の量を2倍にする
↓（水かさがふえて）
流れは速くなる
↓
しん食…大きくなる
運ぱん…大きくなる
たい積…流れがおそくなると多くなる

川の3つのはたらき

※屋外での実験が終わった後，教室で板書にまとめる。

POINT 河川の外側は水によって削れないように、補強工事が行われていることが多いです。

1 流れる水の量が増えると，水のはたらきはどうなるのか，観察する

　流れる水の量を増やすと，流れの速さも速くなる。そのときの様子とはたらきを観察し，記録する。

T　土地の傾きが大きく流れが速いときは，土を削りおし流すはたらきも大きくなりました。
　今度は，傾きは雑巾一枚分のまま，流す水の量を2倍にして水のはたらきを観察してみます。

　※流量を2倍にする方法は，洗浄びんやボトルを2本にするなど教科書を参考にする。土の小山や大型トレイなら水道の蛇口の開け具合で調整する。

T　見つけたことは記録しておきましょう。

【記録より】
C　流れる水の量が多くなると，流れも速くなる。
C　流れる水が多くなると，土を削ったり流したりするはたらきも大きくなるみたい。
C　砂だけでなく小石も流されていきます…。
　観察したことは，後で，教室で交流しまとめる。

2 流れが曲がったところでの水のはたらきを調べる実験の準備をする

　流れが曲がったところでは，水のはたらきはどうなるのか，流れの内側と外側の様子を比べる。

T　これまでまっすぐな流れでの水のはたらきを調べてきました。まっすぐな流れでは，真ん中あたりが速く流れていました。

T　今度は，曲がった流れを作って，カーブの内側と外側の流れの速さや水のはたらきを比べてみましょう。

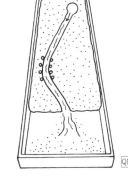

【実験準備】
　カーブ部分につま楊子を立てると，流水のはたらきが見える。速さはおがくずを流して調べる。

T　では水を流して，流れの速さや水のはたらきを観察しましょう。（実験を始める）

QR

・画像

その他

3
4 　流れが曲がったところでの水のはたらき

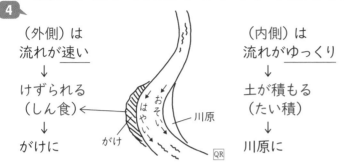

（外側）は
流れが<u>速い</u>
↓
けずられる
（しん食）←
↓
がけに

（内側）は
流れが<u>ゆっくり</u>
↓
土が積もる
（たい積）
↓
川原に

カーブの { 外側は → 岸（土）がけずられる
内側は → 土やすなが積もる

〔まとめ〕
　水かさがふえると，水の流れは速くなり，
しん食したり，運ぱんしたりするはたらきは
大きくなる

---

3 流れが曲がったところの内側と外側の岸の様子の違いや水のはたらきを観察する

　流れの内側と外側では，流れの速さや流水のはたらきも異なる様子を観察する。

T　流れが曲がっているところを見て，気がついたこと，見つけたことはありますか？速さは？

C　おがくずの流れを見ると，カーブの外側が速く，内側は流れが遅いようです。

C　流れの速いカーブの外側が多く削られているみたい。つま楊子も倒れています。

C　反対の内側は，流れも遅く，土が積もって（堆積）いるみたいです。

T　流れる水のはたらきは次のようにまとめられますね。

・<u>流れの外側→流れが速い→削るはたらきが大きい。</u>

・<u>流れの内側→流れは遅い→積もらせるはたらきが大きい。</u>

4 新しくわかった流れる水のはたらきをまとめる

　観察の記録をもとに，教室で話し合い，流れる水のはたらきについて，言葉としてまとめる。

T　水が流れると土（土地）はどうなったのか，観察してわかったことを発表し，まとめましょう。

T　まず，<u>流れる水が多くなると，流れや土（土地）の様子はどうなりましたか。</u>

C　流れは速くなって，土も多くけずられるようになり，流れる水のはたらきは大きくなりました。

C　砂だけでなく小石も流れて運ばれました。

T　<u>水の量が多いときは，浸食や運搬，堆積のはたらきが大きくなりましたね。</u>

T　次に流れがカーブしているところでは，内側と外側ではどのようなちがいがありましたか。

　（内側と外側では流れの速さが違い，水の3つのはたらきも違っていたことを話し合い，まとめる）

T　実際の川の様子とも比べてみましょう。（次時）

流れる場所によって，川のようすには どのようなちがいがあるのか調べよう

板書例

〔問題〕　流れる場所によって，川のようすには
　　　　　どのようなちがいがあるのだろうか

1 私たちの町を流れる 〇〇川

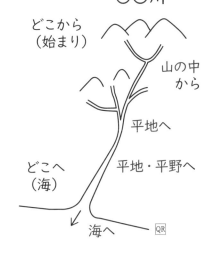

どこから（始まり）

山の中から

平地へ

平地・平野へ

どこへ（海）

海へ QR

2 流れる場所による 川のすがたやようすのちがい （1本の川でも…）

山の中　→　山から平地　→　平野

 QR
 QR
 QR

川のはば・水の量・流れの速さ，
石の大きさや形，まわりのようすが
ちがっている

※別に画像を映すか，黒板に貼付

POINT 第3・4時で行った流水実験の結果と、実際の川の様子を関係付けて考えさせるとよいでしょう。

1 【導入・発展的扱い】わたしたちの町を 流れる川の始まりとゆくえ

【発展的に】－わたしたちの町を流れる川－

地域の川について，その始まりから海に行きつくまでを地図上でたどり，川に関心を持つ。

T　わたしたちの町には木津川（例）が流れています。この木津川の流れはどこから始まり，どこの海に流れこんでいると思いますか？

（川の始まり‐源流‐と，河口に関心を持たせる。）

C　うーん，どこから流れてきているのかなあ。

T　実際に見に行くことはできないので，地図で調べてみましょう。地図の上で，木津川の始まりから海に入るまで青鉛筆でたどりましょう。

C　始まりは山の中みたいです。

C　最後は大阪湾の海に流れこんでいます。

C　1本の川でも，山の中や田畑や町，平野や都会などいろんなところを流れて行くようです。

※地図は20万分の1くらいならたどれることが多い。

2 流れる場所と，川の様子の違いを 調べる

1本の川でも，山の中と平地では，川の姿は異なる。その様子を画像や動画で見る。

T　では，川が始まり海に入るまで，川の様子は同じでしょうか，違うでしょうか。

C　大きさが違う。始まりは小さな川（流れ）だと思います。終わりは海の近くで大きな川に…。

T　では，1つの川の始まるところから，川はどのように変わるのか，画像で見てみましょう。

【川の画像や動画を使って】

実際に川の源流から河口までを訪ねることはできないので，地図とQR内などの画像や動画を使う。安倍川や大井川など，教科書の画像を使ったり，教育テレビを録画したりして視聴する。できれば，地図でその川の源流から河口までをたどらせておきたい。

T　流れ始める山の中，山から平地に出たところ，そして平野での川の姿を比べてみましょう。

準備物	・地域の川をたどれる地図　・川の画像や動画 QR（上流・中流・下流の違いがわかるもの）※ 教科書や教育TVなどから　・まとめる表 ・（あれば）地域の川で採取した石など
ICT	教科書の写真や動画教材を使って、上流・中流・下流の様子の違いを実感させましょう。

QR

・動画
「川の上流」

・画像

その他多数

3 4 川のすがたやようすのちがい

場　所	川の始まり 山の中	中ほど 山から平地	平地・平野
土地のかたむき	大きい	だんだん 小さく	小さい
流れの速さ	速い	だんだん ゆっくり	ゆっくり
川のはば	せまい	だんだん 広く	とても広い
まわりや川岸	がけが多い	だんだん 広く	広い　川原
すなや石のようす	大きく ごつごつ	だんだん 丸く	丸くて小さい すなも多い

QR

〔まとめ〕

<u>山の中では</u>, 川はばがせまく, 水の流れが速い。川原には, 角ばった大きな石が, 多く見られる。
<u>平地になるにつれて</u>, 川はばが広くなり, 水の流れがゆるやかになる。川原には, 丸くて小さな石が多くなる。

---

3 1つの川を例にして，場所による川の姿や様子のちがいを，表にまとめる

　流れる場所ごとに，流れの速さや水量，川幅，川原の石の大きさや形など違いを調べる。

　※ここでは大井川など，ある川を「A川」としておく。

T　（3つの場所の画像や動画を見た後）<u>場所によって，川の姿，様子に違いがありましたか？</u>

C　同じA川でも，山の中と平野では川の大きさ（川幅）が違いました。平野の方が広いです。

C　川の中や川原にある石の大きさも違います。山の中の川では大きい石（岩）がゴロゴロと…。

T　では画像をもう一度見て，違いを見つけて表にまとめてみましょう。（板書参照）

　（動画なら再度視聴させる。違いがわかりやすい。）

　※「山の中」と「平野部」の2か所で比べてもよい。

T　流れの速さには，違いがありますか。

C　山の中は急流で速く，平野ではゆっくりと…。

　（など，場所ごとの様子，姿を話し合い，表にまとめる）

4 他の川についても，流れている場所による姿の違いを調べる

　流れる場所によって川の姿が異なることを，他の川でも調べる。<u>山の中や平野部など，どの川でも同じような姿が見られる</u>ことを話し合う。

T　A川の始まりから終わりまでを見ると，山の中と平野では川の姿が違っていることがわかりました。他の川でもそうなのか，<u>画像を見て比べてみましょう</u>。これはB川の姿です。（見せる）

C　B川でもA川と同じように，山の中を流れる川は，周りはがけみたいで，大きな石があります。

C　平野を流れる川の様子も似ています。

　（ここで，他の河川の画像を見比べさせるとよい。どの川も平野部では，川幅が広く，広い川原が見られる）

（山の中）QR

（平野部）QR

板書例

〔問題〕　流れる場所によって，川のすがたや石の
　　　　　ようすは，なぜちがうのだろうか

1
2
〈川のようすと水のはたらき〉

山の中から

・流れは急
・せまい川はば
・まわりはがけ

土地を
けずる（しん食）
運ぶ（運ぱん）
はたらきが大きい

平地へ

平地・平野
　↓
海へ

・流れはゆるやか
・広い川はば
・大きな川原

積もらせる（たい積）
はたらきが大きい

※川の画像は別に提示する。

POINT　川の石の形が変化するには、石と石とがぶつかり合って、長い年月が経過する必要があります。時間的な長さを感じ

1 川の姿には，流れる水のはたらきが関係している

　流れの速さや川の幅に目を向け，山間部では浸食や運搬の作用が大きいことを話し合う。

T　山の中を流れている川の姿はどれも似ていました。山の中の流れは，平野を流れる川と比べてどんなところが違うのでしょうか。

C　山の中では土地の傾きが大きいので，流れは速いです。水は少ないけれど，急流でした。

T　川の流れが速いと，流れる水の3つのはたらき（浸食，運搬，堆積）のうち，どのはたらきが大きいといえるでしょうか。

C　山の中の流れのように，川の流れが速いときは，土地を削る「浸食」と「運搬」のはたらきが大きいと…思います。実験でもそうでした。

　（ここで，他の山間部の川の画像も見せると，上流での浸食作用を受けた土地の姿がよく分かる）

　※流水実験の結果もふり返り，つなぐとよい。

2 川の姿の違いは，川の3つのはたらき（作用）の違いに関係している

　川の下流域の平野部では流れが遅くなり，川幅は広くなり，堆積の作用が大きくなることを話し合う。

T　反対に，平野を流れる川の川幅が広いのはどうしてでしょうか。

C　下流では川が集まって，水の量も増えているから…川幅も広いと思います。

T　また，平野を流れる川には，広い川原があるのはどうしてでしょうか。

C　流されてきた石や砂が積もっているから…。

C　トレイの実験で見たように，流れが遅いところでは土や砂が積もる（堆積）からだと思います。

T　川の姿は，川のはたらきが関係しているのですね。

　※どの場所でも，流れる水の3つの作用は生じている。

　『山の中では「浸食」や「運搬」の作用が，また，平野部では「堆積」の作用が中心になる』，という言い方がよいだろう。説明として伝えるとよい。

準備物	・地域の川をたどれる地図 ・川の画像や動画 QR（上流・中流・下流の違いがわかるもの） ・（あれば）地域の川原で採取した石など
ICT	上流・中流・下流の石の写真を送り、石の様子の違いを見つけさせるとよいでしょう。

QR

・動画
「由良川の様子」

・画像

その他多数

3
4

〈川の流れる場所と石のようす〉

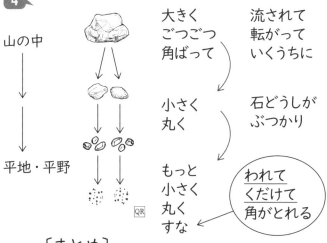

山の中

↓

平地・平野

大きく
ごつごつ
角ばって

流されて
転がって
いくうちに

小さく
丸く

石どうしが
ぶつかり

もっと
小さく
丸く
すな

われて
くだけて
角がとれる

〔まとめ〕

川や石のようすのちがいは流れる水の
はたらきによってできている

させるとよいでしょう。

---

3 川の中や，川原の石は，上流と下流では，どのように違うのだろうか

　次に，川原の石に目を向け，上流と下流では石の大きさや形が異なることを確かめる。

T　場所によって，川の中や川原の石の大きさや形も違いました。どんな違いがありましたか。書いた表を見て発表しましょう。

　　※再度，画像や実物（あれば）などを見せるとよい。

T　山の中（上流部）の石は，どのような石でしたか。
C　大人の背くらいの大きい石もありました。
C　ごつごつして，角張った石がありました。
C　川の下流には，小さくて丸い石が多く，大きな岩のような石は，平野の川にはありません。
T　山の中（上流部）の川に大きな石が多いのは，どうしてだと思いますか。
C　大きな石は流されにくいから残っている。
T　流れが速い山の中では，小さな石は流されても，大きな石は流されないから残るのです。（淘汰作用）

4 上流と下流で見られる石が違うわけを考える

　石は流されることによって，砕かれて小さくなり，丸みのある石になっていく。

T　まとめると，次のようにいえます。

　　上流部の石は　→大きく　角ばっている。

　　下流部の石は　→小さく　丸い形の小石や砂が多い。

T　下流になると，小さく丸みのある小石が多くなるのは，どうしてだと思いますか。
C　石は川の水に削られるのではなく，流れているうちに石どうしがぶつかって砕かれていくから小さくなるのだと思います。
C　（下流部で）丸い石が多いのも，石どうしがぶつかって丸くなっていくのだと思います。
T　そして，大きい石は流されにくく，小さい石は流されやすく下流まで流されていくのです。

流れる水のはたらきと土地の変化を調べよう (3)

川の流れは，浸食や運搬，堆積のはたらきにより，カーブ地点の川原やがけ，またV字谷や三角州などの地形をつくり，土地の姿を変えていることに気づく。

板書例

〔問題〕 流れる水は，川や土地のすがたをどのように変えるのだろうか

問題
1. 川がカーブしているところ
2. 外側と内側ではようすにちがいがあるのだろうか

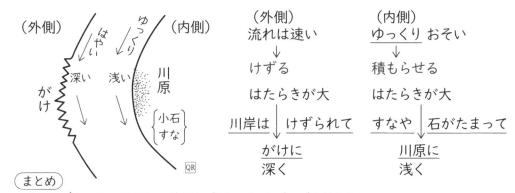

（外側）流れは速い
↓
けずる
はたらきが大
川岸は｜けずられて
がけに
深く

（内側）ゆっくり おそい
↓
積もらせる
はたらきが大
すなや｜石がたまって
川原に
浅く

まとめ
カーブしている川の外側では，しん食でがけが，内側では石やすながたい積して川原ができる

POINT 第5・6時で行った流水実験の結果と、実際の川の様子を関係付けて考えさせるとよいでしょう。

1 川がカーブした地点での外側と内側の岸の様子のちがいを見る

川がカーブしている地点では外側はがけ，内側は川原になっている様子を観察する。

※できれば子どもも知っている地域の川の，カーブ地点を撮った画像を使う。実地観察するなら，橋の上から見るとよく分かり，スケッチもできる。

※ここではカーブ地点の画像を使う展開にしている。

T これは川がカーブしているところの画像（教科書などから提示）です。カーブの外側と内側を比べてみて，何か気がついたことはありませんか。

C カーブの外側は『がけ』になっている（または護岸ブロック）けれど，内側は川原です。

C 水の深さは外側が深く，内側は浅そうです。

T この川のカーブしているところの様子を簡単に絵に描いてみましょう。

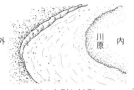

・川の内側と外側

2 川岸の様子の違いを，流れの速さとつなげて考える

川のカーブ地点では外側ががけ，内側が川原になっているわけを流水実験ともつなげて考える。

T カーブの外側はがけ，内側は川原になっています。他のところでもそうなのか，見てみましょう。（他のカーブ地点の画像を見る）

C やっぱり外側はがけ，内側は川原です。

T このようにがけになるところ（外側）と，川原になるところ（内側），何が違うのでしょうか。

C 外側と内側とで，流れの速さが違うのかな。

C 流れは外側が速く，内側が遅いと思います。速い方が侵食の力が大きいから外側ががけに。

C カーブの外側には流れがぶつかりやすいからだと思います。流れがぶつかってがけになった。

T これは，流れの速さが外側と内側で違うからです。流れの速い外側では浸食でがけが，内側では石や砂が堆積して川原ができたのです。

（図をもとに説明する - 板書参照 -）

QR

・画像

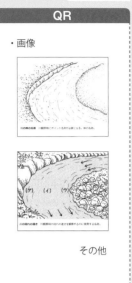

その他

3 **4** 川のはたらきでできた地形

V字谷
ブイじこく

㋐

けずられて

㋑

↓

㋒

※

川がけずって
できたV字の
ような深い谷

（しん食）

↑↑
川

三角洲
さんかくす

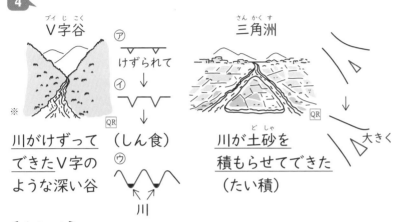

㋐

㋑

↓

大きく
㋒

川が土砂を
どしゃ
積もらせてできた

（たい積）

〔まとめ〕

　川のしん食や運ぱん，たい積のはたらきで
　V字谷や三角洲など土地のすがたもかわる

※画像も提示できるとよい。

---

3 流れる水が作る地形を知る　浸食の作用でできた上流域のV字谷

　流れる水（川）のはたらき（浸食・運搬・堆積）でできた地形とできる過程を考える。

T　川のカーブ地点のがけや川原は，川の水のはたらきでできたのですね。ほかにもこのような川のはたらきでできた土地があるのです。

T　これは『V字谷（V字こく・V字たに）』といわれる地形です。（黒部川上流域など画像提示）

C　すごい谷です，深そう。山の中を流れている。

T　Vの字のようなこのすごい谷を作ったのは，何だと思いますか。

C　Vの底を川が流れているから，川と関係があると思います。

T　そうです。この深い谷は，㋐㋑㋒の順に川が削って（浸食して）できたのです。
（説明する）

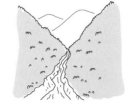

4 川の堆積の作用でできた，下流域の三角州

　堆積の作用でできた地形もある。三角州もそのひとつとして，成り立ちを考える。

T　これは，川が海に入るところです。この三角形の土地を（指して）『三角州』といいます。
（『三角州』の画像を提示）では，この土地（三角州），はどのようにしてできたと思いますか。

C　大きな川と関係がありそうです。

T　初めからこのような三角形の土地があったのではありません。成り立ちを見てみましょう。

（黒板か画像で，三角州ができていく様子を説明）

　川の，どのようなはたらきでできたといえますか。

C　土や砂を積もらせるはたらき，堆積の作用です。

T　このように，川が作った土地もあるのです。

　※流水のはたらきでできた地形には『扇状地』や『河岸段丘』などもあるが，小学生には難しい。地域によって『天井川』（堆積）を取り上げても興味をもつ。

大雨によって，どのような災害が起きるのか考えよう

川の増水時には「浸食」や「運搬」のはたらきが大きくなり，堤防の決壊や浸水，崖崩れ，土石流などの災害が起こることがわかる。

板書例

㊎ 大雨によって，どのような災害（さいがい）が起きるのか考えよう

1 川の中の大きな石

どうしてそこに
↓
<u>大雨のときに流されて運ばれる（大きな力）</u>
↓
川には大きな石もおし流す力がある

2 大雨がふって川の水がふえると川はどのようになるだろうか

←
※

↓
流れは速くなる
↓
流れのはばは広くなる
↓
水位が上がっててい防（ぼう）の上近くまでくる
↓
にごった水（だく流）
土砂（どしゃ）も流れる

※画像を掲示

POINT 第5・6時で行った流水実験の結果と、増水時の災害について関係付けて考えさせるとよいでしょう。

1 川の中の大きな石は，どうしてその場所にあるのだろうか

川の中の大きな石は，増水した洪水時に運ばれてきたことを話し合う。

T （画像を見せて）川の中に，車くらいの大きさの石があります。

ふつうは動かない石です。<u>どうして川の中にあると思いますか。</u>

C もとからそこにあった？

C 大雨のとき，流されてきたのかもしれない。

T そうです。大雨が降り，<u>川の水が増えると流れも速くなって</u>，このような大きな石さえ運んで（おし流して）くるようになるのです。

T どのようなときに大雨が降りますか。

C 台風や梅雨のとき。ゲリラ豪雨も…。

※流量や流速が倍になると，流すエネルギーはその3乗にもなるといわれる。また泥水では浮力も増す。

2 増水時の川は，ふだんの川とはどんなところが違っているのだろうか

川の水が増えると，ふだん見ている川の様子とは違った姿が見られる。画像を見て，ふだんとは変わったところを話し合う。

T 川の水が増えると，大きな石もおし流します。

（大きな石がおし流される動画があれば見せる）

T では，水かさが増えたときの川の姿を見てみましょう。（画像や動画を提示）

C すごく水が増えている。流れも速そう。

T ふだんと比べて流れは速いですね。川の様子はどのようなところが変わっていますか。

C 流れの幅が広くなっています。水が増えて，いつもは川原のところも水に沈んでいます。堤防の上の方（危険水域）まで水がきています。

C 水が濁っています。土や砂も混じって流れていると思います。

（水量，流速，水深，水のにごりに目を向けさせる）

QR

・画像

その他

3 **4** 川の水がふえると
　　どのような災害がおこるのだろうか

・橋が流される　こわされる

・川の岸がけずられる⇒道路, 家がこわされる

・てい防 { を水がこえて / がこわされて } こう水になる
　　　　　　　　　　　　　　田畑, 家がしん水

・土砂くずれ　土石流も

川の水がふえて速さがますと
　　しん食や運ぱんの力は, とても大きな力になる
　　　　　　　　　　　　　　⇒ 災害になる

3　川の水が増えると, どのような災害が起こるのだろうか

　　大雨で川が増水すると, 堤防の決壊や洪水, 浸水, 土石流などが起こることを話し合う。

T　では, 大雨などで川の水が増えると, どのような災害が起こると思いますか。

C　水が増えて流れてきた物が橋に当たり, 橋が壊されているところを, ニュースで見ました。

C　川の岸が削られ, 川岸の家が流されていました。川のそばの道路もくずれていました。

C　川の堤防から水があふれて, 町に水が流れこんで多くの家が浸水します。(洪水)

C　大量の水で堤防が壊されて, そこから水があふれて, 田や畑も水浸しになっていました。

T　このほかに, 土砂崩れや土石流など, 大量の土砂が流されてくることもあります。

T　このような災害の様子を画像や動画でも見てみましょう。(教科書, 教育番組等の画像を活用)

4　川の増水による災害についてまとめる

　　川が増水したときの災害を「浸食」「運搬」「堆積」という, 流水の3つのはたらきとつなげて考える。

T　川の水が増えると, ふだんは丈夫な堤防がこわされたり, 川の岸が削られたりします。それは, 川にどのようなはたらきがあるからですか。

C　流れる水には, 土地を削る「浸食」や「運搬」のはたらきがありました。…特に水が増えると, そのはたらきも大きくなると思います。

T　それに洪水がおこると, 家の中にも多くの土砂が流れこみます。これは運搬と堆積のはたらきですね。「浸食」「運搬」「堆積」という川の3つのはたらきが, 洪水のときにはうんと大きくなるのですね。

QR

水による災害を防ぐための工夫や対策を考えよう

増水時の水害を防ぐために，ダムなどの貯水池や堤防の護岸工事などが行われていることを知り，水害への備えについて関心を持つ。

板書例

め 水による災害（さいがい）を防ぐ（ふせ）ための工夫や対さくを考えよう

1 水による災害を防ぐために（防災（ぼうさい））
2 どのようなこと（対さく）をしているのだろうか

①水をためる・にがす → 川の水の量を調節する

- ・川の上流にダムをつくる
- ・地下放水路
  ┐ ←川の水がふえすぎないように（ためておく）

- ・遊水地をつくる
  （ふだんは空き地や球場）
- ・川の分水路（流れを分ける）
  ┐ ←川の水をにがすところをつくっておく

POINT 教科書の資料をもとに，災害を防ぐ工夫やしくみを学習しましょう。

1 川の増水による被害を防ぐ工夫や対策を調べる

大雨による川の増水の被害を防ぐ方法を調べる。

T 大雨が降ると，川の水が増えて流れも速くなり，洪水や土砂崩れ，浸水（水つき）などの被害が出ることがわかりました。

では，どうすればそれらから命やくらしを守れるのか，そのためどんな対策がなされているのか，そのやり方や工夫を調べてみましょう。

【調べ学習について】クラスと時間に応じて…

クラスに応じて児童の調べ学習としてもよい。
ただ調べ学習は多くの時間がかかるので，無理をせずできる範囲でとり組む。その方法としては…
・お家の人などに聞く　・教科書やその資料で
・ネットで調べる　　　・図書館や資料館などで
などがあるが，まずは教科書を基本にする。
「かすみ堤」など，昔の水害対策も調べてもよい。

T まず，教科書を見てみましょう。

2 災害を防ぐ工夫や対策には，どのようなものがあるのか話し合う

※ここでは，個別の調べ学習ではなく，教科書をもとにした話し合い学習を想定している。

T 洪水などの被害を防ぐために，どのような手立てがなされているのか，まず教科書を見て調べてみます。ノートに書き出しましょう。

（教科書を見て，災害への対策を書き出させる）

T では，どんなことがなされているのか，調べてわかったことを発表しましょう。
C ダムを造って，水をためています。
C 地下に水を貯める『地下放水路』もあります。
C 川の分水路を作っているところもあります。
C 川の土手（堤防）に蛇籠（じゃかご）を並べたり，ブロックを置いたりしています。
C 山の中に『砂防ダム』を作っています。
C 町の『ハザードマップ』を作っています。

3 ②てい防を強くする

- 川岸にブロック
- てい防にじゃかご ┐ ←大水でてい防がけずられ
- テトラポット ┘ ←ないよう, てい防を強くし, 守るために
- さ防ダム ←土砂くずれを防ぐために

4 ③ひなん準備

- ハザードマップ ←すんでいるところの危険度を知っておく
  （市や町） ために

④その他

- 上流の森林を大切にする　守る
  （緑のダム）＝ 森林は水をためる

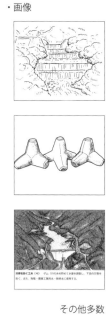

QR

・画像

その他多数

---

3 ダムは何のためにあるのかなど, 水害への対策を整理する

ダムや堤防のブロックは, どんなことへの対策なのか, 何を防いでいるのかを考え, 話し合う。

T　いろいろな方法で, 洪水などの被害を防ごうとしているのですね。このうちダムはどんなことに役立っているのですか。

C　大雨のとき, ダムに水を貯めておき, 川の水を増やさないようにしています。『地下放水路』も同じ役割で, 増えた水を貯めておくところです。

（ダムや地下放水路の画像などを見て確かめ合う）

T　では蛇籠やブロックは何のためでしょうか。

C　堤防が川の水に壊されないよう（浸食されないよう）に, コンクリートや石で守っています。砂防ダムもがけ崩れを防いでいると思います。

T　その他『遊水池』といって, 増えた水を貯めておく場所を作っている川もあります。

（護岸工事の画像などを見て話し合う）

4 わたしたちにもできることを考え, まとめる

T　まとめると川の水を増やさない, 堤防を守るなど, 川の水の力から守る対策がとられていますね。

T　多くの町では『ハザードマップ』というものを作っています。これも水害への備えです。川が増水したとき, どの地域にどれくらい水がくるのかを表しています。赤い色のところは…。

（地域のハザードマップをもとに説明する。危険度を知っておくことは, 命を守る防災の基本と伝えたい）

C　大雨のとき, 家でもラジオを準備しています。

T　他にも防災で大切なことを, 調べてみましょう。

【発展的に】

急流の多い日本では, 昔から治水は大きな課題であり, その跡も各地に見られる。地域の河川でも見られるなら, 画像ででも見せるとよい。また治水では, 森林は緑のダムでもあり, 護岸工事なども生態や環境に配慮したやり方に変わってきていることにもふれたい。

もののとけ方

◎ 学習にあたって ◎

◉ 何を学ぶのか

　食塩を水に入れてかき混ぜると，食塩のつぶは溶けて見えなくなり，液は透明になります。しかし，食塩はなくなったわけではなく，目に見えないほどの小さな粒子となって溶液中に散らばっているのです。これが，『溶ける』ということの本質です。この『小さな粒子』の考えに触れることは，学習指導要領でも物質学習のひとつの柱とされています。学習内容としては，『溶けた，溶けないを見分ける』『重さ（＝溶けた物）の保存』『ろ過』『蒸発による取り出し』『水溶液の均一性』『溶ける量の限界』『温度による溶ける量の違い』などがあります。学ぶことはかなり多く，溶解の基礎的な事実や現象を，ここで学習することになります。

◉ どのように学ぶのか

　まず，液を見て，『溶けている』のか『溶けていない』のかを見分けることが，学習の出発点になります。ここで，『溶けた』ということの観点としては，『液が透明』『粒が沈んでこない』『ろ紙を通りぬける』の3点をとらえさせます。また，溶けて粒が見えなくなると，『消えて，なくなったのでは？』と考える子どももいます。そこで，食塩水の重さを通して，見えないけれども，食塩はなくなってはいないことを検証します。さらに，加熱し水を蒸発させると，溶けた物が再び取り出せることも確かめます。これらの知識を土台にして，『水溶液の均一性』や『溶ける量の限界（溶解度）』などの学習へとすすめます。授業では，目と手を通して事実や現象を確かめるとともに，友だちとも協力し，実験や操作の技能も高めます。なお，火を使う実験もあるので，準備や安全面での配慮も必要です。

　また，本単元は，理科らしい授業展開の形で進めることができます。それは，課題→予想（仮説）→話し合い（対話）→実験・検証→考察，という流れです。そして，ここで大切にしたいのは「予想」する場面です。ここが，子どもが主体的に考え，思考力が高められるところです。また，考えた予想を実験によって検証していくやり方は，科学の方法のひとつです。ですから，これは理科の『学び方を学ぶ』ことにもつながります。

◉ 留意点・他

　この単元は，『粒子概念』の入門としても位置づけられます。水溶液の重さやろ過についても，粒子を使って考えを進めたり，現象をイメージしたりする場面が作れるでしょう。一方，『溶解』の学び始めの段階でもあるので，水溶液としては，食塩やミョウバンなど，溶けて透明になる『真水溶液』に限定します。一方，身近にある物でも味噌や石けんなどは持ち込まないようにします。これらは『溶けた』とはとらえにくく，かえって子どもを混乱させてしまうからです。

◎ 評　価 ◎

知識および 技能	・物が水に溶けて見えなくなっても，物の重さはなくなっていないことから，溶けた物は無くなったのではなく，水溶液中に存在していることがわかる。 ・物が水に溶けたとき，水溶液は透明になり，粒は沈んでこないことがわかり，「溶けた」か「溶けていない」かを見分けることができる。 ・水に溶けた物はろ紙を通りぬけるが，溶けていない物はろ紙を通らず，ろ紙に残ることがわかる。 ・（食塩水などの）水溶液の水を蒸発させると，溶けていた物を取り出せることがわかる。（蒸発乾固） ・食塩やミョウバンなどが水に溶ける量には限りがあり，その量の限りは物によって異なり，また温度による変わり方にもちがいがあることがわかる。 ・物を水に溶かすと，溶けた物は（目に見えない小さい粒子となって）水溶液中に一様に散らばり，均一に広がっていることに気づく。 ・秤（はかり）やメスシリンダーを正しく使い，物の重さや水の体積を正しく量ることができる。
思考力，判断力， 表現力等	・課題に対して，既習の知識や経験から，根拠のある予想・仮説を立て，解決の方法を発想しようとしている。
主体的に学習に 取り組む態度	・計量やろ過など，基本的な実験技能を身につけるとともに，主体的に問題を解決しようとしている。 ・友だちと協力して，実験や操作をすすめるとともに，予想や考察の活動においても，自分の考えを述べ，互いに考えたことを交流しようとしている。

次	時	題	目標	主な学習活動
ものが水に溶けたとき	1	ものが水に「溶けた」「溶けていない」を見分けよう（1）（無色透明）	食塩を水に入れてかき混ぜると，液は無色透明になり，粒は沈んでこない。このような様子になったとき，食塩は「溶けた」といえることがわかる。	・食塩を水に入れてかき混ぜ，ラインを引く粉を入れたときの様子とも比べて，『溶けた』と言える根拠を話し合う。
	2	ものが水に「溶けた」「溶けていない」を見分けよう（2）（有色透明）	コーヒーシュガーを水に入れると，色はついていても透明で，粒が沈んでこないことから，『溶けた』といえることがわかる。	・黄色い透明なコーヒーシュガー液を観察し，『溶けた』といえるかどうかを話し合う。 ・入浴剤は『溶けた』といえるのか，話し合う。
	3	食塩を水に溶かしたときの重さを調べよう	食塩水の重さは，入れた食塩の重さと水の重さの和になっていることがわかる。また，このことから，溶けた食塩は目に見えないが，なくなってはいないことに気づく。	・水に食塩を溶かしてできた食塩水の重さは何グラムになるかを予想し，実験で確かめる。 ・水の中での食塩の状態の説明を聞く。
	4・5	食塩水の中の食塩のようすを調べよう	水に溶けた食塩は，液中に小さな粒（粒子）となって一様に散らばり，濃さも均一になっていることに気づく。	・数日，置いておいた食塩水の『上』の方にも食塩はあるのかどうかを話し合い，確かめる。 ・コーヒーシュガーの色で均一を確かめる。
ろ過	6・7	水溶液に溶けているもののとり出し方を実験しよう（1）（ろ過）	食塩水など，水に溶けたものはろ紙を通りぬけるが，溶けていないものはろ紙を通らないことが分かる。	・食塩水や炭酸カルシウム（または澱粉）が入った液などをろ過し，ろ紙を通る物とろ紙に残る物とを観察する。 ・コーヒーシュガー水溶液をろ過，観察する。
	8	水溶液に溶けているもののとり出し方を実験しよう（2）（蒸発）	食塩水を熱すると，水だけが蒸発して食塩の粒が取り出せることがわかる。	・蒸発皿に食塩水を入れて熱すると，水だけが蒸発し，食塩が現れる。この様子を観察し，食塩を取り出せることを確かめる。
ものが水に溶ける量	9・10	食塩やミョウバンの水に溶ける量を調べよう	決まった水の量に，食塩やミョウバンが溶ける量にはそれぞれ限りがあり，物によって限りの量は異なることがわかる。	・50mL の水に食塩を 5g ずつ溶かしていき，何グラムまで溶けるのか，その限度を調べる。 ・ミョウバンについても溶ける限度を調べる。
	11	溶ける量を増やすにはどうすればよいのか調べよう（1）（水の量と溶ける量）	水の量を増やすと，食塩やミョウバンの溶ける量は増えることがわかる。	・水の量を増やすと，食塩やミョウバンの溶ける量は多くなることがわかる。
	12・13	溶ける量を増やすにはどうすればよいのか調べよう（2）（水溶液の温度と溶ける量）	ミョウバンは水溶液の温度が高くなると溶ける量も増えるが，食塩は水溶液の温度が高くなっても溶ける量がほとんど変わらないことがわかる。	・水溶液の温度を上げると，ミョウバンの溶ける量はどうなるかを話し合い，実験で確かめる。 ・食塩の温度と溶け方とも比べる。
まとめ	14	ものが水に溶ける温度と溶ける量の関係をまとめよう	温度による溶ける量（溶解度）は，ミョウバンと食塩とでは異なることがわかる。ミョウバン水溶液の温度を下げると，ミョウバンが取り出せることがわかる。	・食塩とミョウバンの温度と溶ける量の関係を，表やグラフをもとに話し合う。 ・ミョウバン水溶液からミョウバンをとり出す方法を考え，とり出す。

ものが水に「溶けた」「溶けていない」を見分けよう（1）（無色透明）

食塩を水に入れてかき混ぜると，液は無色透明になり，粒は沈んでこない。このような様子になったとき，食塩は「溶けた」といえることがわかる。

板書例

⓶ ものが水に「とけた」「とけていない」を見分けよう

[問題1]

1 食塩は水にとけたといえるだろうか

食塩をまず1ぱい入れてかきまぜ，「とけた」と考えたら2はい目を入れる

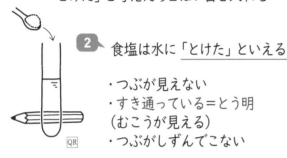

2 食塩は水に「とけた」といえる

・つぶが見えない
・すき通っている＝とう明（むこうが見える）
・つぶがしずんでこない

[問題2]

3 ラインの粉（炭酸カルシウム）は水にとけるのだろうか

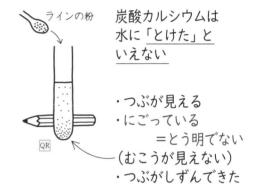

ラインの粉

炭酸カルシウムは水に「とけた」といえない

・つぶが見える
・にごっている＝とう明でない（むこうが見えない）
・つぶがしずんできた

POINT 日常生活でものを水に混ぜた経験を思い出させ，ものが水に「溶ける」ことについて生活経験と関係付けながら言葉

1 食塩は水に『溶けた』といえるのだろうか

『食塩は水に溶けるか』どうかを調べることを伝え，課題を示す。

水の入った試験管（またはビーカー）に，食塩を薬さじの小さい方でまず1杯，入れてかき混ぜます。そして，『溶けた』と考えたら，次の1杯（2杯目）を入れましょう。

グループで話し合い，食塩が『溶けた』となれば，2杯目，3杯目を入れることになる。ほぼどのグループも2杯目を入れる。つまり，食塩は『溶けた』と考えていることを確かめる。

C 1杯目は溶けました。2杯目も溶けたと思いました。

溶かす容器としては，『透明』を見るために試験管を使っているが，ビーカー（50～100mℓ）でもよい。また，ふた付き管ビンなら，かくはん棒は要らない。

食塩

かくはん棒または竹の割箸

水は半分くらい

2 『溶けた』と考えたわけ（根拠）を話し合う

液がどうなれば溶けたといえるのか，液の様子の観察から，その根拠を確かめる。

T では食塩を入れた液のどんな様子を見て，（どんな様子から）『溶けた』と考えたのですか。

C 食塩の粒が見えなくなっているのを見て…。

C 液がすき通って，透明になったから…。

C 食塩の粒が沈んでこない（沈殿しない）から…。

ここでは溶けたといえる根拠を，粒が見えなくなり①液は透明 ②粒が沈んでこない，としてまとめる。

なお，子どもは案外『透明』ということを知らない。そのため，見え方とつないで『透明』をとらえさせる。

T 『粒が見えない』『すき通っている』ことを『透明』といいます。試験管の向こうに鉛筆を置くと文字が読めるでしょう。これが『透明』ということですよ。この様子を『溶けた』というのです。

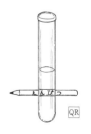

えんぴつ

準備物	・食塩　・炭酸カルシウムまたはでん粉 ・グラニュー糖 ・試験管（18㎜）かビーカー（管ビンでもよい）　・かくはん棒	ICT	QR内の写真を提示し，ものが溶けていないと，濁って透明にならないことについて確認するとよいでしょう。	

QR
・画像

その他多数

〔まとめ〕

・とけた…………とう明になっている

・とけていない…とう明ではない

問題3

4　さとうとでんぷんは，水にとけるのだろうか

さとうはとけたといえる
でんぷんはとけたといえない

食塩が水に溶けた液は

↓　↓　↓　↓

「食塩水溶液」という
（食塩水ともいう）

「〇〇水溶液」
←───とけたもの

の意味を捉えていけるようにしましょう。

3　『溶けていない』様子とも見比べる

　ラインを引く粉を水に入れ，『溶けていない』様子を観察する。対比することにより，『溶けた』という現象はより明確になる。※でん粉でもよい

　2つ目の課題を示す。

　（白い粉を見せて）これは，運動場にラインを引くときに使う白い粉（炭酸カルシウム）です。このラインの粉も水に溶けるでしょうか。まず，1杯入れてみましょう（入れさせる）。ラインの粉は，水に『溶けた』といえるでしょうか。

C　『溶けた』とはいえないと思います。それは液が白くにごっていて，透明でないからです。

T　食塩のときと比べてみましょう。ラインの粉のときは，どんなところが違っていますか？

　と，問いかけ，『溶けていない』ことの根拠として…，

　①液は不透明で，にごっている，②入れたものが沈んできて底にたまる（沈殿），の2点をみんなで確かめ合う。

4　よく似たことと比べて考える

　学んだ知識を使い，学びを確かなものにする。
　（教卓の周りに子どもを集め，教師実験で進める）

　では，砂糖（グラニュー糖）は水に溶けるのでしょうか，水に入れて観察しましょう。（見せる）

C　溶けました。溶けたと思います。

T　どんな様子から『溶けた』と考えたのですか。

C　液がすき通っていて，透明になっているから。

C　底に砂糖（の粒）が沈んできていません。

T　『砂糖は水に溶けた』，といっていいですか。

C　はーい。

　この後，でん粉（片栗粉）でも試し，水に溶けないことを確かめる。（白く濁り不透明，また沈殿する）

【科学の言葉－水溶液－を教える】

T　何かが水に溶けた液を『水溶液』といいます。だから，食塩が溶けた液なら『食塩水溶液』といえますね。『食塩水』といってもいいです。

本時の目標　コーヒーシュガーを水に入れると，色はついていても透明で，粒が沈んでこないことから，『溶けた』といえることがわかる。

板書例

⊗ ものが水に「とけた」「とけていない」を 見分けよう

問題1

1 コーヒーシュガーは水に「とけた」といえる だろうか

2
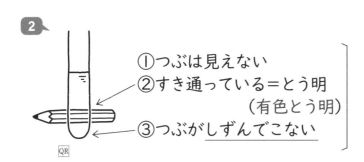
①つぶは見えない
②すき通っている＝とう明
　　　　（有色とう明）
③つぶがしずんでこない

QR

3 食塩水とくらべる
①②③が同じ
　　⇓
色がついていた
コーヒーシュガーも
「とけた」といえる

POINT 『色がついている＝透明ではない』と捉える児童が多くみられます。色がついていても，透明でものが沈殿していない

1 コーヒーシュガーは， 『水に溶けた』といえるだろうか

　溶けると液が無色透明になった食塩に対して，今度は溶けると液が有色透明になるコーヒーシュガーの溶け方を課題にする。

T　これはコーヒーなどに入れる茶色い色をした砂糖です。コーヒーシュガーといいます。

> このコーヒーシュガーの粒を，水に入れてかき混ぜます。液を見て『溶けた』といえるのか，また『溶けていない』のか考えましょう。

　グループで実験し，溶けたといえるかどうか話し合う。『溶けた』と考えるグループが多い。一方『溶けていない』という意見もある。

T　まず『溶けた』と考えたグループから，そう考えたわけ（根拠）を発表しましょう。

C　それは黄色い色がついていても，液はすき通っているからです。向こうの文字が見えます。

2 コーヒーシュガーは，『溶けた』または 『溶けていない』と考えたわけは？

　溶けたのか溶けていないのか，それぞれの考えの根拠を話し合い，『溶けた』とはどういうことなのかをふり返る。

T　他に『溶けた』と考えた人の意見を聞きましょう。

C　底に粒は沈んでいないし，コーヒーシュガーの粒も見えていないからです。

　（液を見て，沈殿もなく透明なことを確かめる）

T　では，次に『溶けていない』と考えた人の意見（考え）も聞きましょう。

C　粒は見えていないけれど，食塩水のような（無色）透明でなく，色がついています。だから溶けていないと思いました。

C　黄色い色がついているから『溶けていない』と思うけれど，粒が底に沈んでこないので溶けたのかもしれません。迷っています。

QR

・画像

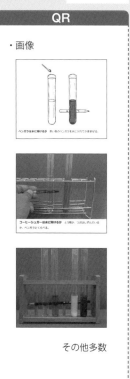

その他多数

問題2

4 入よくざいは水に「とけた」といえるだろうか

①つぶは見えない
②有色とう明
③つぶはしずんでこない ⇒ 水に「とけた」といえる

※水に溶けない入浴剤もある。

〔まとめ〕

「とけた」を見分けるには

液（えき）は ①とう明かどうか
②つぶはしずんで ⟶ 水よう液はとう明
こないかどうか

場合は『溶けている』と考えられるよう指導するとよいでしょう。

3 食塩水の様子をふり返り，比べる

前時の食塩水とラインを引く粉を入れた液の様子とも比べて，『溶けた』といえることを話し合う。

T　食塩が溶けた食塩水は透明で，向こうが見えました。水にラインを引く粉（炭酸カルシウム）を入れても溶けず，液は不透明で（濁っていて）向こうが見えませんでした。コーヒーシュガーを入れた液は，どちらのなかまだといえますか。透明といえるかどうか，鉛筆を置いてみましょう。

C　色はついていても，鉛筆の文字が見えて透明です。だから，食塩水のなかまといえます。

T　このような見え方を『有色透明』といい，食塩水と同じように『溶けた』といえるのです。

それに粒が底に沈んでこないのも食塩水と同じですね。（教師の説明で補う）

4 入浴剤は，「水に溶けた」と，いえるだろうか

入浴剤を使い，液に色がついていても透明なら『溶けた』といえることを話し合い，まとめる。

T　これは○○というお風呂に入れる入浴剤です。これを水に入れてみます。（教師実験）

水を入れたメスシリンダーなどに入れると，液は有色透明になる。【注】入浴剤には，白く濁るものもあるので，これらは使わない。

T　では入浴剤は『溶けた』といえるでしょうか。

C　はい，溶けたといえます。

T　『溶けた』と考えたわけ（根拠）は何でしょうか。

C　液は有色透明で，粒は沈んできていないからです。

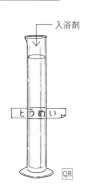

（この後，液は透明で沈殿がない様子をみんなで確かめ合う）

※ベンガラなど，有色不透明の液と対比してもよい。

食塩を水に溶かしたときの重さを調べよう

食塩水の重さは，入れた食塩の重さと水の重さの和になっていることがわかる。また，このことから，溶けた食塩は目に見えないが，なくなってはいないことに気づく。

板書例

〔問題〕 水にものをとかした後の水よう液の重さは，どうなるのだろうか

① 問題
食塩100gを水600gにとかすと何gになるだろうか

② 予想
できた食塩水の重さは何gか

ア．600g　　食塩はとけてなくなった
（　　）人

イ．650g　　半分くらいとけて
（　　）人　　なくなった

ウ．700g　　水の中から
（　　）人　　どこへもいっていない

エ．その他　　（690g）くらい
（　　）人　　少し消える

実験
食塩100g

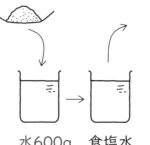

水600g　食塩水　　（　　）g

※児童の意見を板書する。

POINT デジタルの秤を使うと，ちょっとした数値のズレが気になる児童が出てきます。しかし，アナログの秤を使うと，食

1 はかりに載せた食塩と水の重さは，何gになるだろうか？

水に溶けて見えなくなった食塩はどうなったのかを『重さ』を手がかりにして考える。

ビーカーに入れた水があります。重さを量ると（台ばかりで量ってみせる）600gです。そして，食塩が100gあります（量ってみせる）。では，水と食塩とをいっしょにはかりに載せると何gになるでしょうか。

C　700gです。（ほぼ全員がそう答える）

C　水の重さ＋食塩の重さで，700gです。

T　（はかりに載せて）予想どおり700gですね。

　　（水と食塩をいったん秤から下ろして…）

T　この100gの食塩を，ビーカーの600gの水に溶かします。○○さん，かきまぜてください。

　　（液が透明になるまでかき混ぜ，溶かして見せる）

T　このように，食塩は全て水に溶けましたね。

2 できた食塩水の重さは何gになっているのか，予想する

（できた食塩水を見せながら）できたこの食塩水の重さは（はかりに載せると），何gになっているでしょうか，予想しましょう。

ア．600g
イ．650gぐらい
ウ．700g
エ．その他

食塩水
？
g

T　そう考えたわけ（理由）も書きましょう。

　　（選択肢を設けることにより，思考のワクづけをする。児童のノートを見て回り，考えの傾向をとらえる。）

T　発表しましょう。まず（ア）の意見から…。

C　（ア）食塩は見えなくなったのだから，水の重さだけの600gになっていると思います。

C　（イ）食塩はビーカーに入れたので，中にあるけれど，溶けて少しは無くなったと思います。

C　（ウ）食塩はビーカーに入れたのでどこにも行かず，食塩水の中にあるはずだから，700gです。

QR

・画像

その他

3 結果

$$700\,g = 600\,g + 100\,g \cdots ウ$$
$$\quad\ (水)\qquad (食塩)$$

とけた食塩は<u>なくなっていない</u>
（見えないが）食塩水の<u>中にある</u>

〔まとめ〕

水にものをとかした後の水よう液の重さは，
水（とかす前）と，ものを合わせた重さと
等しい

塩を計る際に使った紙を秤に載せることを忘れることがあるので注意しましょう。

3 　重さを量り，どの予想が正しかったのかを検証する

　どの予想，つまりどの考え方が正しかったのか，答えは先生ではなく，実験が示してくれる。

T　では食塩水をはかりに
　載せて確かめましょう。
　（目盛りは 700 g を指す）

T　結果は（ウ）の 700 g
　でした。では，溶けた食
　塩はなくなったといえる
　のでしょうか。
　（実験結果から，考察に入る）

C　重さは減っていないの
　で，中にあります。

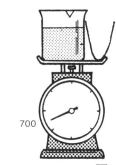

700

700g QR

C　溶けた食塩は，食塩水の中にあると思います。

C　溶けて見えなくなっても，なくなっていない。

T　食塩はなくなっていないのに，<u>見えないのはどう</u>
　<u>してだ</u>と思いますか？

C　食塩の粒は，溶けて液体になったのかな？

　※この食塩水は次時のために，残しておく。

4 　食塩が見えなくなったわけ

　食塩は無くなっていないのに，見えないのはどうしてか，説明する。（疑問に説明で答える）

【説明】－粒子の考えを使って－

水に入れた食塩はどうなったのか，科学者は次のように考えています。（食塩の粒を見せて）この食塩の粒は，さらに小さな小さな粒が集まってできています。そして，食塩の粒を水に入れると，このさらに小さな粒々にばらけて水の中に散らばります。この粒はとても小さいので目でも顕微鏡でも見えません。だから，<u>透明に見えますが無くなったわけでなく，小さな粒は食塩</u>
<u>水の中にあるので重さも無くなってはいないのです。</u>

　（教科書の『説明』を，みんなで読み合ってもよい）

T　では砂糖を水に溶かすと重さは
　どうなるでしょうか。

　（教科書のように，ふた付きビンを使
　った児童実験で確かめる）

第4・5時めあて
食塩水の中の食塩のようすを調べよう

本時の目標：水に溶けた食塩は、液中に小さな粒（粒子）となって一様に散らばり、濃さも均一になっていることに気づく。

板書例

〔問題〕 液（えき）の中で，とけたものはどうなっているのだろうか

1 食塩水の中の食塩のようす

〈予想〉
食塩水の上の部分に食塩はあるのだろうか

〈実験〉
○日後の食塩水

2 見えない食塩のつぶは⊕の方にも…

ア．ある … 小さいつぶだから，ちらばって
（　）人　しずんでいない

イ．ない … 底の方にしずんでしまっている
（　）人　ビーカーの周りに集まっている

ウ．その他 … ⊕にもあるけれど，うすく
（　）人　なっている

※児童の意見を板書する。

〈結果〉
ア．⊕の部分にも食塩はある

POINT イメージ図をかくときには，溶かした粒の数と，溶けた粒の個数を同じにすることで，児童が質量保存の観点をもつ

1 【第4時】食塩水の『上』の方にも，食塩はあるだろうか

溶けた食塩は，○日たっても液中に散らばったままで底の方には沈んできていないことを調べる。

（前時に作った700gの食塩水を見せ，課題を提示）

これは○日前に作った食塩水です。今，この食塩水の『上』のところには，見えない食塩の粒はあるでしょうか。

ア．ある　イ．ない　ウ．その他

T　自分の考えを書きましょう。（書いて発表）
C　（ア）溶けた食塩は，小さな小さな粒になっているはずなので，沈んでいないと思います。
C　（イ）食塩が溶けて○日経っています。それで溶けた食塩の小さな粒も，底の方に沈んでいて『上』の方には無いと思います。
C　（ウ）食塩の見えない粒は，『上』の方にもあるけれど少ないと思います。

2 粒子のイメージを図に表し，確かめる

「もし溶けた食塩の小さな小さな粒が見えたなら」と予想をして，図に表して話し合う。

溶けた食塩の小さな粒が見えたら，どこにどんなふうにあるのか，図に描いてみましょう。
見えない粒を20個の点々で表してみましょう。

（各自，ノート等に描いて発表し，グループで話し合う）

底のほうに　まわりに　均等に
多く　　　　多く

※ここでは多めの粒で表している。

T　では『上』の部分に食塩はあるでしょうか。
C　食塩は上にもあって，底に沈んでいないよ。

※スライドガラスに1滴とり，乾かしてみてもよい。

120

QR

・画像

（画像多数）

その他多数

3 〔問題〕
コーヒーシュガー水よう液のこさは
上も下も同じこさだろうか

〔実験〕 （○日後）

色を見るとどこも同じこさの色
＝ 全体にちらばっている

〔まとめ〕

とけたもの（小さいつぶ）は，
（しずんでこないで）全体にちらばっている　均一（きんいつ）
⇔ とけていないものは，底にしずんでくる

ことができるようになります。

3　予想・対話・検証　コーヒーシュガー水溶液の色と濃さ

【準備】－コーヒーシュガー水溶液を作っておく－

2，3日前に，ビーカーでコーヒーシュガー水溶液を作る。メスシリンダー（200ml）に入れて，児童と濃さはどこも均一になっていることを目で確かめておく。（第2時のものも使える）

> コーヒーシュガーの水溶液を，○日前に作って，メスシリンダーに入れておきました。今，色の濃さを見ると，どうなっているでしょうか。
>
> ア．下の方が濃い　イ．上の方が濃い
> ウ．どこも同じ濃さ　エ．その他

紙の筒

コーヒーシュガー水溶液

メスシリンダーには，紙筒をかぶせておく。

T　予想して考えを書きましょう。
（書いた後発表）

　（ア）と，（ウ）の2つの意見に分かれるだろう。考えを話し合い，結果は紙の筒を上に徐々に上げていき，色はどこも同じ濃さ（均一）になっていることを確かめる。

C　どこも同じ濃さです。

上下，どこも同じ色，同じ濃さになっていることがわかる。

均一な色の濃さ

4　【第5時】溶けないものは沈んでくる　※板書は略しています

【対比】－溶けないものは沈んでくる－

いったん溶けたものは沈んでこず，液全体が同じ濃さ（均一）になっている。一方，溶けていないラインを引く粉やでん粉はやがて底に沈んで（沈殿して）くる。これらの様子の違いを比べるとわかりやすい。

　水の中で溶けて散らばる様子を見る。（拡散）

T　食塩や氷砂糖を水に入れてみましょう。かきまぜないでも溶けるでしょうか。

　※教科書も参考にして図のように食塩や氷砂糖を水に入れて，モヤモヤが広がる様子を観察する。このとき，モヤモヤが下に沈むので混乱しないようにする。

氷砂糖を水中につるす。

糸　わりばし

塩

水

ビーカー

大きめ氷砂糖

　（注）水溶液の均一性は，小学生には難しいところがある。日常の体験のせいか，子どもは『底の方が濃くなる』と思いこみがち。説明で補う。

水溶液に溶けているものの とり出し方を実験しよう（1）（ろ過）

板書例

〔問題〕 水よう液にとけているものをとり出すには，
どのようにすればよいのだろうか

1 食塩水から食塩を
とり出す方法

①熱する
（水をじょう発）
②布などに通す
（こす）

布でこしとれるか
↓
布ではとり出せない
（布の目を通りぬける）

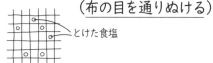
とけた食塩

2 食塩水をろ紙に通す

ろ紙を通った液は
どうなっているだろう

ア．食塩水（　）人
イ．水　　（　）人
ウ．その他（　）人

3

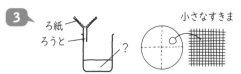

ろ紙
ろうと

小さなすきま

下に出てくるのは，（ア）食塩水
とけた食塩はろ紙を通る

［とけたコーヒーシュガーも
ろ紙を通る］

---

1 食塩水を布に通すと，食塩は 取り出せるか

　食塩水を布でこすと，食塩が取り出せると思っている児童もいる。その考えを問いかける。

T　（前時の食塩水を見せ）この食塩水からもう一度食塩を取り出すにはどうすればよいでしょうか。

　（次の2つの考えが出されることが多い）

①　食塩水を熱するとよい。　②布などでこしとる。

　※そして，下の図のような装置を作りながら，下の課題を出す。ノートに考えを書いて話し合う。

> まず，布でこしとれるか，やってみましょう。食塩水を布に通すと下に出てくるのは水でしょうか，それとも食塩水でしょうか。

C　下に出てくるのは水。食塩の小さい粒は布に引っかかって通らず，布にたまると思います。
C　下には食塩水が出てくる。溶けた食塩の粒は小さいので，布のスキマを通りぬけるから…。

2 溶けた食塩は布を通りぬける 食塩水はろ紙を通りぬけるか

T　溶けた食塩は，布を通りぬけた。食塩水が出てきました。【検証】
T　溶けた食塩は，（とても小さいので）布の目（すき間）を通ってしまうのですね。【考察】

　（次に，布よりも目の細かいろ紙（2号）を見せて，…）

T　これは「ろ紙」という紙ですが，目に見えない小さなすき間（目）があいています。水を注ぐと下に出てきます。（セットして水を通してみせる）

> このろ紙に食塩水を通すと，下に出てくるのは，次のうちどれでしょうか。
>
> ア．食塩水
> イ．水
> ウ．その他
>
> ろ紙
> ろうと
>
> 予想とそのわけを書きましょう。

※子どもはろ紙を普通の紙だと思っている。コピー用紙などでは水が通らないことを見せておく。

4 水にラインの粉（こな）を入れて，ろ紙に通す

ろ紙を通った液（ろ液）はどうなっているだろうか

ア．ラインの粉と水
イ．水だけ

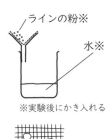

ラインの粉※
水※

※実験後にかき入れる

ろ紙を通ったのは，（イ）水だけ
ラインの粉は，ろ紙を通らない
　　　　　ろ紙に残る

〔まとめ〕

・食塩水のように「とけた」ものは，
　ろ紙を通りぬける（とり出せない）

・ラインの粉のように「とけない」ものは，
　ろ紙を通らない（とり出せる）

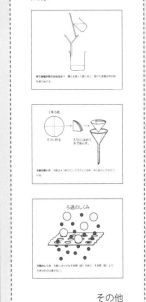
---

3 溶けたものは，ろ紙を通りぬけることを確かめる

　予想とその理由を発表し，話し合う。

C　（ア）溶けた食塩は布を通ったので，ろ紙のすき間も通りぬけて下に出てくると思う。

C　（イ）ろ紙のすき間（目）は目に見えないほど小さい。だから溶けた食塩はろ紙にたまり，下に出てくるのは『水』だと思う。（多い誤り）

T　実験して確かめましょう。（装置を組み立てる）
　　※ろ紙の折り方や，ろ過の仕方は，教科書を見せる。

T　食塩水はガラス棒に伝わせて，ろ紙に注ぎます。
　　※ガラス棒でろ紙を突き破りやすい。やり方を見せる。

T　ろ紙に食塩はたまっていますか。

C　何もたまっていません。

T　下に出てきた液は何ですか。

C　食塩水です。水ではありません。
　　※色つきのコーヒーシュガー水溶液も，ろ過してみせる。

4 溶けていないものはろ紙を通らない

T　食塩水でもコーヒーシュガー水溶液でも，溶けたものはろ紙を通りぬけましたね。布やろ紙では，溶けたものは取り出せませんでした。

　溶けていないものは，ろ紙を通るのか，溶けないものとの対比を通して，ろ過の理解を深める。

> 水に溶けないラインの粉（炭酸カルシウム）やでん粉は，ろ紙を通りぬけるでしょうか。
> それとも，ろ紙にたまるでしょうか。
>
> ア．ろ紙を通り，ラインの粉も下に出てくる。
> イ．ろ紙を通らず，下に出てくるのは水。

【ア，イどちらかを予想し，実験で確かめる】

（話し合い，実験で確かめると下には水だけが出てくる）

C　下に出てきたのは水だけで，ラインの粉はろ紙を通らず，ろ紙にたまっていました。

　※この後『でん粉を混ぜた水』でも実験し，でん粉もろ紙を通らず，ろ紙にたまることを確かめる。

本時の目標　食塩水を熱すると，水だけが蒸発して食塩の粒が取り出せることがわかる。

板書例

〔問題〕　水よう液にとけているものをとり出すには，
　　　　　どのようにすればよいのだろうか

問題
1　食塩水を熱する（温める）と
　食塩は，とり出せるだろうか

じょう発皿　QR

予想
ア.とり出せる
　…水だけがじょう発

イ.とり出せない
　…食塩も出ていく

ウ.その他

予想
2　食塩水を熱する

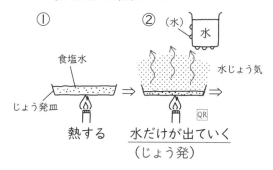
① 　　　② （水） 水
食塩水　　　　　　　　水じょう気
じょう発皿 ⇒ 　　　 ⇒
熱する　　水だけが出ていく
　　　　　（じょう発）

食塩水 － 水 ＝ 食塩

POINT　汗をかいた後，Tシャツや帽子に汗の跡ができることなどを例に出し，食塩水の中の水が蒸発すると溶けていたものが

1 食塩水を熱すると，食塩は出てくるだろうか

食塩水から食塩を取り出す方法を考える。

T　布やろ紙では，食塩水から食塩を取り出すことはできませんでした。他に食塩を取り出す方法はないでしょうか。

C　食塩水を熱して温めたら出てくると思います。

では，このお皿（蒸発皿）に食塩水を入れて，コンロで熱すると，食塩は取り出せるでしょうか。

ア. 取り出せる
イ. 取り出せない
ウ. そのほか

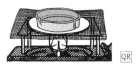
QR

（考えをノートに書き，話し合う）

C　（ア）熱すると水だけが蒸発して出ていって，食塩は皿に残ると思います。

C　（イ）溶けて小さくなった食塩は水といっしょに出ていくので，取り出せない…と思います。

2 食塩水を熱して確かめる

T　教科書を見て，実験の準備をしましょう。この実験では，必ず保護めがねをつけます。

食塩が跳ねて跳ぶことがあるので，蒸発皿に顔を近づけない。必ず保護めがねをつけさせ点検する。

T　実験を始めましょう。（グループを見て回る）

C　あ，白いものが現れてきた。食塩かな？

※水分がなくなる前に火を止めさせ，あとは余熱で乾かすよう助言する。

T　出てきた白い物は食塩でしょうか。

C　食塩が出てきたと思います。

T　蒸発皿から出ていったのは水だけになりますね。

QR

QR

・動画
「蒸発乾固（食塩水）」

・画像

食塩水を熱する　青い色の蒸発皿に入れて熱する。焦げつかない。

蒸発皿に残った白いもの　その中で白い体を受け取ると，白いものは食塩だとわかる。

その他多数

---

③ 白いもの
　　（食塩）

（結果）
食塩が
とり出せた

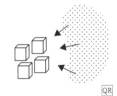

食塩のつぶが残る

3

〔まとめ〕

食塩水を熱すると，
水だけがじょう発して，
食塩のつぶがとり出せる

---

4 海水から食塩を
（食塩水）　　とり出す

「○○の塩」

（昔のやり方）

・海水をくみあげて
　　↓
・太陽の熱でこくして
　　　（水をじょう発）
　　↓
・大きなかまで熱する

1Lの海水から
30g〜35gの食塩

出てくるというイメージを持たせるのもよいでしょう。

---

3 食塩が出てきたわけについて，『お話』として説明を聞く

　どのようにして食塩の粒が出てきたのか，粒子の考えを使って説明する。

【お話】

食塩水の中には，目に見えないほどの小さな粒になった食塩がたくさん散らばっています。食塩水を熱すると，水だけが水蒸気（＝気体の水）となって蒸発皿から出ていきます。でも，目に見えない食塩の粒は出ていきません。水が減ってくるにつれて，目に見えない食塩の小さな粒どうしが集まり，やがて目に見える大きさの白い食塩の粒になるのです。

T　このように水だけを蒸発させると，溶けているものを取り出すことができるのです。

　　※砂糖のような有機物は，高温ではこげるので，このやり方で砂糖を取り出すことはできない。

4 昔の製塩法と今日の実験を比べる

T　食塩水から食塩を取り出せることがわかりました。実は昔の人も，このやり方で海水から食塩（しお）を取り出していたのです。今でも同じやり方でしおをとっているところがあるのですよ。

　　『○○の塩』などとして，手に入ることもある。その袋ごと子どもに見せると子どもは興味をもつ。

T　しおの作り方について教科書を読んで，今日の実験と比べてみましょう。どこが同じかな？

C　海水を大きな釜に入れて熱するところは同じ。

C　熱して水だけを蒸発させるところが同じ…。

C　太陽の熱も使って，まず濃い海水を作っているところはうまく考えているなと思いました。

　　※海水の濃度は約3％。1Lの海水から約30gの塩が取り出せることになる。なお，食塩水をゆっくりと乾かすと結晶も大きくなる。実験して見せてもよい。

食塩やミョウバンの水に溶ける量を調べよう

板書例

〔問題〕　ものが水にとける量には
　　　　　限りがあるのだろうか

1　食塩は, 水にいくらでも
とけるのだろうか

ア. いくらでもとかす
　　ことができる

イ. これ以上とけないところ
　　（限り）がある
　　　　＝
　　とける限りは　　ある
　　　　　　　　　　ない

2　問題 I
50mLの水に食塩は何gまで
とけるのだろうか（20℃の水）

食塩5gずつ

水50mL（20℃）QR

水の量を決めておく＝50mL
食塩を5gずつ入れて
とけたらまた5g入れる

回数	1	2	3	4	5	
入れた量（g）	5	10	15	20		
とけたら○	○	○	○	×		QR

食塩は15gまでとけて, 20gはとけない
とける限界は, 約18g

POINT　溶けなくなった量を黒板や, アプリ等でクラスに共有できるようにしておくことで, 実験結果の見通しを持つことが

---

1 【第9時】食塩は限りなくいくらでも溶けるのだろうか

（水（50mL）の入ったビーカーを見せて…）

食塩5gずつ

水50mL QR

T　このビーカーの水に食塩を溶かしていくと, 食塩はいくらでも溶けるのでしょうか。予想しましょう。

ア. いくらでも溶かすことができる。
イ. これ以上溶けないところ（限り）がある。

T　予想を発表しましょう。（理由は難しい）
C　（ア）濃い食塩水が作れるから…。
C　（イ）いくらでも溶けることはなく, 砂糖でも入れすぎると底にたまってくるから…。
C　（イ）溶ける量には限りがあると思います。

（イ）の溶ける量には限界があるという考えが多い。

T　何gまで溶けるのか, どのようにして調べればよいでしょうか。

（教科書も参考にして, 決まった水の量に5gずつの食塩を加えていく, というやり方を話し合う）

2 水 50mL を量りとり, 食塩を5g ずつ溶かしていき, 限界を調べる

T　水の量はどうしますか。バラバラでいいかな？
C　何 mL にするのかを決めておきます。

水の量は 50mL と決め, 教科書を参考にしながらメスシリンダーを使う理由と使い方を, 実際にやらせながら教える。なお, 目盛りの読み方は難しく, 教師の目での再確認が必要。
※ 49mL になることが多い。

T　食塩は5gずつ秤で量りとって溶かしていきます。溶けたら次の5gを入れます。グループで役割を手分けして実験を進めましょう。

表に, 溶けたら○印をつけ（板書参照）, 記録する。

C　3杯目（つまり 15g）までは溶けたけど, 4杯目（20g）は全部溶けず溶け残りがありました。

T　どのグループも同じようですね。では 50mL の水に溶ける食塩は何gと言えばよいでしょう？
C　15g と 20g の間です。18g くらいかな。
T　食塩の溶ける量には, 限りがありましたね。

QR

・画像

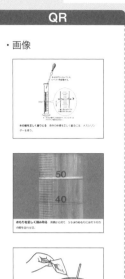

その他多数

3 （問題2）

**50mLの水にミョウバンは何gまで
とけるのだろうか（20℃の水）**

ア．18gくらいまでとける
イ．18gより多くとける
ウ．18gより少ない

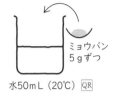

水50mL（20℃）[QR]

4

回数	1	2	3	4	5	
入れた量（g）	5	10	15	20		
とけたら○	○	×				[QR]

<u>ミョウバンは，18gより少なく，
5gとけて10gはとけない</u>

〔まとめ〕

食塩やミョウバンの水にとける量には限りがある
限りの量はとかすものによってちがう

でき，かき混ぜることに時間を費やしすぎたりしなくなります。

---

3 【第10時】ミョウバンは
限りなくいくらでも溶けるのだろうか

　ミョウバンとは何か，ほとんどの児童は知らない。そこで
まず実物を見せ，用途などの説明をする。

T　この白い粉は，ミョウバンという物です。ミョウ
　バンとは，…以下説明。（教科書等を参考）

T　この時間は，このミョウバンの溶ける量について
　調べます。ところでこの前に調べた食塩は50mL
　の水に，何gまで溶けましたか。

C　およそ18g（20℃）でした。

> では，50mLの水にミョウバンは何gまで溶ける
のでしょうか。それとも限りなく溶け続けるのでし
ょうか。
>
> ア．18gくらいまで溶ける
イ．18gより多く溶ける
ウ．18gより少ない
>
>
ミョウバン
5gずつ
水 50mL [QR]

T　予想を発表しましょう。（理由は難しい）

C　食塩と同じように18gくらいまで溶けるかな。

4 まとめ
ミョウバンも溶ける量には限りがある

　【実験】食塩の限界を調べたときと同じように，50mLの
水にミョウバンを5gずつ入れていき，限界を調べる。

T　では，まず5g入れてかき混ぜて，溶けるかどう
　かを見てみましょう。（実験を始める）

C　5gは溶けました。（各グループ，結果発表）

T　では次の5gを入れて，溶けるか調べましょう。
　合計10gですね。溶けるでしょうか。

C　いくらかき混ぜても溶けません（各グループ）

　どのグループも溶け残ったことを確かめ合って…。

T　この実験からわかることはどんなことですか。

C　結果は，（ウ）の18gより少ない…でした。ミョ
　ウバンにも溶ける量には限りがありました。

C　<u>限りの量は，食塩と違うこともわかりました。</u>

T　そうです。<u>決まった量の水に溶ける量には限りが
　あり，物によって限りは違うのですね。</u>

　ミョウバンは，100mLあたり水20℃で11.4g溶ける。他，
砂糖（水100mLに204g）など，溶ける限度を紹介。

溶ける量を増やすにはどうすればよいのか調べよう（1）（水の量と溶ける量）

板書例

〔問題〕　水の量によって，もののとける量は
　　　　　変わるのだろうか

1　食塩20gを入れると
とけ残りができた

水 50 mL　QR

食塩やミョウバンのとけ残りを
すべてとかしきる2つの方法

①水の量をふやす
　50mL ──→ 100mL
　　　+50mL
②液を温める（温度を上げる）

問題 I

2　水を50mL足して100mLにすると，
とけ残りの食塩は，すべてとけ
きるだろうか

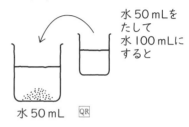

水 50mLを
たして
水 100mLに
すると

水 50 mL　QR

水を100mLにすると
・食塩のとけ残りはすべてとけた
（・ミョウバンのとけ残りもすべてとけた）

POINT　水の量を100mlにして実験する前に，50mlのときの結果を参考にして，結果の見通しを持てるよう児童に問い

1　「溶け残り」を溶かすには？ 2つの方法を考える

　前時に一定量の水に溶けるものの量には限りがあり，それ以上のものは溶け残ることを学んでいる。本時はその「溶け残り」を溶かす方法をまず考える。

T　50mLの水に食塩20gを
入れると，このように溶け
残りができました。また，
ミョウバンは10g入れる
と，底に溶け残りました。
（見せる）

50mL

溶け残り　QR

この食塩やミョウバンの溶け残りを全て溶かすにはどうすればよいでしょうか。つまり，溶ける量を増やす方法を考えましょう。（書かせて発表）

C　水の量を増やすと溶ける量も増えると思う。
C　水の体積を2倍の100mLにするとか…水が2倍になれば，溶ける量も2倍になると思う。
C　液を温めたらどうかな，砂糖も溶けやすいし。
C　水溶液の温度を上げると溶けやすくなるかも。

2　水（溶媒）の量を増やすと，食塩は全て溶けきるだろうか

　溶ける量を増やすための2つの方法を整理し，まず，水の量を増やすと溶ける量は増えるのかを調べる。（はじめは，教師の演示実験とする）

　水50mLに食塩20gを入
れた溶け残りのある食塩水
があります。先生がさらに水
を50mL足して水を100mL
にすると，溶け残りは全て
溶けきるでしょうか。

水 50mL
加えて

100mL に　QR

C　溶けきって，溶け残りは無くなると思います。
C　水50mLに18gくらい溶けたから，100mLになると，溶ける食塩も2倍の36gになると思う。
T　では，先生が水を追加してみましょう。

　　（児童を前に集め，演示実験で結果を示す）

C　あ，溶け残りがなくなった。全部溶けた。

　　（同様に，ミョウバンの溶け残ったビーカーにも水を50mL加え，溶け残りが全て溶けることを確かめる）

3 〔問題2〕
100mLの水には何gまでとけるだろうか
（2倍の体積）

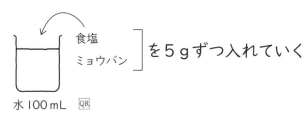

食塩
ミョウバン 〕を5gずつ入れていく

水100mL QR

4 ＜水50mLのとき＞　　＜水を100mLにしたとき＞
食塩（18g）——→　35gまでとけた
ミョウバン（5g）——→　10gまでとけた

〔まとめ〕
とかす水の量を2倍にふやすと
とける量も2倍にふえる

QR

・画像

その他多数

かけるとよいでしょう。

3 水100mLに食塩やミョウバンは何gまで溶けるのだろうか

T　前に，50mLの水に食塩やミョウバンを溶かしたときは，何gまで溶けましたか。

C　食塩は15gまでは溶けて20gで溶け残った。溶けた量は，その中間の18gくらいでした。

C　ミョウバンは5gまで溶けて10gで残った。

では，今度は水を2倍の100mLにして，それぞれ何gまで溶けるのかを調べてみましょう。まず，予想してみましょう。

水50mL加えて

100mLに

T　調べ方は前と同じ，5gずつ入れていきます。

C　水が2倍だから，溶ける量も2倍に増えると思う。食塩なら15gの2倍で30gまで溶ける…。

C　18gの2倍とすると36gまで溶けるのかな。

C　ミョウバンは5gの2倍で10gまで溶けそう。

このように，高学年では2量を対応させて見る（比例的な）見方，考え方ができる児童も増えてくる。

4 予想を実験で確かめる　水の量を増やすと溶ける物の量も増える

T　100mLの水には，どれだけの食塩が溶けるのか，予想通りなのか実験しましょう。

※食塩とミョウバンの2つを調べるのが時間上厳しい場合は，グループでどちらか1つを実験する。

前時と同様，メスシリンダーで水50mLを量りとり，ビーカーに加えて100mLにする。食塩やミョウバンを5gずつ入れては溶かし，結果は表に記入していく。（板書）

T　結果はどうなりましたか。まず食塩は？

C　食塩は35gまで溶けました。予想通りです。

C　ミョウバンも増えて，10gまで溶けました。

C　水を2倍にすると，ものも2倍とけるみたい…。

予想通り，どちらも溶かす水の量を多く（2倍に）すると溶ける量も多く（約2倍）なったことを話し合う。

T　まとめを書いて発表しましょう。

C　〔まとめ〕予想どおり，水の量を増やすと溶かせる（溶ける）量も増えることがわかりました。

溶ける量を増やすにはどうすればよいのか調べよう（2）（水溶液の温度と溶ける量）

板書例

〔問題〕　水の温度によって，もののとける量は変わるのだろうか

問題 1

1 液（えき）の温度を上げるととけ残りは全部とけるだろうか

ア. とけきる　　　（　　　）人
イ. とけきらない　（　　　）人
ウ. わからない　　（　　　）人

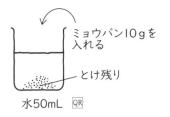

ミョウバン10gを入れる

とけ残り

水50mL QR

2

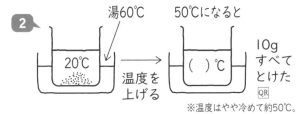

湯60℃　　　　50℃になると

20℃　→　温度を上げる　→　（　）℃　　10g すべてとけた QR

※温度はやや冷めて約50℃。測って書き入れる。

さらに 5 g ずつ加えていく

回数	1	2	3	4	5
入れた量 (g)	5	10	15	20	25
20℃	○	×			
（　）℃ ※	○	○	○	×	

ミョウバンは，<u>温度の高い水に多くとける</u>
とける量がふえる QR

POINT　水の温度とミョウバンの溶ける量の関係をグラフに表し，温度が上がるにつれて溶ける量が増え，温度が下がると

---

1 【第12時】ミョウバンの溶け残りは，水溶液の温度を上げると溶けきるだろうか

　水溶液の温度を上げることを話し合う【準備】前の実験で 50mL の水に 10g のミョウバンを入れ，溶け残りのできたビーカーを準備しておき，提示する。

50mL QR

T　この溶け残りを溶かしきるために水の量を増やすとよいことがわかりましたね（とふり返る）。他に，どのような方法が考えられますか。

C　水（水溶液）を温めて温度を上げると，溶ける量が増えて，溶け残りも溶けきると思います。

　では，水溶液を温めて温度を上げると，溶け残りは溶けきるでしょうか。予想しましょう。

C　溶けきると思う。洗濯するとき，洗剤もお湯の方がよく（多く）溶けるみたいだから。

T　ではミョウバン水溶液を温め，温度を上げていきましょう。実験の前に，<u>今の温度を測っておきましょう。</u>（測る）今，20℃ですね。

2 水溶液の温度を上げるとミョウバンは何gまで溶けるか

　水溶液の温度を上げ，結果を見る。
　温度を上げる方法は教科書によって異なるが，ここでは<u>発泡ポリスチレンの容器に60℃〜70℃の湯を入れ，そこにビーカーをつけるやり方</u>ですすめる。

温度計

T　入れ物にビーカーを浸けたら，かき混ぜて液全体の温度を上げましょう。温度も測ります。

C　あ，溶け残りが無くなった。溶けたみたい。

C　温度が上がると，10g のミョウバンが全部とけました。温度は約 50℃です。（温度は下がる）

T　溶け残りはすっかり溶けましたね。では，この<u>50℃の液には，入っていた 10g とあわせて何 g まで溶けるのか調べてみましょう。</u>

　溶け残りが出るまで 5 g ずつ加えていき，溶ける限度を調べる。この実験は難しいので教師実験で見せる。

C　5g 足して 15g まで溶けました。温度は約 50℃。（板書）

| 準備物 | ・溶け残りのあるミョウバン水溶液 ・食塩水
（前に作ったもの） ・発泡ポリスチレンの
入れ物 ・60℃〜70℃の湯 ・温度計
・かくはん棒 ・ミョウバン ・食塩 | ＩＣＴ | 表計算アプリで水の温度を変えたのと
きの溶けた量をグラフにまとめ, 視覚化
するとよいでしょう。 |

QR

・動画
「溶けたホウ酸水溶液
を氷水で冷やす」

・画像

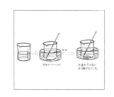

その他多数

3 問題2

（50）℃ミョウバン水よう液を冷やして
温度を下げるとどうなるのだろうか

（20）℃になるとミョウバンのつぶが
再び出てきた
底にたまる（とけ残り）

実験 2

氷水 ——— (20) ℃

※（ ）内の温度は
測って書き入れる。

4 とけ残りのある食塩水の温度を上げる

（20℃） （50℃）

とけ残りはほとんどへらない
とける量はほとんどふえない

〔まとめ〕

水よう液の温度を上げると
ミョウバンは とける量が ふえるが
食塩は とける量が ほとんど変わらない

溶ける量も減っていくことを捉えやすくするとよいでしょう。

---

3 【第13時】温度の高いミョウバン水溶液を冷やして，温めた温度を下げるとどうなるか

T ミョウバンは，温度の高い水には多く溶けることがわかりました。

> では，この温めた温度の高いミョウバン水溶液を冷やして温度を下げると，どんなことが起こるでしょうか。それとも変化はないでしょうか。（予想）

C 温度を上げたときに溶けたミョウバンが，また出てきて，溶け残りになると思います。

C いったん溶けたらもう出てこないと思う…。

T 【実験】今度は湯のかわりに，氷水につけて冷やします。液をかき混ぜて温度も測ります。

C 白い物が液の中に出てきた。ミョウバンかな。

C 粒が底に沈んできた。溶け残りが出てきた。

T 今20℃です。この白い物は何でしょうか。

C ミョウバンの粒です。

T 温度を下げると，ミョウバンがまた粒となって現れたのですね。※再度温めて溶かして見せる。

4 食塩の溶け残りは，水溶液の温度を上げても，溶けるようにならない

食塩は，ミョウバンとは異なり，溶け残りは温度を上げても溶けきらないことを調べる

【実験】前の実験で，50mLの水に20gの食塩を入れた溶け残りのあるビーカーを準備しておき，提示する。

食塩水
溶け残り

> これは溶け残りのある食塩水です。この溶け残りは，温度を上げるとミョウバンのように溶けきるでしょうか。

T 実験してみましょう。（60℃の湯につける）

※教師実験でもよい。溶け残りはほとんど減らない。

C 食塩は温度が上がっても溶けきらないみたい。

C 食塩はミョウバンとは溶け方が違うみたい…。

T この食塩水とミョウバンの実験からわかったことをまとめて書いてみましょう。（まとめ）

※温度が上がると溶ける量が増える物，あまり変わらない物がある…という定性的なとらえでよいだろう。

本時の目標：温度による溶ける量（溶解度）は，ミョウバンと食塩とでは異なることがわかる。ミョウバン水溶液の温度を下げると，ミョウバンが取り出せることがわかる。

板書例

め ものが水にとける温度ととける量の関係をまとめよう

1 温度によるとける量のちがい

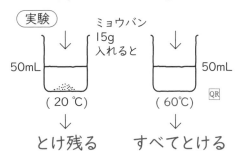

実験　ミョウバン 15g 入れると

50mL （20℃）　→　とけ残る

50mL （60℃）　→　すべてとける

ミョウバンと食塩のとけ方のちがい（温度ととける量）

温度が高くなる-----→とける量
　ミョウバン ──→急にふえる
　食塩　　　──→あまり変わらない

2 50mLの水にとける量

	ミョウバン	食塩
20℃	5.7g	17.9g
40℃	11.9g	18.2g
60℃	28.7g	18.5g
20℃→60℃	＋23.0g	＋0.6g

3 グラフに表す

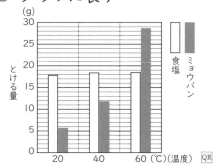

（g）縦軸：とける量（0〜30）　横軸：20・40・60（℃）（温度）　食塩／ミョウバン

---

1 水の温度によって，溶ける量にちがいがあるだろうか

温度と溶ける量についてふり返る。（前で教師実験）

　20℃の水と60℃の湯が，50mL ずつあります。そこにミョウバンを15g ずつ入れます。溶けきるかどうか，実験してみましょう。

15g　15g　50mL　20℃　60℃

C　前の実験では，温度を上げると溶けきったね。

T　【結果】60℃の水には15g 全部溶け，20℃の水には，半分以上溶け残っています。このことからわかることは何ですか。

溶け残り　20℃　60℃

C　やっぱり，ミョウバンは温度の高い水に多く溶けるということです。

2 資料を使って，温度とものの溶ける量を調べ，溶け方を考える

　温度と溶ける量（溶解度）など実験できないことは，資料を活用して学びを広げ深める。

T　では，ミョウバンは何度のときに何gまで溶けるのか，教科書の表やグラフを見て調べましょう。（板書参照）

T　この表では，ミョウバンは20℃のとき，60℃のとき，50mL の水にそれぞれ何gまで溶けることがわかりますか。

C　表を見ると，ミョウバンは20℃では 5.7 g 溶けるけれど，60℃になると28.7 gも溶けます。

C　温度が上がると，溶ける量がグンと増えます。

C　だから20gのミョウバンを入れると，20℃では溶け残るけれど，60℃の湯では全部溶ける。

T　食塩の溶ける量も温度によって違いますか。

C　食塩は20℃で約18g，60℃でも18.5 gほとんど違いはありません。ミョウバンとは違います。

QR

・画像

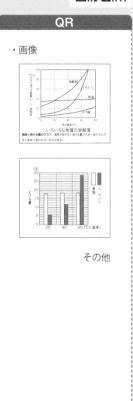

その他

④ ミョウバン水よう液からミョウバンをとり出す

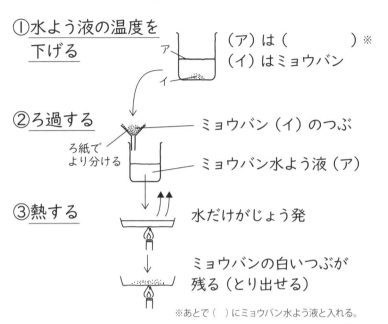

①水よう液の温度を下げる

ア

イ

（ア）は（　　　　　）※
（イ）はミョウバン

②ろ過する

ろ紙でより分ける

ミョウバン（イ）のつぶ

ミョウバン水よう液（ア）

③熱する

水だけがじょう発

ミョウバンの白いつぶが
残る（とり出せる）

※あとで（　）にミョウバン水よう液と入れる。

---

3 （※時間に応じて省く）食塩とミョウバンの溶け方の違いを考える

　時間がとれるなら，温度によるミョウバンと食塩の溶ける量（溶解度）の変化を，グラフに表現させてもよい。グラフ化することによって，温度と溶ける量の理解が深まる。

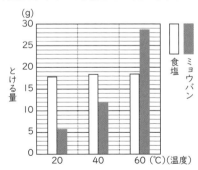

Ｔ　このグラフからわかる，ミョウバンと食塩の違いはどんなことですか。

Ｃ　ミョウバンは温度が高くなると，溶ける量は急に多くなります。湯の方が多く溶ける。

Ｃ　食塩は，温度の低い水だとミョウバンより多く溶けるけれど，お湯に溶かしても溶ける量はあまり違わない。

---

4 ろ過と蒸発によって，溶けたものをとり出す（学んだことを使って・まとめ）

Ｔ　この60℃の湯に溶かしたミョウバン水溶液から再びミョウバンを取り出すことはできますか。
　※水温が下がり，粒が出ていることもある。

Ｃ　冷やして温度を下げると，粒が出てくると思います。（実験する）

Ｃ　あ，ミョウバンが出てきた。下に沈んで，（イ）のようにたまってきた。

ア

イ

Ｔ　ではこの（ア）のところは何ですか。

Ｃ　ミョウバンが溶けたミョウバン水溶液です。

Ｃ　水です。（誤答だが『水』と答える子どもは多い）

　この後，ろ過するとミョウバンの粒をとり出せることを話し合い，ろ過してミョウバンを取り出す。

Ｔ　ろ過したろ液は水ですか，ミョウバン水溶液ですか，どうすればわかりますか。

　蒸発皿に入れて熱することを話し合い実験する。（ア）の液からはミョウバンが出てくることを確かめ合う。

「ものの溶け方」資料

【結晶と結晶づくり】

水溶液中から再び溶けているものをとり出す…という学習があります。『溶けて見えなくなっても液中に存在する』ことを示す上で，大切な実験です。この発展として結晶づくりに取り組むこともできます。水溶液中から食塩やミョウバンの粒が出てくるときは，決まった形をとります。これが『結晶』で，大きな結晶は宝石のようにも見え，子どもにとっては魅力あるものです。作り方は教科書にも出ていますので，大きな結晶づくりを『ものづくり』ととらえ，挑戦させるのもよいでしょう。このような学習から，自然や理科学習への興味，関心が広がることが期待できます。

顕微鏡で見た食塩の結晶の形

結晶の形は物によってちがう。

作った結晶の食塩も溶かす前の食塩の形も調べると，やはり四角（立方体）に見える。

食塩　QR　　　ミョウバン　QR

◇ 2つのやり方があります

水溶液から結晶を取り出す方法は2つあります。ひとつは水を蒸発させて食塩を取り出す方法，もうひとつは，温度による溶解度の違いを利用してとり出す方法で，ミョウバンの結晶づくりがこれにあたります。結晶は，急速に蒸発させたり冷やしたりすると，大きく成長せずに多くの小さな結晶となります。

したがって，食塩なら飽和食塩水を何日もかけて，自然にゆっくりと水分を蒸発させると，大きな結晶に成長します。

また，ミョウバンなら温度の高い飽和水溶液を保冷ケースなどに入れて，できるだけゆっくりと温度を下げていくと，大きな結晶に成長します。教材としてミョウバンが使われている理由のひとつでしょう。作り方は教科書等も参考にできます。

◇ つくってみましょう

① 水を蒸発させて，大きな結晶を作る（食塩を例に）QR

※ゆっくり水が蒸発すると結晶も大きくなる。

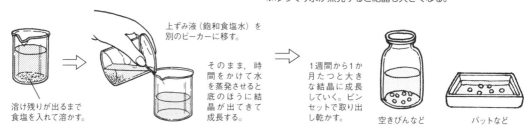

溶け残りが出るまで食塩を入れて溶かす。

上ずみ液（飽和食塩水）を別のビーカーに移す。

そのまま，時間をかけて水を蒸発させると底のほうに結晶が出てきて成長する。

1週間から1か月たつと大きな結晶に成長していく。ピンセットで取り出し乾かす。

空きびんなど　　バットなど

② 温度による溶解度のちがいを使って大きな結晶を作る（ミョウバンを例に）

割箸　ミョウバン水溶液

銅線

種結晶

発泡スチロール容器（大，小）QR

＜ミョウバンの結晶づくり＞

① 細い銅線の先に瞬間接着剤で形のよいミョウバンを1個，種結晶としてつける。

② 小さい容器にミョウバン10gを水50mLに入れて，よくかき混ぜてミョウバン水溶液を作る。

③ ②で溶け残ったものを大きい容器に湯を入れ，湯せんで溶かし切る。

④ 図のように割箸に銅線をひっかけ，ミョウバン水溶液の中に入れる。

⑤ 一晩静かに置いておく。

【計量と計量器について】

　「ものの溶け方」の学習では，水の体積や溶かすもの（溶質）の重さを量る場面が出てきます。その際，水の体積を量るには『メスシリンダー』，重さを量るには『上皿天秤』や『上皿自動ばかり（台ばかり）』を使います。これらの計量器が正しく使えることも，技術，技能として理科の学習内容となっています。

　一方，近年『電子天秤』が普及し，学校でも使われています。しかし，理科的（科学的）活動という面から見た場合，小学生が使う器具としては疑問です。電子天秤は，数字は出ても「重さを量っている」という実感がないところと，重さが量れる原理が見えないからです。子どもは，『ものの溶け方』の学習の中でも，『体積とは…』『重さとは…』について，操作や体感を通して学んでいます。子どもは天秤のつり合いを見ながら，重さや重さの計測の方法（の原理）にも気づいていくのです。また，上皿自動ばかりの中を開けて見せると，バネの伸びで重さを量っていることもわかります。このような体験も今後の学習に生きてくるのです。

　このようなことを考えると，小学校の理科では，まずは手での操作を伴う上皿天秤や，上皿自動ばかりのようなアナログの器具を使い，その後，効率や場面に応じて『電子天秤』も使うようにすればよいでしょう。

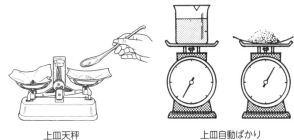

上皿天秤　　　　　　　　　上皿自動ばかり

◇ メスシリンダーの使い方と，その留意点

　メスシリンダーの使い方の基本は，教科書に出ています。しかし，「目もりのあるビーカーを使えばいいのに…どうしてメスシリンダーなの？」などと思っている子どももいます。ですから，初めに，これは体積を正しく量る器具だということを教えなければなりません。

　次に水の入れ方と調整のやり方です。水道の蛇口から直接入れようとする子どももいるかもしれません。まずはメスシリンダーを水平で動かない机（台）の上に置かせます。そして，ビーカーに入れた水を目的の水量より少なめに入れて，ピペットで少しずつつぎ足して水量を調整します。水面が目的の目もりまで来れば，量りとれたことになります。これらは子どもに考えさせたり任せたりするのではなく，教師がきちんと指導する内容です。

〈気をつけたいこと〉－子どもの誤りの傾向と対策－

　メスシリンダーで 50mL の水を量りとる場合，メスシリンダーに水を入れて横から見ると，図（写真）のように 2 本の線となって見えます。このとき，ほとんどの子どもは，どうしても上の線の方を 50 の線（目もり）に合わせてしまうのです。しかし，正しくは教科書にも出ているように下の線に合わせるのが正確な目もりの読み方です。ですから，この場合，子どもが量った体積は，実際には約 49mL であり正しく量りとれているとは言えません。この量り方は，筆記テストとして技能を問う問題としてもよく出題されます。知識として正しい量り方を教えておくことは大切ですが，テストで正解したからと言って実際に実験のときに正しく量れる技能があるとは限らないのです。むしろ，知識と実際の技能とは別物だと思っておいた方がよいでしょう。教師が見て回り，『少ないよ』と指導するのが現実的な対応となります。そう言われて，子どもも初めて正しい目もりの読み方に気づくのです。

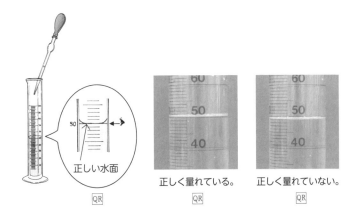

正しい水面

正しく量れている。　　　正しく量れていない。

人のたんじょう

◎ 学習にあたって ◎

● 何を学ぶのか

　　個体の維持（成長すること）と，種族の維持（子孫を残すこと）は，生物の本質です。その中で，動物や植物の種族の維持に関わる「命のつながり」を学習するのが，5年生の理科です。これまでにも「植物の発芽と成長」「花から実へ」「メダカのたんじょう」などでも，動植物はどのようにして子孫を残しているのか，生命の連続性について学んできています。もちろん，子孫を残すのは動物である人も同様です。ここでは人の受精卵が胎児になり，誕生するまでの変化について学習します。時間の経過とともに，子宮内でどのように成長していくのか，その過程を捉えさせます。また，人はメダカなどと違って，胎生です。成長ための養分を母体から受け取るしくみについても取り上げます。

　　なお，発展的に他の哺乳類の誕生にも触れ，人の他にも胎生の動物がいることに気づかせるとよいでしょう。

● どのように学ぶのか

　　メダカの卵の観察とは違って，母体内での成長の様子を直接観察することはできません。そのため，教科書の図や写真を始め，デジタル教材の動画や模型などを使って調べ，学習を進めることになります。その際，大切なのは「何週」や「何月」などの「時間の尺度」に照らして，胎児の変化や経過を確かめていくことです。

　　教科書では，子どもが課題を設定し，それについて調べていく進め方になっており，QRコードも掲載されています。そのため，資料やデジタル端末など，調べるための環境を整え，それらの正しい使い方も教える必要があります。なお，発展的な調べ学習として，人以外の胎生の動物やその誕生へと話題を広げることもできるでしょう。

● 留意点・他

　　自分がどのように誕生したのか，子どもも関心を寄せる学習内容です。しかし，クラスの児童個人の誕生を授業で取り上げることは，難しいところがあります。まずは，「一般的な胎児の成長と誕生までの様子を知る」という方向で，学習を進めるのがよいでしょう。なお，人の生育，誕生には「個人差」があることを伝えておきます。

◎ 評　価 ◎

知識および技能	・人の赤ちゃんは，受精した後，子宮の中で受精卵から胎児となり，約38週かけて成長し，人の姿で生まれてくることがわかり，人も生命が受け継がれていることに気づく。 ・胎児は，子宮内で胎盤と「へその緒」を通して，母体から必要な養分をとり入れて成長すること，その一方で胎児にとっていらなくなったものも，「へその緒」を通して，母体に戻していることがわかる。
思考力，判断力，表現力等	・母体の中での受精卵の変化や胎児の成長について，予想もたてながら調べ，その変化を時間の経過とあわせて表現することができる。
主体的に学習に取り組む態度	・人が誕生するまでの母体内での胎児の様子を知ることによって，自分をはじめ，人の生命誕生のかけがえのなさや，命の大切さやつながりに気づく。

次	時	題	目標	主な学習活動
1	1・2	人の子どもは，どのように育つのか調べよう	人の誕生に関わって，胎児の育ち方などの課題を設定し，資料を使って調べることができる。	・人の命の始まりは，受精卵にあることを話し合う。 ・これから調べていく「課題」を考え，話し合う。 ・課題に沿ってグループ等で調べ始める。
2	3	子宮の中で胎児はどのように育ち，うまれてくるのか調べよう	受精卵は，子宮の中で胎児として約38週かけて育ち，赤ちゃんとして誕生することがわかる。	・4週後，8週後，24週後…などそれぞれの時期の胎児の様子を見て，大きさや心臓など，できた部分について話し合う。
	4	胎児はどのようにして養分をとり入れているのか調べよう	子宮内の胎児は，胎盤とへその緒を通して，母体から成長のための養分を取り入れていることがわかる。	・子宮内と胎児の様子を絵や画像で観察し，できた部分や体重など，調べたことを話し合う。 ・へその緒や胎盤，羊水などの役割について，話し合う。
3	5・6	子宮の中での子どもの育ち方について発表し，聞き合おう	「人の誕生」について調べたことを発表し，その内容を交流することができる。	・発表のための準備をする。話す順番，掲示する資料づくり，発表の工夫，発表の原稿づくりや練習。
広げよう	広げよう	動物はどのようにして子どもをのこしているのか調べよう	人以外にも，赤ちゃんを産み，哺乳して，しばらく子どもを育てる動物（哺乳類）がいることがわかる。	・人以外にも，子どもを産み，乳を与えて育てる動物にはどんなものがいるのか話し合う。 ・哺乳類が一度に産む子どもの数や，妊娠期間には，種によって違いがあることを話し合う。

人の子どもは，どのように育つのか調べよう

板書例

ⓜ 人の子どもは，どのように育つのか調べよう

1 命のはじまりを調べよう ⒬ⓡ

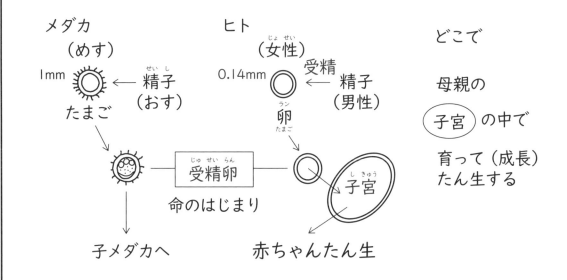

メダカ（めす）　1mm　精子（おす）　たまご

ヒト（女性）　0.14mm　受精　精子（男性）　卵（たまご）

どこで　母親の（子宮）の中で　育って（成長）たん生する

受精卵　命のはじまり　子メダカへ

子宮　赤ちゃんたん生

POINT　様々な生育歴があることを理解し，使用する言葉や話し方には気をつけましょう。

1 【第1時】生まれてくる赤ちゃんの，命の始まりについて話し合う

人は子どもの姿で生まれてくるが，命の始まりはメダカと同じ受精卵であることを確かめ合う。

T　みなさんもそうですが，メダカと違って人は卵ではなく，赤ちゃんの姿でおぎゃーと，生まれてきます。では，この赤ちゃんの命の始まりは，いつなのでしょうか。

C　メダカでは，卵が受精したときでした。その後，卵の中でメダカになっていきました。

T　人も女性の体で作られた卵（卵子）と，男性の体内で作られた精子が結びつくと受精し，受精卵になります。この受精卵が命の始まりで，この受精卵が，やがて赤ちゃんになっていくのです。メダカと比べてどうでしょうか？

C　メダカは，めすの産む卵におすが精子をかけて受精しました。人は赤ちゃんで生まれてくるけれど，命の始まりが受精卵という点は同じです。

2 調べてみたいこと（課題）を考え，話し合う

子宮で育つことなど，基本的なことを知り，赤ちゃんの育ち方で調べてみたいことを話し合う。

T　ところで，赤ちゃんは，受精卵から赤ちゃんになるまで，どこで育つのでしょうか。

C　メダカと違って，お母さんのお腹の中です。

T　そうですね。お母さんのお腹にある「子宮」という部屋で育って生まれてくるのです。

T　では，人の子どもがうまれてくるまでのことで，調べてみたいことを考えて書きましょう。

（ノートに書いて，その後発表，交流する）

C　はじめの受精卵の大きさはどれくらいか？

C　お母さんの子宮に何日いるのか，体はどこからどのようにできていくのか，調べたいです。

C　赤ちゃんに育っていくための「食べ物」はどうしているのか。メダカは卵の中にあったけど。

T　卵の大きさも調べてみましょう（約0.14㎜）

QR

・画像

その他多数

〈調べてみたいこと〉　　〈調べ方〉

2 ・子宮の中で何日　　　・デジタルたん末

3 ・体のどこからできていく　・QRコード

4 ・人の形になるのはいつ　・図かんや本

・心ぞうはいつできる　　・もけい

・よう分はどこから　　　・保健（ほけん）の先生

① 受精卵からたん生までの
　育ち方（日数，大きさ）

② 育つ養分はどこからどのように
　子宮の中の様子

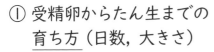

3　調べたい課題を整理し，その調べ方を話し合って計画する

　グループで１つのことだけを調べるか，２つとも調べるか，またグループ内で分担して調べるかなど，調べ方は学級の実態に応じて決める。

Ｔ　これから調べていく問題が考えられました。整理すると，大きく次の２つになりそうです。

　　① 受精卵から誕生まで，どれくらいの日数がかかり，形や大きさはどのように変化していくのか。

　　② 赤ちゃん（胎児）は，育つ養分をどう得ているのか。また，子宮の中の様子や構造は？

Ｔ　次に，どうやって調べるかです。

Ｃ　教科書，図書室の本や資料で調べられます。

Ｃ　保健の先生は，よく知っていると思います。

Ｃ　模型もあると思うのでそれを見て調べます。

Ｃ　コンピュータでも調べられると思います。

Ｔ　教科書にも調べ方が出ています。また，QRコードも使えそうです。

4　【第２時】調べ学習を始める

　調べ学習に２時間を想定しているが，実情に応じて増やす。また，「調べましょう」という指示だけでは進まない。まず調べ活動の計画を立てることが必要だが，「何から手をつけていいのか」わからない児童も多い。各グループで，あるいは個人で，何を使ってどんなことを調べていくのか，見通しが持てるような助言や援助が必要になる。

【調べ活動での調べ方や，その材料となるもの】

○デジタル端末で使えるＱＲコード

○図書室の図鑑など，資料や参考書

○胎児の成長の模型（理科室）

○保健室の先生からの聞き取り

　図書室の本などは冊数も限られており，難しさもあるだろう。実際には教科書に出ているＱＲコードを使うこともあるので，正しい使い方を指導する。

Ｔ　調べたことは発表できるようにしましょう。

本時の目標　受精卵は，子宮の中で胎児として約38週かけて育ち，赤ちゃんとして誕生することがわかる。

板書例

め 子宮の中で胎児はどのように育ち，
うまれてくるのか調べよう

受精から

1 〈4週目〉
⇒ 1ヶ月目

2 〈8週目〉
2ヶ月目

3 〈24週目〉
6ヶ月目

⇒

胎児は

0.6cm　1g（1円玉）	4cm　20g	35cm　800g
心ぞうが動く	目や耳	よく動く　回る
せぼね　頭	手や足	きん肉　うぶ毛

POINT　今回取り扱う身長や体重，生まれてくるまでの日数はあくまでも平均的なものであることを事前に話しておくとよい

1 受精後，4週目（1ヶ月目）の胎児の様子について話し合う（胎児の図も貼る）

調べ学習の発表は別に行う。この時間は調べ学習で得た知識を，授業にあわせて発表させる。

T　受精して受精卵となったときが生命の始まりでした。受精卵の大きさは，0.14mmです。この受精卵は子宮の中へ入り（着床），育ち始めます。また子宮の中にいる子どもを「胎児」といいます。

T　まず，受精後4週間（1ヶ月）たった頃の胎児の大きさは，どれくらいでしょうか？

C　私が調べたのでは，大きさは0.6cm，体重は1gでした。6mmなんてすごく小さいです。これくらいです。（指で大きさを示す）

C　私の資料では，（　）cm，体重（　）gでした。

（個人差もあり，また資料によっても数値は異なる）

T　体のつくりはどうでしょうか？

C　もう心臓が動き始めています。だから，血液も流れています。メダカと同じかな。

2 受精後，8週目（2ヶ月目）の胎児の様子について話し合う

時間の経過は，「何週目」よりも「何ヶ月目」の方がわかりやすい児童も多い。どちらを主にするかは児童の様子に応じて…。模型も活用する。

T　では，受精して2ヶ月目（8週目）の胎児の大きさや様子はどうでしょうか。（胎児の図を貼る）

C　まず大きさは4cmで，体重は20gでした。これくらいです。（指で大きさを示す）

C　私の資料では，少し違って3cmでした。

T　大きさには，幅もあるようですね。では，体のつくりでは，どこができていますか。

C　この頃には，手や足ができているみたいです。もう動くのかな？

C　目や耳などもできています。見えるのかな？

T　思ったことも発表しましょう。

C　小さい体なのにもう目や耳があるのが不思議。

準備物	・黒板に貼付する胎児の図 QR （教科書のコピーや画像など。実物大の図もあるとよい） ・（あれば）胎児の模型，ペットボトル（水入り）	ICT	教科書の資料や，映像教材を使って胎児の成長の過程を確認するとよいでしょう。	

---

4 〈32週目〉
8ヶ月目

〈38週目〉　約270日
9ヶ月半

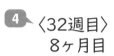

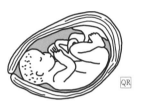

たん生

50cm　3000g （3kg）
個人差がある

40〜45cm　2900g
かみの毛やつめも

図は実物大もあるとよい。　　※図は貼付または画像で。

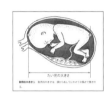
でしょう。

---

3 受精後，24週目（6ヶ月目）の胎児の様子について話し合う

　この頃，胎児は大きくなり，形も人らしくなってくる。胎児の大きさは手で示し，重さはペットボトルに例えるなど，実感を伴ったとらえをさせたい。

T　受精して半年，6ヶ月たちました。胎児は子宮の中で，どのように成長しているでしょう？

T　これくらいの大きさになっています。

　　（これまでのように，実物大の胎児の図を貼る）

C　わあ大きい。受精卵は，0.1mmだったのに…。

C　調べると，身長35cm，体重800gくらいだそうです，これくらいかな。（手で大きさを示す）

T　体のつくりや様子で，できたところやできるようになったことはありますか。

C　回ったり，よく動いたりするようになるみたいです。心臓の動きも活発になります。

C　それに，産毛も生え，筋肉もついてきます。

4 受精後，32週目（8ヶ月目）の胎児の様子と，誕生について話し合う

　32週は生まれる1ヶ月前。そして，受精後約38週（9ヶ月半）で生まれてくる。（個人差もある）

T　いよいよ8ヶ月目です。生まれるときが近づいてきました。（32週目の胎児の図を貼る）

C　また大きくなったなあ。もう赤ちゃんだ。

C　目をつぶっている。かわいいな…。

T　大きさや体重は，どれくらいになったのでしょうか。

C　調べると，身長は40cmから45cmで，体重は2300gから2900gです。大きさは（手で）これくらい。ペットボトル1本より重くなっています。

C　子宮の中で回転できないくらい大きくなり，髪の毛や爪も生えるみたいです。

T　そして，38週目頃には，赤ちゃんとして生まれてくるのですね。（身長や体重，誕生までの日数には，個人差があることを伝えておく）

胎児はどのようにして養分を とり入れているのか調べよう

板書例

め 胎児はどのようにして養分をとり入れて いるのか調べよう

1
2
3

母親のからだ
↑ ↓
胎ばん
↑ ↓ 養分
いらない
もの へ
そ
の
お
赤ちゃんのからだ

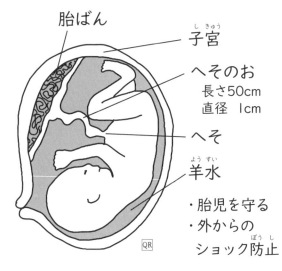

胎ばん

子宮

へそのお
長さ50cm
直径 1cm

へそ

羊水

・胎児を守る
・外からの
　ショック防止

※図版を貼付，または画像を掲示

1 子宮の中の胎児と，へその緒の役割について確かめる

2つ目の課題は，胎児の養分の取り方になる。調べてきたことを，発表につなぐようにする。

T　胎児は，お母さんの子宮の中で成長しました。では胎児は成長するための養分を，どのようにしてとり入れていたのでしょうか。

C　子宮の中では，食べることはできません。メダカは卵の中の養分を使っていました。

T　これは，子宮の中の様子と胎児です。この図から胎児の養分のとり入れ方を考えましょう。

（子宮内の図を貼る。または電子黒板画像を提示）

C　赤ちゃん（胎児）は，胎盤とへその緒でつながっています。へその緒から養分をとり入れていると思います。

T　そうです。胎児はへその緒を通して母親から養分などをもらっているのです。

C　だから，赤ちゃんは食べなくていいのだね。

2 胎盤の役割について確かめる

へその緒とともに，胎児にとって大切な胎盤について，調べたことをもとに話し合う。

T　またへその緒は，いらなくなったものを戻す役割もしています。このへその緒の長さなど，調べた人はいますか？（つくりは難しいので略）

C　太さは直径1cm，長さは50cmくらい…です。

T　では，へその緒はどことどことをつないでいますか。

C　赤ちゃん（胎児）と，胎盤をつないでいます。

T　子宮の壁にある胎盤は，母親の体と胎児とをつなぐ役割をしています。母親からの養分は，まず胎盤に入り，へその緒を通して胎児に送られます。また，胎児から運ばれてきたいらなくなったものも，まず胎盤に運ばれます。（説明する）

T　胎児が要るもの（養分）と，要らないものを交換するところが胎盤かな。中継地みたいに。

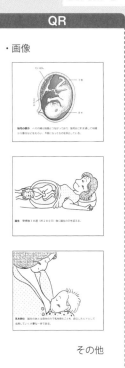

QR

・画像

その他

4 赤ちゃんのたん生　　38週（約270日）
　　　↓
　　　個人差がある

[身長　約50cm
　体重　約3000g（3kg）]

生まれるとすること

 （うぶ声） ＝ はじめてのこきゅう
　　　　　　　　　　　　　　　　　　　（息）

乳（ちち）を飲む ＝ 自分の口で養分をとり入れる

---

3 へそは，へその緒のあとであることや，羊水の役割を確かめる

　へそは，お腹の中で赤ちゃんを育てる哺乳類の特徴，痕跡でもある。羊水の役割も確かめる。

T　へその緒がついていたところはわかりますか。

C　おへそです。養分をもらっていた『へその緒』のあとです。お腹の中にいた証拠です。

T　では，子宮の中にいる胎児のまわりはどうなっているのでしょうか，何がありますか。

C　『羊水』という水（液体）があって，赤ちゃんは，その中に浮かんでいるみたいです。

T　息はできるのでしょうか。また，羊水の中にいるとよいわけ（理由）は何でしょうか。

C　息をしなくても，へその緒から必要なもの（酸素）は赤ちゃんに入ってくるから大丈夫です。

C　胎児は羊水の液の中にいるので，外から何か当たったとき，そのショックが伝わらない…。

C　羊水で，外から守られているようです。

4 赤ちゃんの誕生と産声や哺乳の意味を確かめる

　胎児は誕生と同時に呼吸（産声）を始め，栄養を自分でとる（母乳を飲む）ようになる。

T　胎児はこのようにして子宮の中で成長し，受精から38週（9ヶ月半）で誕生します。そのときの身長や体重はおよそどれくらいでしょうか。

C　身長はおよそ50cm，体重は約3000 g（3kg）…。

T　個人差があり，平均してそれくらいだといわれています。ところで誕生のとき，赤ちゃんが出す声を産声といいます。どんな声でしょうか？

C　『おぎゃー』です。ぼくも出したのかな…。

T　『おぎゃー』という産声は，赤ちゃんが自分で呼吸を始めた印，証拠なのです。そして，もう一つ，誕生の後にし始めることは何ですか。

C　おっぱい（母乳）を飲むことです。

T　そうです。誕生すると人の赤ちゃんは自分で息をして，自分で栄養をとり始めるのですね。

子宮の中での子どもの育ち方について発表し，聞き合おう

「人の誕生」について調べたことを発表し，その内容を交流することができる。

板書例

㋯ 子宮の中での子どもの育ち方について発表し，聞き合おう

1

> 調べたことを発表しよう
> 聞き合おう

・受精卵からたん生まで
　胎児はどのように育つのか

・子宮内で胎児はどのように
　養分をとり入れているのか

2 発表のかたち QR

3 ① はじめ ＝ どんなことを調べたか
　　　　　　　　　　どんなことを発表するか
　　　　　　↓
　② 　中　 ＝ 発表の中心
　　　　　　　　説明，図も工夫して
　　　　　　↓
　③ おわり ＝ まとめ
　　　　　　　わかったこと

工夫として
グラフ，図，お話

---

1 発表のための準備に入る 発表で大切なことを話し合う

　発表の形は多様。クラスの実態に合わせる。ここではグループで発表する形を想定している。

T　これまで「人の誕生」について調べてきました。また，みんなで学習もしてきました。次の時間は，それを発表し聞き合います。

T　発表に当たって，大切なことは何でしょうか。

C　どんなことを伝えるのか，発表の中心を決めることです。

C　わかりやすく伝える方法を考えることです。

C　発表する中身の順番も決めておきます。

T　あれもこれもではなく，中心を決めて，話す順番も考えることですね。大まかに，「はじめ」「中（説明の中心）」「終わり」の組み立てです。

　発表内容は，おもに次の2つのテーマになるだろう。

　○受精卵から誕生まで，胎児はどのように育つのか。

　○子宮内で，胎児がどのように養分をとり入れるか。

2 発表資料を作るための 打ち合わせをする

　発表に際しては，基本的な発表の形（形式）を教える。例えば，突然「4週目の胎児は…」と話し始めても，聞き手には何のことかわからない。まずは「はじめ」として，何について発表するのかを「課題」の形で提示し，聞いてもらう構えを作るようにする。これも，発表の基本といえる。

　また，グループの発表なら，資料や原稿の準備など，グループ内での仕事の分担も必要になる。

T　次に発表に必要な資料も準備しましょう。（グループ内で）

C　胎児の体重や身長の変化は，折れ線グラフで表すとわかりやすそう…私が描くわ。

C　胎児と胎盤とへその緒のつながりは，図で表すといいな。絵のうまい大谷君に頼みたいな。

C　保健の先生のお話も入れよう…。（など相談）

| 準備物 | ・各グループや個人でまとめた発表材料
・「妊婦体験ジャケット」
（保健センターなどで借用できる） | ＩＣＴ | プレゼンテーションアプリを使って発表資料を作らせるのもよいでしょう。 |

4 発表会

プログラム

1. たん生までの
身長と体重の変化

2. たいばんと
へそのおの役わり

たん生までの胎児の
身長と体重の変化

グラフ

※プログラム（発表順）と発表のための資料の例

QR

・画像

① はじめ ＝ どんなことを調べたか
　　　　　↓　どんなことを発表するか
② 中　 ＝ 発表の中心
　　　　　　　説明，図も工夫して
③ おわり ＝ まとめ
　　　　　　　わかったこと

3 発表の原稿や資料を作る 発表の練習をする

　発表には，資料の作成の他，発表の原稿づくりや発表の練習も必要になる。理科だけでは時間の確保が難しいこともある。他教科（国語科）や総合の時間，放課後などの活用も考えられる。

T 「人の誕生」については，みんなで学習もしてきました。それもふまえて，さらにどのようなことを詳しく発表できるでしょうか。

C 「メダカの誕生とも比べて，違いと同じところ」をまとめてもいいな。

C 胎児の体重の変化をグラフで表すと，すごく大きくなることが，よく分かると思う。

C 胎児の大きさを，実物と同じ大きさで図に描くとわかりやすいな。

T グループで図をかいたり，原稿を作ったり，仕事を進めましょう。発表の練習もしましょう。

4 発表と，そのまとめをする

　発表をして，調べてきたことを聞き合う。そして，よかったところや知ったことを中心に，感想を交流する。プログラムは，それぞれの内容を見て，教師が決めておくとよい。

T では，まず「胎児の成長」に関わる発表から始めてもらいましょう。（感想も交流する）

【発表に代えて，また，まとめとしてできること】
胎児の大きさや重さを実感できる「妊婦体験ジャケット」を身につけてみて，その感想を話し合ってもよい。

動物はどのようにして子どもをのこしているのか調べよう

板書例

㊍ 動物はどのように子どもをのこしているのか調べよう

1 卵（たまご）を産む

ニワトリ, ツバメ　（鳥類）

カエル　（両生類（りょうせい））

ヘビ, カメ　（は虫類）

メダカ, サケ　（魚類）

アゲハ, カマキリ　（こん虫）

QR

2 子どもを産む

ヒト（人）

イヌ, ネコ, パンダ

ゾウ, ライオン

イルカ, クジラ

へそがある
ほ乳類（にゅうるい）
という

QR

子どものすがたでうまれて
乳（ちち）を飲んで育つ＝ほ乳

POINT　色々な生き物の生命のつなぎ方や, 卵の数, 子宮で育つ日数など, 共通点と差異点に着目させ, 多様性を感じられる

1 動物の子孫ののこし方　卵で子どもをのこす（卵生の）動物

動物の子どものののこし方のうち, 卵を産んで（子を）のこしている動物（卵生）を考える。

T　人は, お母さんのお腹の中で赤ちゃんが育ち生まれてきました。では, メダカはどのようにして生まれてきましたか。

C　卵が生まれ, 卵からメダカが出てきました。

T　メダカも人もイヌもハトも動物です。すると動物には, 卵を産むものと人みたいに赤ちゃんを産むものがあるようです。まず卵を産んで子どもをのこす動物にはどんなものがいますか。

C　ニワトリ（鳥類）　　C　メダカ・フナ（魚類）

C　チョウ（昆虫）　　C　カメ・ヘビ（爬虫類）

T　昆虫や鳥, 魚などの仲間は卵を産むのですね。

アゲハチョウ
QR

メダカ
QR
トノサマガエル
トノサマガエルのたまご
QR

ツバメ
QR

2 赤ちゃんを産んで, 子どもをのこす（胎生の）動物

子どもを産み, 子孫をのこしている動物（胎生）について話し合う。

T　では, 人の子のように, 子どもの姿で生まれてくる動物にはどんなものがいるでしょうか。

C　イヌ, サル, ウサギです。パンダも…。

C　ゾウ, ライオン, ハムスターもです。

C　海にすむイルカやクジラも子を産みます。

乳をのむブタの子　QR

子に乳をやるインドゾウ　QR

T　これらの動物に共通するところは, 子を産むことの他に, どんなことがありますか。

C　おっぱいを飲ませて育てるところ…。

C　おへそがあることとお母さんが育てること。

T　乳を飲ませ, しばらく子育てをすることですね。

QR

・画像

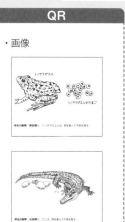

その他多数

③ 一度に産む子どもの数と
④ 子宮（しきゅう）で育つおよその日数

動物	子宮で育つおよその日	子の数
アフリカゾウ	660日	1
キリン	435日	1
ウマ	335日	1
イルカ	315日	1
ゴリラ	265日	1
ブタ	114日	4〜14
イヌ，ネコ	63日	2〜8
ハムスター	16日	6〜12
ヒト（人）		

※
QR

※表は貼付または画像で。

動物によって
　　いろいろ
　ゾウ　キリン　1頭
　ハムスター　6〜12頭

母親のおなかの
中で育って
うまれると
つごうがよいのは？

ようにするとよいでしょう。

---

3 人以外の哺乳類について，子宮で育つ日数にもちがいがある

　　胎生の動物の，産む子どもの数と妊娠期間を比べる。動物により多様であることに気づかせる。

T　人のように乳を飲ませるので，子どもを産む動物は『哺乳類（ほにゅうるい）』といいます。

T　では人以外の動物が，一度に産む子どもの数はどれくらいでしょうか。また，胎児がお母さんの子宮の中にいる期間はどれくらいでしょうか。表で見て比べてみましょう。（黒板に掲示）

T　人は約38週，お母さんのお腹で育ってから産まれてきます。他の哺乳類ではどうでしょうか。

C　いちばん長くお腹にいるのはゾウです。660日，約2年もお腹にいて，大きく育つみたい…。

C　反対に短いのは，ハムスターやイヌ，ネコ（2ヶ月）です。体が小さいものは短いのかな。

C　人（270日）は，ゴリラと同じで中間あたり…。

T　お腹の中で育つ期間もいろいろですね。

4 動物によって，産まれる数にも違いがある

　　1回の出産で産む子どもの数を見て，違いや傾向など気づいたことを話し合う。

T　次に，1回の出産で産まれる子どもの数をみてみましょう。気づくことはありますか。

C　1頭が多いような気がします。特に，ゾウやクジラのように体の大きい動物は1頭です。

C　反対に，イヌやネコなど体の小さな動物は，一度に2〜8頭のように多く産むみたいです。

T　表からわかることをまとめてみると…？

C　体の大きい動物が産むのは1頭で，お腹にいる日数が長い。子の体も大きくなるからかな？

C　反対に体の小さい動物は多くの子を産み，お腹で育つ期間も短いみたいです。早く育つから？

T　哺乳類といっても，産まれ方は同じではなく，いろいろあるのですね。また，お腹の中で育つといいところは何かも考えてみましょう。

電流のはたらきと電磁石の性質

全授業時数 10 時間＋深めよう 2 時間

◎ 学習にあたって ◎

● 何を学ぶのか

　子どもたちは，これまでにも豆電球やモーターを通して，電流には豆電球を光らせたり（発光），モーターを回したり（動力）するはたらきがあることを学んでいます。このほか 5 年生では，電流には「磁力を生み出す」はたらきがあることを学習します。正確には「導線に電流が流れると，そのまわりに磁場（磁界）ができる」という性質です。一方，子どもたちは，電気は電気，磁気は磁気と，2 つは『別の物』と考えています。この 2 つを表裏一体の電磁気としてとらえるのは中学の理科の内容ですが，本単元では，電磁石を通して電気と磁気はつながりがあることに気づかせます。また，電磁石の力を強くするには，コイルに流す電流を大きくしたり，コイルの巻き数を増やしたりするとよいことも，対照実験で確かめます。そのときは，違える条件と同じにしておく条件とを考えて，実験をすすめます。

● どのように学ぶのか

　自分の手で電磁石を作るところから始め，そのつくりとはたらきをとらえさせます。そして，永久磁石とも比べながら，電磁石の性質を調べていきます。電磁石だけにある性質として，電流を流したときだけ磁力が生じること，N と S の極を変えられること，磁力の強さを変えられること・・・を確かめます。また，強い磁力を生み出せるのも電磁石の特徴で，これらの性質を利用して，モーターや強力な電磁石，リニアモーターカーも作られています。

　また，子どもたちは『電流を流すとどうして磁力が出るの？』という疑問や，『磁力の強い電磁石にしたい』などの願いも持ちます。このような子どもの疑問や思いにもできるだけ沿うようにして，学習をすすめます。

● 留意点・他

　電磁石を作ることを通して，コイルや鉄芯という構造も見えてきます。作り方は教科書にも出ていますが，教材キットを使うのもひとつの方法です。なお，対照実験をする際の条件の制御には難しいところもあり，助言も必要です。例えば，巻き数と磁力との関係を調べる実験では，巻き数だけを変えて，電流の大きさは同じにしてそろえておきます。しかし，その際，導線の長さも同じにしておくことは，子どもにはわからないことです。そのため，ここは教師の説明で補うところです。それから，電気の学習では実験を行う技術も必要です。導線の被覆のはがし方，コイルの巻き方，また検流計の使い方なども，やって見せながらの援助や指導が必要でしょう。

◎ 評 価 ◎

知識および技能	・エナメル線やビニル導線と鉄くぎ(鉄芯)などを使って，電磁石を作ることができる。(技) ・電磁石の性質として，次のようなことがわかる。(知) 　○コイルに電流が流れると周りに磁場（磁界）ができ，その中で鉄芯が磁化され，磁石となること。 　○電流の向きを反対にすることによって，N と S の極は反対になる（変えられる）こと。 　○（コイルの巻き数が同じとき）電流の大きさを大きくすると，電磁石の磁力は強くなること。 　○（電流の大きさが同じとき）コイルの巻き数を多くすると，電磁石の磁力は強くなること。 　○電磁石の磁力は，コイルの巻き数や，電流の大きさなどによって変えられること。
思考力，判断力，表現力等	・電磁石の磁力を強くするにはどうすればよいかを考え，その方法を話し合おうとしている。 ・電流や巻き数による電磁石の磁力の違いを調べるための実験方法を考え，話し合おうとしている。
主体的に学習に取り組む態度	・友だちとも力を合わせて電磁石の制作や実験を進め，予想を確かめている。 ・電磁石やモーターは，くらしや社会の中で機械や器具に利用されていることに関心を持っている。

次	時	題	目標	主な学習活動
電磁石とは	1	磁石と電磁石の性質を比べよう	電磁石のつくりを知り，コイルに電流が流れると，鉄の芯は磁石のように鉄を引きつけることがわかる。	・磁石と電磁石を比べながら，同じところと異なるところを調べる。 ・強力な電磁石の力を体感する。
電磁石とは	2・3	電磁石を作って使ってみよう	電磁石はコイルと鉄芯でできていることがわかり，導線を巻いて電磁石を作ることができる。	・電磁石のつくりを調べ，筒にビニル導線を巻いて鉄芯を入れ，電磁石を作る。 ・電磁石を使ってみて，気づいたことや疑問を話し合う。（次時からの課題を見つける）
電磁石の性質	4	電磁石の性質（磁力と極）を調べよう	電磁石は，電流が流れたときだけ磁石と同じように鉄を引きつけること，また磁石のように両端にNとSの極があることがわかる。	・電流を流したり止めたりすると，電磁石の鉄を引きつける力（磁力）はどうなるか調べる。 ・電磁石にもN，Sの極があるかどうか調べる。
電磁石の性質	深めよう1	コイルに流れた電流と磁力の関係を調べてみよう	鉄芯を抜いたコイルに電流を流すと磁力が生じ，その磁力が鉄芯に伝わり，電磁石になることがわかる。	・コイルだけでも電流が流れると，方位磁針の針は振れるかどうかを予想し，実験する。 ・電流が流れると磁力が生じる説明を聞く。
電磁石の性質	深めよう2	電流と磁力の関係を調べよう	1本の導線でも，電流が流れるとそのまわりに磁力が生まれること，また電磁石の芯は，鉄の場合だけ電磁石になることがわかる。	・方位磁針の上（下）に導線を置き，電流を流すと磁針が振れるかどうか実験して調べる。 ・銅やアルミニウムなど，鉄以外の物を芯にすると，電磁石になるかどうかを調べる。
電磁石の性質	5	電流の向きと電磁石の極について調べよう	コイルを流れる電流の向きが反対になると，電磁石のN，Sの極も反対になることがわかる。	・乾電池の＋極と－極を反対にすると，電流の向きや電磁石の極の向きは反対になることを実験して確かめる。
電磁石の強さ	6・7	電磁石の強さと電流の大きさについて調べよう	コイルを流れる電流が大きくなると，電磁石の磁力（鉄を引きつける力）は強くなることがわかる。	・電磁石の磁力を強くする方法を話し合う。 ・電流を大きくすると磁力は強くなるのかどうか予想し，実験のやり方を考え確かめる。
電磁石の強さ	8・9	電磁石の強さとコイルの巻き数について調べよう	コイルの巻き数を多くすると，電磁石の鉄を引きつける力（磁力）は強くなることがわかる。	・コイルの巻き数と磁力の関係を調べる対照実験の方法を考え，変える条件と同じにする条件を話し合い，実験して確かめる。 ・結果からわかったことをまとめる。
電磁石を使う	10	生活の中での電磁石がどのように使われているのか調べよう	電磁石は，モーターとして多くの家電に利用され，電磁石の特性を生かしたリニアモーターカーにも使われていることに気づく。	・模型のモーターのつくりを調べる。 ・モーターの使われている器具を話し合う。 ・リニアモーターカーの説明を聞く。 ・電流のはたらきとエルステッドの話を聞く。
電流計と電源装置		電流計と電源装置の使い方	電流計や電源装置の使い方を知り，活用することができる。	・簡易検流計の使い方。 ・電流計・電源装置の使い方

【参考】
☆「電磁石を使った工作を作ろう」の資料が右のQRコードに入っています。

第1時 めあて
磁石と電磁石の性質を比べよう

本時の
目標

電磁石のつくりを知り, コイルに電流が流れる
と, 鉄の芯は磁石のように鉄を引きつけることが
わかる。

板書例

め 磁石（じしゃく）と電磁石の性質（せいしつ）を比（くら）べよう

 1 磁石 ← 同じところ / ちがうところ → 2 3 電磁石

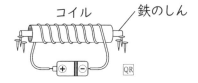
コイル　　　鉄のしん

〈磁石のはたらきの性質〉

・鉄を引きつける

（銅（どう）, アルミニウムはつかない）

・両はしの力が強い

（極）がある

電流が流れたときだけ

↓

・磁石のはたらきをする

・鉄を引きつける

・両はしの力が強い

（極）がある

POINT 棒磁石と電磁石を比較させ, 共通する性質や, それぞれ特有の性質を見つけさせましょう。

---

1 磁石の性質をふり返る／磁石は（その両端に）鉄を引きつける

電磁石の学習では, 磁石の知識が不可欠。そのため, 電磁石の学習と併行して磁石の性質をふり返る。（3年生の『磁石』学習を忘れていることが多い）

T （棒磁石を見せ）ここに, 棒があります。これは何だと思いますか。（形状から磁石と気づく）

C 磁石だと思います。3年生のとき使いました。

T ただの鉄の棒かもしれませんよ。どうすれば磁石だとわかりますか。

C 鉄（鉄釘など）を引きつければ, 磁石だとわかります。

T この鉄釘（またはクリップ）の入った箱に棒を入れてみましょう。（見せる）

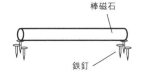
棒磁石
鉄釘

C 棒の両端に釘がいっぱいついています。この棒は磁石でした。磁石は鉄を引きつけます。

（この後, 鉄や銅, アルミニウムの板や棒などにも磁石を近づけ, 磁石につくのは鉄だけだと確かめる。）

2 電磁石とはどのようなものか, 話し合う／電磁石も, 磁石のように鉄を引きつける

電磁石を提示し, 磁石とも比べながら, まず「鉄を引きつける」という基本の性質に気づかせる。

T これは『電磁石』というものです。（見せる）
つくりを見ると…導線がぐるぐる巻いてある部分があり, これを『コイル』といいます。そして, その中に鉄の芯が入っています。

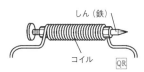
しん（鉄）
コイル

（コイルは, 筒にビニル導線かエナメル線を巻いた物。できれば2種類のコイルを見せられるとよい）

T これを, 先ほどの鉄釘（クリップ）の箱に入れてみましょう。つくでしょうか。（演示実験）

C （結果）つかない。電磁石は磁石じゃない。

T 今度は導線の端を乾電池につないで, コイルに電流を流して実験してみましょう。

C 今度は鉄釘（クリップ）がついた。

C 電流が流れると, 電磁石は磁石になった。

QR

・動画「小型強力電磁石」

・画像

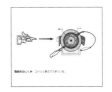

その他多数

4 力の強い電磁石もある（強力）

コイル と 鉄しん と かん電池 で

電磁石は電流が流れると
磁石のはたらきが生まれる
磁石になる

3 電磁石を磁石と比べる その性質を調べる

電磁石を磁石と比べながら, 共通する性質と異なるところを話し合う。

T　グループでも電磁石を使ってみましょう。

（電磁石と棒磁石を使い, 鉄釘を引きつけることなど気づいたことを話し合う。教師実験でもよい）

C　やっぱり電流が流れたときだけ磁石になるね。

C　電流が流れないと磁石の力もなくなる。

C　磁石と同じように, 両端の力（磁力）が強い。

C　電磁石にも極はありそう…。

T　このように, 電磁石とはコイルに電流が流れたときだけ鉄を引きつける磁石になるものです。

（銅板などに近づけ, つかないことを実験してみせ…）

T　やはり, 銅やアルミニウムは引きつけません。

C　電磁石は, 磁石になったり磁石でなくなったりするところが磁石とは違います…。

C　電磁石の力（磁力）のもとは, 電気かな？

4 力の強い電磁石の力を調べる 電磁石は強い力（磁力）を生み出せる

強力電磁石（市販）で, 強い磁力を体感させる。

T　これも電磁石です。やはりコイルと鉄の芯でできているのか見てみましょう。

（芯の形はやや複雑。しかしコイルと芯でできていることを説明）

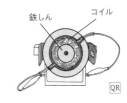

鉄しん　コイル

T　コイルに電気を流します。鉄芯が磁石になり, もう一方の鉄を引きつけるでしょうか。（実験）

C　わあ, すごく強い力。（引っ張る）離れません。

T　電磁石は, 乾電池1個でもこのような強い磁石にすることもできるのです。

【実験用の電磁石について】電磁石との出会いに

市販されている教具の電磁石を活用し, 各グループで使わせたい。教師が作る場合, 力を強くするなら太め（0.5〜0.6㎜くらい）のエナメル線をポリなどの筒に数多く巻き, 芯として鉄のボルトや釘を入れる。

電磁石を作って使ってみよう

電磁石はコイルと鉄芯でできていることがわかり, 導線を巻いて電磁石を作ることができる。

板書例

め 電磁石を作って使ってみよう

1 鉄のしん
2 コイル ＝ つつに導線をまく

〈作り方〉

コイル
20cm →
ひふくをはがす
同じ向きに50回まく
残りの導線は厚紙にまく

＋

鉄のしん
QR

→

3 電磁石
鉄をひきつけるか？

※注意　5秒以上つながない
（熱くなる）

POINT ケガに注意して電磁石で遊び, 電磁石の性質を調べましょう。

1 本時のめあてを聞き, 電磁石を作る

児童自身での電磁石を作る。やはり, 自作した自分の電磁石で学習を進めるところに, 主体性も生まれてくる。

T　今日は前に使った電磁石を作ってみます。
　材料は, このビニル導線とポリエチレンの筒, そして芯にする鉄のくぎです。

C　わたしにも作れるかなあ…。

【電磁石づくり】材料と作り方

電磁石の作り方は教科書にも出ているが, 市販教材（いわゆる教材セット）もあり, これを使うのも1つの方法だろう。コイルの導線の種類やそれを巻く筒の材料などは教科書により異なる。導線はビニル導線またはエナメル線だが, ここでは4mmのビニル導線を径7〜8mmのストロー（か, ポリ筒）に巻いていく。鉄芯を抜いて, コイルだけにした実験もできるからである。

2 電磁石をつくり, 電流を流すと磁石になることを確かめる

作り方を説明する。おもにコイルの作り方になる。教科書のレシピに沿って作るのもよい。

【材料】（以下の材料を配布。教材キットでもよい）

（コイル用）0.4mmの（単芯）ビニル導線　3m
（筒）径7〜8mmストローか, ポリエチレン筒など
（導線留め）ビニルテープか, セロテープ（幅7〜9mm）
（鉄芯）〈筒に入る〉10cmの鉄釘か, ボルトナット

T　（説明）まず, ビニル導線の端を20cmほど出してビニルテープで留め, 残りの導線をストローに巻いていきます。50回巻きましょう。

T　気をつけることは, 必ず同じ方向に巻き続けることです。途中で巻く向きを変えてはいけません。

鉄
ストロー
導線

| 準備物 | ・電磁石づくりの材料　本文②参照
・乾電池 (各児童分)
・厚紙の導線巻き　・クリップか小鉄釘と箱 | I
C
T | 自作する場合はQR内のイラストを使って説明するのもよいでしょう。 |

4　〈電磁石をつかってみて〉　！「わかった」「みつけた」
　　　　　　　　　　　　　　　　？「あれ」「どうして」

・電流が流れると熱くなった（！）

・電流が流れるだけで，なぜ磁石のはたらきが（？）

・電気は磁石のはたらきもするのか（？）

・鉄のしんにも電気は流れるのか（？）

・電磁石にも極がありそう（！）

・力を強くするにはどうすれば（？）

・電気を止めてもしばらく磁石の力が残る（！）
　　　　　　　↓
これからの課題（調べよう）

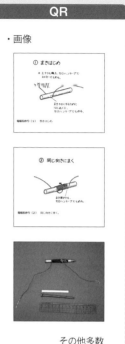

3　電磁石を完成させ，電磁石を使ってみて，見つけたことを書く

　　できた電磁石を鉄クリップなどに近づけてみるなど，電磁石のはたらきや力を観察する

T　50回巻いたら，ビニルテープで導線を留め，残りは厚紙の導線巻きに巻いて残しましょう。

T　このように，導線をぐるぐる巻いた物が『コイル』です。電流はこのコイルをぐるぐる流れるのですね。このコイルに鉄の芯（釘やボルト）を入れると電磁石の完成です。

T　導線の端の2か所のビニルを爪でむいて，乾電池につなぐとコイルに電流が流れます。では乾電池につないで磁石のはたらきをするのか，クリップで調べてみましょう。注意は…。

【注意】（発熱するので）5秒以上乾電池につながない。

C　乾電池につなぐとクリップが付きました。

4　電磁石を使って気づいたことや考えたこと，疑問を交流する

　　発見や疑問の交流は，学習課題にもつながる。

T　電磁石を作り，使ってみて，気がついたことや疑問に思ったことを発表しましょう。

【子どもの気づきや疑問の主なもの】◎は多いもの

◎電池につなぐとコイルが熱くなった。どうして？

◎磁石があるのに，電磁石があるのはどうして？

◎コイルに電流が流れているだけなのに，磁石になるのはどうしてかが不思議。知りたい。

○磁石と同じように，鉄芯の両端にクリップが多くついたので電磁石にも極がありそう。調べたい。

○力の強い電磁石にするにはどうすればよいのか。

○隣の子の乾電池を借りて2個（直列に）つないだら，電磁石の力も強くなった。

◎乾電池を離しても，鉄芯にクリップがついていた。

　　これらの気づきは内容ごとに板書で整理し，次時からの学習課題につないでいくようにする。

電磁石の性質（磁力と極）を調べよう

本時の目標	電磁石は，電流が流れたときだけ磁石と同じように鉄を引きつけること，また磁石のように両端にNとSの極があることがわかる。

板書例

〔問題〕 電磁石には，どんな性質があるのだろうか

1 電磁石と磁石を比べる

2 電磁石も鉄を引きつける
- 少しはなれたところでも
- 間に木や紙があっても

電磁石

電流を流す → 電磁石になる
磁石と同じ性質

電流を止める → 磁力がなくなる

3 電磁石のNとSの極
- 両はしの力が強い（2つの極）
- NとSの極がある

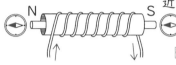

方位磁針を近づける

〔まとめ〕
電磁石は，コイルに電流が流れているときだけ，磁石のようなはたらきをする
電磁石は，NとSの極がある

POINT 「電磁石のどちらがN極？」と問いかけクラスで話し合わせることで，極の位置が全員同じでないことに気づかせ，

1 磁石と比べながら，電磁石も鉄を引きつけることを調べる

本時は，前時での気づきを全体に広げ，電磁石の基本の性質をみんなで確かめ合う。

T これは棒磁石です。これをクリップの入った箱に入れると…クリップが磁石の両端につきます。鉄の釘や缶もこのように引きつけます。

T つまり磁石は『鉄を』引きつけるといえます。

T では，前の時間に作った電磁石はクリップを引きつけるのか，もう一度試してみましょう。

C クリップがつきます。鉄釘も引きつけます。

C 『電磁石も，鉄を引きつける』といえます。

T 鉄以外の銅やアルミニウムは引きつけますか。磁石は…（実験）鉄以外は引きつけませんね。

T 電磁石ではどうでしょうか。（児童実験）

C やっぱり銅はつきません。磁石と同じです。

T 電磁石の性質が1つわかりました。それは…。

C 電磁石も『鉄（だけ）』を引きつけることです。

2 電磁石が磁石と違うところは何かを考え，話し合う

T 今度は電磁石へのクリップ（鉄）の付き方も比べてみます。離れたところから近づけてみましょう。

（児童実験。通電は数秒で）

C 電磁石も離れたところからクリップを引きつけています。

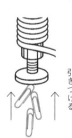

引きつける

（間に紙をはさんでも磁力ははたらく）

次に，磁石と異なるところとして，電磁石は電流を流したときだけ磁石になることを調べる。

T では電磁石は磁石と同じでしょうか。違うところはありませんか。いつも磁石ですか？

C 磁石はいつも鉄を引きつけるけれど，電磁石は電流を流したときだけ磁石になりました。

T 実験して確かめてみましょう。（児童実験）

C 電流が流れなくなると，磁石のはたらきもなくなります。クリップは落ちてしまいました。

T 電磁石と磁石の違うところですね。

準備物	・棒磁石　・クリップと入れる箱 ・乾電池　・作った電磁石　・方位磁針 ・銅, アルミ, 鉄の棒か板　・小さい鉄釘

4 電磁石の**性質**の利用

↓

・電流を流したときだけ → 磁石のはたらき

　　　　　止めると　　　→ 磁力はなくなる

・鉄を引きつける力（強い力が出せる）

鉄を運ぶクレーンへの利用

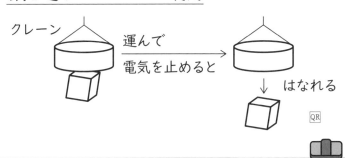

クレーン　　運んで　　　はなれる
　　　　　　電気を止めると

課題をもって第5時の活動につなげるとよいでしょう。

3 電磁石にも, NやSの極があるのか調べる

電磁石にもNとSの極があることを確かめる。

Ｔ （棒磁石を見せて）この磁石をクリップの入った箱に入れるとこのように両端につきます。この両端の力の強いところを「極」といいました。

Ｔ <u>電磁石にも極があるのか</u>, 電磁石をクリップの入った箱に入れて調べましょう。（児童実験）

Ｃ 磁石と同じようにクリップは両端につきました。電磁石も両端に力の強い極がありました。

Ｔ 磁石の極にはNとSとがありました。同じ極は退け合い, 違う極どうしは引き合いました。

（方位磁針を使い, 教師実験で確かめる）

Ｔ <u>電磁石にもNとSの極があるのか</u>, 方位磁針を近づけて調べてみましょう。（児童実験）

Ｃ 一方の端は, 磁針のSを引きつけたのでN極です。もう一方はS極。

Ｔ 磁石のように, <u>NとSの極</u>がありましたね。

(N)

4 電磁石の性質から, その利用について考える

電磁石の性質は, クレーンにも生かされている。

Ｔ 磁石と同じように極もあるけれど, <u>磁石になったりならなかったりするのが電磁石</u>でした。

Ｔ 教科書に載っている写真を見てみましょう。
（どの教科書にもクレーンの写真が出ている）電磁石は, 鉄を運ぶクレーンにも使われています。電磁石が, なぜ使われているのか考えてみましょう。

Ｃ 電流を流すと鉄を引きつけ, 電流を止めると磁石でなくなり, 簡単に鉄を下ろせるからです。

Ｃ それに磁石よりもうんと力が強そう。1000kg（車1台分くらい）ぐらいの鉄も引きつけて持ち上げています。

Ｔ <u>強い磁石の力は電磁石でないと生まれません</u>。また電気を<u>止めると磁石の力をなくすこともできる</u>ので, 鉄を運ぶのに都合がよいのですね。

コイルに流れた電流と磁力の関係を調べてみよう

板書例

め コイルに流れた電流と磁力の関係を調べてみよう

1 磁石から出ている力　　**2** 磁石のそばにおいた鉄…（磁石になる）

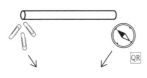

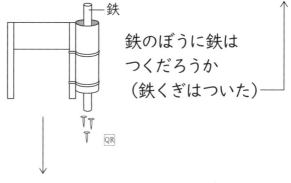
鉄

・鉄を引きつける力
・方位磁針の針を
　動かす力
　　↓
　磁力という

鉄のぼうに鉄は
つくだろうか
（鉄くぎはついた）

強い磁石の磁力　→　鉄のぼう
　　　　　↓　磁力が伝わる
　　　鉄は磁石に変身

POINT 電磁石は永久磁石と違い，電磁石は電流が流れているときだけ磁力があることをおさえ，そのことを不思議に思える

1 磁石の持つ磁力を調べる

磁石には，鉄を引きつけ，方位磁針の針を動かすような『磁力』があることを観察する。

T　今日は，始めに磁石の力を調べてみましょう。この棒磁石を鉄のクリップに近づけると…。（近づけて見せ）クリップを引きつけます。鉄のくぎや缶も引きつけ（引き寄せ）ます。（演示）

T　今度は，遠くから『方位磁針』に近づけてみます。針はどうなりますか。

C　方位磁針の針は動きます。

T　（やって見せ）動きましたね。

磁石を
←近づけると

N

T　また他の磁石に近づけると，引き合ったり押し合ったりします。

T　このように，磁石には鉄を引きつけ，方位磁針の針（磁石でもある）を動かす力があります。磁石から出ているこの力を『磁力』といいます。

※磁力＝鉄を引きつけ，方位磁針の針を動かす力。

2 磁石の近くに置いた鉄が，磁石になる様子（磁化する）を観察する

磁石のそば（近く）に置いた鉄が磁石になり，鉄を引きつける様子を観察する。

T　このように強い磁石に筒を取り付け，その中に鉄の棒を入れます。（見せる）この鉄に鉄釘はつくでしょうか？

強力磁石　　　鉄棒

つつ

C　つくと思います。強い磁石の磁力が鉄の棒に伝わって，鉄の棒も磁石になると思います。

T　やってみましょう。（教師実験）

C　鉄の棒にもたくさん鉄釘が付いた。強い磁石の磁力が伝わって，中の鉄が磁石になった。

T　まとめると…強い磁石からは磁力が出ていて，鉄の棒に伝わり，鉄も磁石になったのです。

（強い磁石の近くに置いた鉄も，鉄を引きつける）

準備物	・強力磁石（アルニコ磁石）　・筒（紙や塩ビ）　・電磁石（コイル）　・乾電池　・スイッチ　・クリップ　・方位磁針　・虫ピン	ICT	実験の様子を撮影させ，それぞれが見た現象を共有できるようにするのもよいでしょう。

3 コイルだけにしても磁力は
出ているだろうか（鉄しんなし）

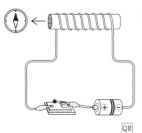

⑦電流を流すと
方位磁針の針は
ふれるか → 針はふれた

④虫ピンを入れると
すいこむか → 虫ピンはすい
こまれた

↓

コイルからは
磁力が出ている

4 電磁石の磁力のもとはコイル

①電流が流れる
↓
②コイルから（強い）→ ③鉄のしんに → ④鉄のしんは
　磁力が出る　　　　　磁力が伝わる　　　強い磁石になる

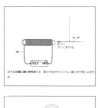

よう，今までの学習をふり返るとよいでしょう。

3 コイルだけでも磁力はあるのかどうか，
調べる

　コイルの近くに方位磁針を置き，電流を流してコイルから
磁力が出ていることを観察する。

T　このように鉄芯を抜いたコイルのそばに方位磁
　針を置き電流を流す
　と，針は動くでしょ
　うか。
C　鉄芯がないと電磁
　石にならないから動かない。
C　コイルがあるから電磁石になる。電磁石のもとは
　コイルだから磁力は出ていると思う。
T　実験してみましょう。（グループ実験）
C　方位磁針の針が振れた。電流を流すとコイルから
　磁力が出ました。
T　鉄を引きつけるのかど　虫ピン
　うかも確かめましょう。

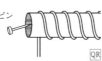

　（図のようにコイルの中に虫ピンを半分入れ，電流を流す
と磁力によって虫ピンが中に吸い込まれる）

4 コイルに電流が流れると電磁石に
なるのはどうしてか，その説明を聞く

　コイルに電流が流れると，コイルから磁力が出て，それが
鉄芯を磁化させるという説明を聞く。

　次のような『子どもの問いや疑問』にも応えたい。それに
は，子どもにわかるレベルでの説明も必要になる。

・『電磁石に電流が流れるとどうして磁石になるのか』
・『電気（電流）は，磁力に変わるのか』
・『鉄芯に電気が流れて磁石になるのだろうか』

【説明の例】　強力磁石に近づけた鉄の棒と同じように…

実験のように，コイルに電流が流れると，弱い磁力が生まれま
す。この弱い磁力が鉄の芯に伝わると，鉄芯は（より強い）磁
石になる（磁化される）のです。つまり，鉄芯に伝わったのは
電気ではなく，電流から生まれた磁力なのです。これは強い磁
石のそばに置いた鉄の釘が，その磁力で磁石になるのと同じで
す。電磁石では強い磁石のはたらきをコイルがしているのです。
フェライト磁石に鉄片がつけてあるのも同じ理由です。

電流と磁力の関係を調べよう

板書例

〔問題〕　電流を流すと，1本の導線（どうせん）でも磁力（じりょく）は出るのだろうか

問題
1 方位磁針（ほういじしん）の下に導線をおいて
2 電流を流すとどうなるだろうか

予想
ア．針（はり）はふれる
　　（　　）人
イ．針はふれない
　　（　　）人

実験

QR

電流のはたらき
＝
電流が流れると，導線のまわりに磁力が生まれる

結果
針はふれた
＝
1本の導線からも磁力は生まれている

1　1本の導線でも磁力は出るのか予想する

　　これまで「電流のはたらき」としては，豆電球のように『光（熱）を出す』，またモーターのように『ものを動かす（力を生む）』ことを学んでいる。その他のはたらきとして，本単元では『電流には磁力を出す（磁界ができる）はたらき』があることを学ぶ。このことをコイルだけでなく，1本の導線を流れる電流でも確かめる。

T　電流が流れているコイルからは，磁力が出ていました。では，1本の導線でも磁力は出ているのでしょうか。方位磁針の下に導線を置いて電流を流すと，方位磁針の針は振れるでしょうか？（導線は，磁針の針と重なるよう南北に置く）

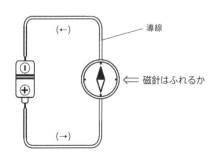

導線

磁針はふれるか

（←）

（→）

2　電流が流れると，そのまわりに磁力が生じることを確かめる

　　電流から磁力が生じることを実験で確かめる

T　磁針の針は動くのか，予想してみましょう。

C　コイルから磁力が出たように，電流が流れると磁力は出るので，磁針は振れると思います。

T　実験して確かめましょう。（教師実験でもよい）

C　（結果）あ，針が振れた。
　　磁力は出ている。

C　電流が流れるとそこから磁力が出ています。

C　電流から磁力が出るなんて不思議だな。

T　1本の導線を流れる電流からも磁力は出ていました。磁力のもとは，電流だとわかりました。

少し振れる

（導線を上において）

このきまりは，中学校で電流と磁界の学習として学ぶ。

方位針に巻いても磁針は振れる。

準備物	・電磁石　・導線　・乾電池　・検流計 ・スイッチ　・方位磁針　・ミノムシ付き導線 など　・芯にする棒（鉄・銅・アルミ・木・ガ ラス）	・I C T	実験を行わない場合はQR内の動画を 見せてもよいでしょう。

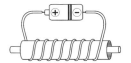

3
4 電磁石のしんにできるもの

銅	×	
アルミニウム	×	
木	×	
ガラス	×	
鉄	○	→ 磁石になる

（結果）

鉄だけが磁石のはたらきをする⇒しんにできる

〔まとめ〕

電流を流すと，１本の導線でもそのまわりに
磁力は出る

QR

・動画
「導線に電流を流したと
きの方位磁針のふれ方」
など

・画像

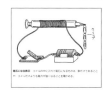

その他

---

3 銅などの鉄以外のものを芯にしても
電磁石になるのか予想し調べる

　電磁石の芯として使えるのは鉄だけで，鉄の場合だけ磁石
になる。銅や木，アルミは磁石にならない。

T　コイルだけでは，電流を流してもそれほど強い磁
石にはなりません。しかし，鉄の芯を入れると，そ
の芯がコイルから出る磁力を受けて強い磁石になり
ました。電磁石の芯にしたのは鉄の釘やボルトなど
でした。では，次のような物でも磁石になるのか，
調べてみましょう。

　　（木，ガラス，銅，アルミニウムの棒，他）

（簡単に予想を話し合う）

C　ガラスや木は，電磁石にはならないと思います。
でも銅やアルミニウムのような金属は，電気を通す
ので電磁石になるかもしれません。

C　磁石についたのは鉄だけだったから，芯にできる
のは鉄だけだと思います。

4 実験を通して，鉄以外の物を芯にしても
電磁石にはならないことを確かめる

　磁石につく（強磁性体の）鉄だけが電磁石の芯になる。こ
のことを，実験を通して確かめる。

T　では鉄以外の物も，コイルの芯にすると電磁石に
なるのかどうか，調べてみましょう。

　　（グループ実験か，前に集めて教師実験ですすめる）

C　（結果）クリップがついたのは鉄の芯だけ…。

C　アルミや銅など（金属）は，電気は通すけれど，
磁石になったのは，鉄の芯だけでした。

C　磁石につく鉄だけが電磁石の芯になりました。

T　このように，電磁石の芯にできるのは鉄だけです。
鉄だけが磁力を受けて磁石になります。銅やアルミ
ニウムは，電気は通すけれど磁石にはなれない金属
です。

【参考】
メモを止めるフェライト磁石にも鉄片がつけてある。これも鉄
にはフェライト磁石の磁力を受けて，より強くなる性質がある
ことを利用したものである。

電流の向きと電磁石の極に ついて調べよう

板書例

〔問題〕　電流の向きが変わると，電磁石（でんじしゃく）の極は
　　　　　どうなるのだろうか

1 磁石の極はN（エヌ）とS（エス）を
変えられない

（N）　　　　　　（S）

電磁石の極はNとSを
変えることができるだろうか

ア．できる　　　（　　）人
イ．できない　　（　　）人

2 電流の向きと電磁石の極との
関係を調べよう

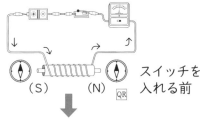

スイッチを
入れる前
（S）　　　　　（N）

↓

①スイッチを入れて電流を流す

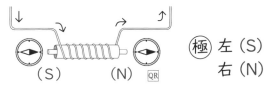

（S）　　　　　（N）

極　左（S）
　　右（N）

POINT　第4時で見つけた課題をふり返り，目的意識を持たせましょう。また，電磁石に流れる電流を切ったとき，方位磁針

1 電流の向きと電磁石のN極，S極の関係について説明を聞く

　電流の向きと，NやSの極との関係は児童にはわからず，予想もできない。そのため，ここでは基本的に「電流の向きを変えるとNとSの極も反対になる」ことをまず説明する。そして，実験を通して帰納的に気づかせるように進める。

T　電磁石にもNとSの極がありましたね。実はこのNとSの極は入れ変えることができるのです。どうすればできると思いますか。

C　磁力の元は電流だから…電流が関係するかな。

C　電磁石の極は，電流の流れる向きを反対にすると，N，Sの極も反対にできると思います。

T　では，電流の向きを変えるにはどうしますか。

C　電流は＋極から－極に流れるので，乾電池の＋極と－極を入れ変えると流れの向きも変わる。

2 電流の向きと電磁石の極との関係を調べる

　電流の向きを変えると，電磁石のNとSの極も変わることを確かめるための回路を作る。

T　では，乾電池の＋極と－極を入れかえると，NとSの極も反対になるのかを実験で確かめましょう。電流の向きは検流計で調べます。

T　電磁石のどちらの端がN極やS極なのか知るには何を使うとわかりますか。（復習も入れる）

C　方位磁針をそばに置いて，磁針のN極が引きつけられた方が電磁石のS極だとわかります。

T　では調べる回路を作りましょう。

　（電磁石と乾電池，検流計のつなぎ方は教科書も出ている。それも参考にして回路を作らせ，指でもたどらせる。通電する前に，教師の目でも点検しておく。）

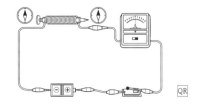

QR

・動画
「電流の向きを変えると
電磁石の極は変わるのか」

・画像

その他多数

3 ②かん電池の＋と－極を反対にする

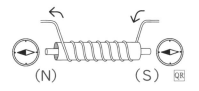

(N)　　　　(S)

極 左 (N)
　 右 (S)

4 電磁石のNとSの極は電流の向きで
　変えることができる

〔まとめ〕
　コイルに流れる電流の向きが反対になると，
　電磁石のNとSの極が反対になる

の針が電磁石に向かないように設置すると変化を観察しやすいでしょう。

3 電流の向きと電磁石のN極S極の関係を，実験で確かめる

　乾電池の＋極と－極を入れかえると，電流の向きと電磁石のN極，S極が反対になることを観察する。

T　では，電磁石の両端に方位磁針を置き，電流を流して，まずN極かS極かを調べましょう。

C　釘の頭の方に方位磁針のN極が向いているので，釘の頭の方がS極，反対の先の方はN極…。

T　次に，乾電池の＋極と－極を入れかえましょう。そのとき電流の向きとN，Sの極が変わるのか，観察しましょう。(配線は板書参照)

C　乾電池の＋と－を入れかえると，検流計の針も反対に振れて，N極とS極も反対になったよ。

電流が
向きを変えると

4 実験の結果を交流し，わかったことをまとめる

　電磁石のN極やS極は，芯にした釘の頭や先など形には関係なく，コイルを流れる電流の向きによって変わる（決まる）ことを話し合い，まとめる。

　（実験の結果をグループごとに発表，交流）

C　電池の＋と－極を入れかえると，磁針の向きも反対になりN極とS極は入れかわりました。

T　【まとめ】電流の向きが反対になると，電磁石のNとSの極は反対になるのですね。このように，電磁石の極は変えることができるのです。

T　磁石（永久磁石）とも比べてみましょう。同じところ違うところはどんなことでしょうか。

C　N極とS極はどちらにもありました。

C　磁石の極は変えられないけれど，電磁石の極（N極とS極）は変えることができました。

T　この性質が，モーターやリニアモーターカーにも利用されているのですよ。

板書例

〔問題〕　電磁石（でんじしゃく）を強くするには，どうすればよいのだろうか

1 磁力を強くする方法

・かん電池を2個（直列）にして電流を大きくする
・コイルのまき数を多くする
・その他　導線（どうせん）の太さ
　　　　　しんの形
　　　　　まき方

2 問題

電流を大きくすると電磁石の磁力はどうなるだろうか
　　ア．　強くなる
　　イ．　弱くなる
　　ウ．　同じ

調べる方法
・変える条件（じょうけん）は電流の大きさ
　（ -▭- ）と（ -▭-▭- ）
・そろえる条件はまき数を同じにする
・磁力はついたクリップの数（合計）で比（くら）べる

POINT 『電池を増やす』ことは『電流を大きくする』ことであることを必ず確認し，回路に入れる電流計の役割をしっかりと

1 電磁石の磁力を強くする方法を考え，話し合う

　児童は，「電磁石の力（磁力）を強くしたい」と思っている。まずそのやり方について話し合う。

（電磁石にクリップをつけて見せ…）

T　今，電磁石にクリップが○個ついています。この磁力をもっと強くすることはできないでしょうか，その方法を考えましょう。（まず書かせてもよい）

C　乾電池を2個に増やすといいと思います。

C　残りの導線もコイルとして巻いて，巻き数を多くすると磁力も大きくなると思います。

　（他にも，導線の太さや芯の形，芯の太さに関わる方法も出されるが，小学校ではその追究や説明は難しい）

T　乾電池を増やす，コイルの巻き数を増やす…という考えが出ました。この2つの方法について調べていきましょう。

2 課題をみんなで確かめ合う

　課題は，「電流を大きくすると，電磁石の力の強さ（磁力）は，どうなるのだろうか」とする。

T　「乾電池を増やす」という考えが出ましたが，乾電池を増やすのは『何のため』ですか。

C　乾電池を増やすと豆電球は明るくなり，モーターも速く回りました。だから電磁石なら，磁力が強くなると思いました。

C　乾電池を2個（直列つなぎ）に増やすと，電流が大きくなるからです。

T　電流を大きくするには，乾電池を2個，直列につなぐといいのですね。

T　電流が大きいと磁力も強くなるのかどうかは，どのように確かめるといいですか。

C　乾電池1個のときと2個（直列）のときとで，つくクリップの数で比べるといいと思います。

　（クリップの数の他にも磁力を調べるやり方はある）

I
C
T

実験の結果を見せ合えるよう，表計算や学習支援アプリ等で共有する準備をしておくとよいでしょう。

3
4 50回まき

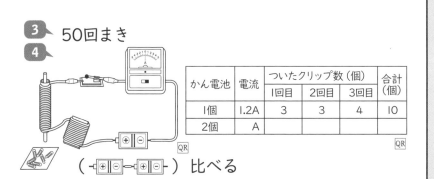

かん電池	電流	ついたクリップ数（個）			合計（個）
		1回目	2回目	3回目	
1個	1.2A	3	3	4	10
2個	A				

（ ▮-▯▯-▯ ▮-▯▯-▯ ）比べる

コイルに流れる電流を<u>大きくすると</u>
電磁石の磁力は強くなった（磁石のはたらき）

〔まとめ〕
　電磁石は電流を大きくすると，
　磁力を強くする（変える）ことができる

QR

・画像

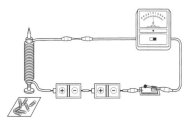

その他多数

理解させることで，電流の大きさと電磁石の強さの関係に着目させることができるでしょう。

3 電流の大きさと磁力の関係を実験で確かめる

　対照実験（比べる実験）をするとき，変える条件と同じにする条件を考えて実験する。

T　比べるときに変えるのは「<u>電流の大きさ</u>」です。では，同じにしてそろえておくのは何ですか。

C　<u>同じ電磁石を使う</u>ことです。

C　だから，<u>コイルの巻き数も同じ</u>になります。

C　巻き数が変わると，「何」のせいで磁力が変わったのか，わからなくなるからです。

T　では，まず乾電池1個のときの電流と磁力の大きさ（クリップの数）を調べましょう。3回測ってその数を合計しましょう。（表にまとめさせる）

　　（各グループで回路を作り，教師が確認。実験する。）

かん電池	電流	ついたクリップ数（個）			合計（個）
		1回目	2回目	3回目	
1個	1.2A	3	3	4	10
2個	A				

C　電流は1.2アンペア，磁力は合計で10個でした。

4 実験の結果を考察し，まとめる

　<u>乾電池を2個，直列つなぎにして，電流を大きくしたときに，ついたクリップの数で磁力を調べる。</u>

T　今度は乾電池を2個に増やし，電流を大きくして磁力を調べ，比べてみましょう。

　これも3回測ってクリップの数を合計しましょう。

C　付いたクリップの合計は22個。乾電池1個のときよりも，磁力は強くなっていました。

T　この2つの実験から，電流の大きさと磁力についてどのようなことがいえますか。（まとめ）

　　（各自　ノートに文でまとめさせてもよい）

C　<u>コイルに流れる電流を大きくすると，電磁石の鉄を引きつける力（磁力）は強くなる。</u>

電磁石の強さとコイルの巻き数について調べよう

コイルの巻き数を多くすると，電磁石の鉄を引きつける力（磁力）は強くなることがわかる。

板書例

〔問題〕　電磁石を強くするには，どうすれば
　　　　　よいのだろうか

1 問題
コイルのまき数を多くすると
電磁石の磁力は強くなるだろうか

　　ア. 強くなる　　（　　）人

　　イ. 弱くなる　　（　　）人

　　ウ. 同じ　　　　（　　）人

2 調べる方法

　・変える条件はまき数
　　　50回まき　⇔　100回まき

　・そろえる条件は同じにする
　　　電流の大きさ＝かん電池は1個
　　　導線の長さは同じにする（切らない）

3 50回まき

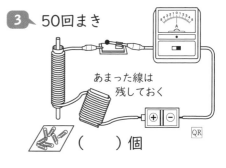

あまった線は残しておく

（　　）個

100回まき

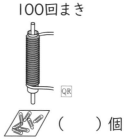

（　　）個

POINT 実験の計画を自分で立てさせ，条件を制御する練習を行わせることで，対照実験に慣れさせましょう。

1 電磁石の力（磁力）を強くする方法を話し合い，本時のめあてを確かめる

　電磁石の力（磁力）は，コイルの巻き数によって変わるのかどうかを調べることを話し合う。

T　コイルを流れる電流を大きくすれば，電磁石の磁力は強くなることがわかりました。（ふり返り）このほかにも，電磁石の力を強くする方法を考えました。どんな方法でしたか。

C　コイルの導線の巻き数を増やすことです。巻き数が増えると，電流から生まれる磁力も増えるので，電磁石の力も強くなると思います。

T　では，今日はコイルの巻き数と電磁石の磁力の関係を調べましょう。（本時のめあて）コイルの巻き数が電磁石の力の強さに関係があるのかを調べるには，どういう実験をすればいいでしょうか。

C　巻き数が多いと磁力も強くなるのかどうか，<u>巻き数を変えた電磁石で比べる</u>とよい…。

2 コイルの巻き数による磁力の違いを調べる実験方法を話し合う

　コイルの巻き数と磁力の強さの関係を調べるために，変える条件と，同じにしておく条件を考え，対照実験のやり方を話し合う。

T　コイルの<u>巻き数によって，電磁石の強さが変わるかどうかを調べる</u>には，どんな実験をしますか。

C　コイルの巻き数の違う2つの電磁石を使い，クリップの数で磁力の強さを比べたらよいと思います。

C　50回巻きと100回巻きの電磁石で比べる…。

T　では2つの電磁石を比べるときに，そろえて同じにしておくことありませんか。電流とか…。

C　電流の大きさは同じにしておきます。どちらも乾電池は1個ずつにして<u>巻き数だけを変えます</u>。

T　もう一つ，<u>同じにしておくことがあります。導線の長さです</u>。導線全体の長さが変わると，電流の大きさも変わってしまうからです。

　　（このことは子どもには難しい。教師が教える。）

準備物 ・電磁石（50回巻きと100回巻きなど，巻き数を変えたコイル）　・乾電池　・検流計
・リード線　など

ICT 付いたクリップの数を共有できるよう，事前に共有アプリ等の準備をしておきましょう。

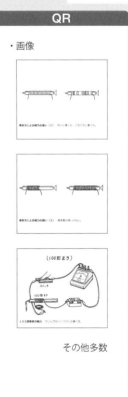
4

まき数	電流	ついたクリップ数（個）			合計（個）
		1回目	2回目	3回目	
50回	1.2A	4	4	4	12
100回	1.2A	8	8	8	24

100回まきは50回まきの
2倍のクリップがついた

〔まとめ〕

電流の大きさが同じなら
コイルのまき数を多くすると
電磁石の磁力は強くなる

---

3 コイルの巻き数だけを変えた2つの電磁石で，磁力の大きさを比べる実験をする

コイルの巻き数を変えた電磁石で対照実験をする。巻き数の多い電磁石の磁力が強いことを確かめる。

T　まず50回巻きの電磁石で，磁力を調べましょう。つくクリップの数を3回調べましょう。

　50回巻きのコイルの余った導線は切らずに紙に巻いたまま残しておきます。（導線の全長3m）

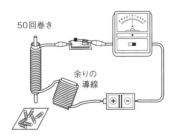

50回巻き

余りの導線

T　次に100回巻きのコイルを作ります。厚紙に巻いて残していた導線を使って，もう50回巻き足して，100回巻きの電磁石にしましょう。

　（別方法として，100回巻きの電磁石を教師がグループ数作っておき，それを使うのも効率的でよい）

4 実験からわかった「巻き数と磁力の関係」を話し合い，まとめる

巻き数が多い方が磁力は強いことを確かめ，2つを比べてわかったことをまとめる。

T　100回巻きの磁力の結果を発表しましょう。

C　電流は50回巻きの時と同じで1．2アンペアでした。ついたクリップの数は24個で，50回巻きより多かったです。（各グループから結果を報告）

T　どのグループも，コイルの巻き数の多い電磁石の方が力が強いことがわかりました。このように，電磁石の磁力は，電流を大きくしたりコイルの巻き数を多くしたりすると，強くすることができるのです。
（まとめは子どもに書かせてもよい）

T　では，電磁石の鉄を引きつける力をもっと強くする方法は思いつきませんか？（簡単に）

　（結論は出なくてよく，自由に話し合う。電流を大きくするには太い導線を使うのも1つの方法。このようにして，電磁石は磁石にはない強い磁力を生み出せる）

板
書
例

㋞ 生活の中での電磁石(でんじしゃく)がどのように 使われているのか調べよう

1 電磁石を使ったもの

↓

| モーター |

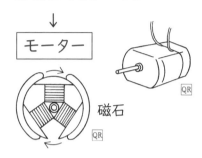

磁石

QR

磁石の中で<u>コイルが回る</u>
　　　　　（電磁石）
　　　↑
電流のはたらき

2 モーターを使った電気器具など

せん風機
かん気せん
ドライヤー
えんぴつけずり器
電気自動車
そうじ機
せんたく機
冷ぞう庫
ミニ4く

モーター

QR

どれも
回転する＝動力
ところが
ある

---

1 電磁石の利用と モーターについて話し合う

　「電流から磁力が生じる」こと，また「電磁石のNとSの極を変えることができる」ことは，モーターが回転運動できるもとにもなっている。つまり同極は押し合い，異なる極は引き合う力を利用して，モーターは回転を続けることができている。

T　電磁石を利用したものに『モーター』があります。（模型モーターを見せる）4年生の電気の勉強でも使いました。中を開けてみましょう。（開けて取り出して見せ）これがコイルです。コイルが周りの磁石の中で回るしくみです。

　　（教科書で説明されている場合は，読み合うとよい）

T　モーターは，電気が磁力を生むはたらきを『回る動き』に変えるもの…ともいえますね。

　　※モーターやスピーカーの電磁石にはビニル線でなくエナメル線が使われている。エナメル線は被覆が薄いので，場所をとらずに巻く密度が高くなり磁力も強くしやすい。

2 電磁石がモーターとして使われている 家電について話し合う

　モーターを使った家電を見つけてみましょう。

T　電磁石はモーターの中にも使われています。
　では，モーターはどのような電気器具に使われているのでしょうか。回転するものですね。

C　扇風機の羽根を回しているのは，モーターだと思います。鉛筆削り器もそうかな。

　　（扇風機のモーター部分を開けて見せると，効果的）

C　電気自動車のタイヤを回すのもモーターだ。

T　他にも，モーターが使われている家庭電気器具があります。何でしょうか，回る物です。

C　掃除機も，ブーンという音がします。

C　洗濯機も羽根が回っているので，モーターが使われていると思います。冷蔵庫もブーンという音がして，モーターが回っているみたい…。

　　（鉛筆削り器など実物を見せられるとよい。また器具の図をプリントしてモーター部に○印をさせてもよい）

QR

・画像

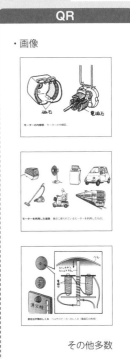

その他多数

3 〈電磁石の利用〉

モーターの他
- ・スピーカー（磁力でコーンを動かす）
- ・リニアモーターカー
  - 強い磁力でうかせる
  - NとSの極を変えて進む

　　　エヌ　エス

4 〈科学のれきし〉

電流から磁力が出ること（はたらき）を200年前，デンマークのエルステッドが発見した

3　リニアモーターカーと電磁石の利用

T　モーターの他にも電磁石が使われているものがあります。1つはスピーカーです。他には？

C　リニアモーターカーです。教科書に出ている。

T　教科書にも出ているので，どんなものなのか読んでみましょう。（みんなで読み合い補説する）

T　このような電車を浮かせるくらいの強い磁力は，電磁石でないとできないのですね。

4　電流と磁力の科学史

【電流と磁力の発見－科学史から－】

児童は「電流が流れているだけなのに，どうして磁石のはたらきが生まれるのか」，とても不思議に思うようです。それと同じように思ったのが200年前のこと。デンマークの科学者エルステッドが電流から磁力が生じていることを発見したいきさつです。

この発見を載せている教科書（大日本図書）もありますが，科学史から学ぶことも，理科の学習方法のひとつです。お話として読み聞かせてもよいでしょう。

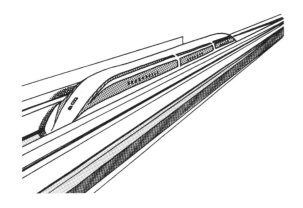

電流計と電源装置の使い方

板書例

1 簡易検流計の使い方

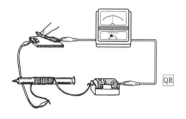

①切りかえスイッチを電磁石〔5A〕側にする

②回路のとちゅうに簡易検流計をつなぐ

③スイッチをおして電流を流し簡易検流計の針が示す目もりを読みとる

2 電流計の使い方

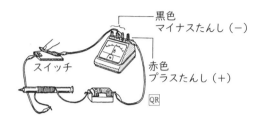
黒色 マイナスたんし（−）
スイッチ
赤色 プラスたんし（＋）

①赤（＋）たんしとかん電池（＋）側とつなぐ

②黒（−）たんしとかん電池（−）側とつなぐ

③たんしのつなぐ順　5Aから順に

5Aたんし（アンペア）　針のふれが小さいとき→　500mA（ミリアンペア）　→　50mA

④つないだたんしに合わせて電流計の目もりを読む

---

1 簡易検流計の使い方

T　簡易検流計の使い方の説明をします。少し練習をしてから使い始めます。

＜置く場所＞
○ 検流計は平らなところに置く。

＜つなぎ方＞
○ 回路の一部（直列）になるようにつなぐ。
　（乾電池だけでつなぐと強い電流が流れ，検流計がこわれる。注意させる。）

＜検流計の操作＞
○ 切り替えスイッチについて
　・スイッチ「豆電球」（0.5A）に入れると，パネル「1」の目盛りは0.1A（アンペア）を示す。
　・スイッチ「電磁石」（5A）に入れると，パネル「1」の目盛りは1Aを示す。

＜検流計の計測＞
○ 回路のスイッチを押して電流を流し，検流計の針が示す目盛りを読み取る。

簡易検流計

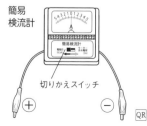
切りかえスイッチ

2 電流計の使い方

T　電流計の使い方の説明をします。少し練習をしてから使い始めます。

＜つなぎ方と端子の名前＞
○ 回路の間に直列につなぐ。
○ 電流計は壊れやすいので使い方に注意する。
○ 黒色はマイナス端子，赤色はプラス端子。

＜電流計と乾電池のつなぎ方＞
○ 赤色端子（＋）は，乾電池の＋側とつなぐ。
○ 黒色端子（−）は，乾電池の−側とつなぐ。
　（＊注意＝電流計は，乾電池だけをつなぐと，こわれるので，そのようなつなぎ方はしない）

電流計

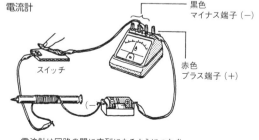
黒色 マイナス端子（−）
スイッチ
赤色 プラス端子（＋）

・電流計は回路の間に直列になるようにつなぐ。

準備物	・簡易検流計 ・電流計 ・電源装置

使い方の注意

- ・ショート回路にならないようにする
- ・必ず豆電球や電磁石などを入れてはかる
- ・電流計では，たんしにつなぐとき注意する
- ・マイナスたんしは，5Aから順につなぐ
- ・電源（でんげん）そうちでは，やたらダイヤルを回して数字を大きくしない

QR

・動画
「電源装置と豆電球の明るさ」

・画像

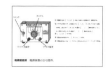

その他多数

<電流計を使って電磁石の中に流れている電流の量を調べる実験の手順>

① 電流計の＋端子と乾電池の＋端子をつなぐ。
② 次に，乾電池の－極，スイッチ，電磁石の順につなぐ。
③ 電磁石からの導線を電流計の5Aの端子につなぐ。
④ スイッチを押して，電流計の針を見る。
⑤ 針のふれが小さすぎるときは，－端子を500mA，50mAと順につなぎかえる。

<電流計の目盛りの読み方>
○ つながっている端子の数値に合う目盛りを読み取る。

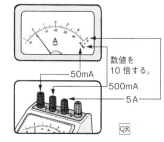

数値を
10倍する。
50mA
500mA
5A

※詳しい端子の種類と目盛りの読み方の説明は，QRに入っています

---

3 電源装置の使い方

T　電源装置は，乾電池などと同じように電流を回路に流すことができます。乾電池と違い，一定の出力を保ち，安定した電流を流せるので安心して実験ができます。

T　では，電源装置の使い方を説明します。少し練習をしてから使いましょう。

<各部の名前>
○ 電源スイッチ（電源のON，OFF）
○ ボタン（乾電池○個の電流が流れる）
○ －の端子（－極），＋の端子（＋極）

<使い方>
① 電源装置のスイッチは切っておく。
② ＋端子と－端子には，回路のそれぞれの導線をつなぐ。
③ スイッチを入れる。

【流れる電流の強さを変える方法】
「1個」のスイッチは，乾電池1個分の電流が流れ，「2個」のスイッチは，乾電池2個分（直列つなぎ）の電流が流れるようになる。
④ 電源装置を切るとき，「切」のスイッチを押す。

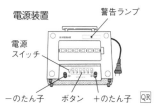

電源装置　　　警告ランプ

電源
スイッチ

－のたん子　　ボタン　　＋のたん子　QR

ふりこのきまり

◎ 学習にあたって ◎

◉ 何を学ぶのか

　一昔前まで,振り子といえば「時計の振り子」でした。振り子が時計に使われていたのは,振り子の振れ方(運動)には,一定のきまり(規則性)があるからです。そのきまりとは,『振り子の1往復する時間(周期)は,「振り子の長さ」によって変わり,重さや振れ幅(振幅)によっては変わらない』というものです。振り子時計は,この『振り子の長さが変わらない限り,周期は一定で変わらない』という性質,つまり「等時性」を利用したものでした。本単元では,実験を通してこのきまりをとらえさせます。さらに,振り子のこの法則を知った子どもたちは,「振り子には,こんなきまりがあったのか」と驚きます。ですから,振り子の教材としての価値には,「自然界にはきまり(法則)がある」という科学的な自然観を培うところにもあるといえるでしょう。

◉ どのように学ぶのか

　まず,振り子の観察から始めます。振り子のしくみやその運動からは,3つの要素を見いだすことができます。「おもりの重さ」と「振れ幅」「振り子の長さ」です。そこで,振り子が1往復する時間(周期)には,この3つのうちどれが関係しているのかを調べる活動へと進めます。その際,関係する条件を調べるには,調べたい条件だけを変え,他の条件は同じにしておかねばなりません。これは,「種子の発芽」等の実験でも使ってきた,条件制御による対照実験です。助言も交え,条件をそろえる必要性に気づかせます。また,科学に興味を持たせる上で,科学史にふれることにも意味があります。この振り子のきまりは,「振り子の等時性」として,発見したガリレオとともに教科書でもふれられています。そのいきさつもおもしろく,話題にするとよいでしょう。

◉ 留意点・他

　実験にも精密さが求められます。教科書もふれていますが,次のようなことには助言や支援が必要です。
・ストップウォッチ正しく使う。振り子のおもりに合わせて動かしながら,ストップボタンを押すとよい。
・「振れ幅」は,角度なら最大30度くらいまでにする。振れ幅が大きいと,周期が長くなりやすい。
・「振り子の長さ」は,正しくは,支点から「おもりの中心(重心)」までの距離になる。おもりの中心を意識させる。

◎ 評　価 ◎

知識および技能	・振り子の「1往復する時間」は,振れ幅やおもりの重さによっては変わらず(等時性),振り子の長さによって変わることがわかる。 ・振り子の「1往復する時間」に関係する条件を調べるには,1つの条件だけを変えてあとは同じにする,という条件制御のやり方がわかり,実験することができている。
思考力,判断力,表現力等	・振り子の実験の結果を,表など(またはグラフ)にわかりやすくまとめることができている。 ・実験結果を考察し,振り子の周期には「糸の長さ」が関係するというきまりを,文などで表現している。
主体的に学習に取り組む態度	・友だちと協力して,実験の方法を話し合ったり,実験を進めたりすることができている。 ・振り子の運動には,きまり(法則)があることがわかり,科学の法則や科学史に関心を寄せている。

※おもりの重さを変える実験では，ここでは実験用おもりを使っていますが，質の異なるおもり（ガラス，木，金属など）を使って比べている教科書もあります。

※振れ幅を変える実験では，角度を変えるやり方の他，振れ幅を長さで比べるやり方もできます。

次	時	題	目標	主な学習活動
ふりこの周期	1	振り子の動き方を観察しよう	振り子は，糸をつけたおもりが，一定の速さで左右に振れ続けていることがわかる。	・振り子のつくりと動きを観察し，話し合う。 ・振り子の「往復する時間」にはどんなこと（条件）が関係するのか，話し合う。
	2・3	振り子が「1往復する時間（周期）」をはかってみよう	振り子が「1往復する時間」の調べ方に気づき，実験して求めることができる。	・振り子の「往復する時間」はいつも同じ（一定）であることを話し合う。 ・「1往復する時間」を計る方法を調べ，実験して求める。
ふりこの等時性	4	振り子の長さを変えて「1往復する時間」をはかってみよう	振り子が「1往復する時間」は，振り子の長さによって変わり，長いほど「1往復する時間」は長くなることがわかる。	・振り子の「1往復する時間」を変える条件は何かを話し合う。 ・「1往復する時間」に長さが関係するかどうかを調べる方法と条件の制御について話し合う。 ・実験して，結果からいえることを考察する。
	5	おもりの重さを変えて「1往復する時間」をはかってみよう	振り子のおもりの重さを変えても，振り子の「1往復する時間」は，変わらないことがわかる。	・「1往復する時間」におもりの重さが関係するのかどうかを調べる方法について話し合う。 ・重さを変えた振り子で実験し，「1往復する時間」は変わるのかどうかを調べる。 ・結果を考察し，まとめる。
	6	振れ幅を変えて「1往復する時間」をはかってみよう	振り子の振れ幅を変えても，振り子が「1往復する時間」は，変わらないことがわかる。	・「1往復する時間」に，振り子の振れ幅は関係するのかどうか予想し，実験方法を話し合う。 ・振れ幅を変えて振り子を振らせて確かめる。 ・実験の結果を考察し，結論をまとめる。
ふりこのきまり	7	振り子のきまりをまとめてみよう	振り子のきまりをまとめ，このきまりはガリレオが発見したことを知る。	・これまでの学習をもとに，「振り子の1往復する時間」を変える条件と変えない条件を，文にまとめて交流する。 ・教科書などを読み，ふりこのきまり（等時性）はガリレオが発見したことを知り，感想を交流する。
おもちゃ作り	広げよう	振り子のきまりを使っておもちゃを作ろう	振り子のきまりを利用したおもちゃを作ることができる。	・「1往復する時間」を変えられることを利用した，「振り子メトロノーム」や「動物振り子」などを作る。

振り子の動き方を観察しよう

板書例

め ふりこの動き方を観察しよう

1 〈ふりこの動き〉

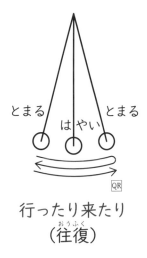

とまる　はやい　とまる

行ったり来たり
（往復）

2 〈ふりこをふらせてみよう〉

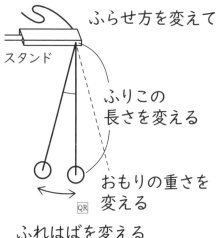

ふらせ方を変えて

スタンド

ふりこの
長さを変える

おもりの重さを
変える

ふれはばを変える

POINT いろいろな振り子に触れ, 1往復する時間が違うことに気づかせ, その原因に対して仮説を立てられるような時間に

1 振り子を見て, そのつくりと動き方について話し合う

　始めに, 振り子とはどのようなものなのかを見せて, そのつくりと動きをとらえさせる。

T　これは, 糸の先におもりをつけたもので, 振ってみると, このように揺れて動きます。こんな触れ方をするものを知っていますか。

C　振り子時計に付いているのを見ました。

　（振り子時計があるなら, ここで見せたい）

C　動き方は, ブランコにも似ているみたい…。

T　このように, 糸や棒などにおもりをつけて, 左右に振れるようにしたものを『振り子』といいます。少し, 揺らせてみましょう。

　（教師がしばらく振り子を揺らして, 観察させる）

C　同じ調子で左右に振れているみたい…。

C　動きに合わせて手をたたくと…同じリズム。

T　これから, この振り子の動きについてみんなで調べていきましょう。

2 振り子を振らせてみて, 動きを観察する

　2人〜4人のグループで振り子をつくり, 振らせ方を変えるなどして, その動きを観察する

T　では, 簡単な振り子を作って振らせて, その動きを観察しましょう。

【簡単な振り子の作り方】

① じょうぶな糸を用意する。80〜100cm, 長さは調節可能。糸の先は, おもりがつけられるように輪にしておく。

② てこ実験器用のおもり 20g を3個用意する。

　※振り子は, 竹ひごと粘土玉でも作れる。

T　振り子ができたら, 糸の長さやおもり, 振らせ方を変えて, 振り子を振らせてみましょう。糸は, 長さも変えられます。スタンドなどに固定して振らせましょう。

QR

・動画
「手づくりふりこ」

・画像

その他多数

3 〈ふりこのふれ方には，ちがいがある〉

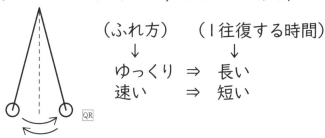

（ふれ方）		（1往復する時間）
↓		↓
ゆっくり	⇒	長い
速い	⇒	短い

4 〈ふれ方のちがいに関係しそうなこと〉

・おもりの重さ
・ふりこの長さ ｝ 調べてみよう
・ふれはば（角度）

するとよいでしょう。

---

3 振り子の条件を変えて振らせると，振れる速さにちがいがあることに気づく

　いろいろなやり方で振り子を振らせてみて，気づいたことを話し合う。同時に，振り子には「糸の長さ」「振れ幅」「おもりの重さ」という3つの要素（条件）があり，変えられることに気づかせる。

　（ノートに書かせてもよい）

T　振れる幅など，条件をいろいろ変えて振り子をふらせてみましょう。隣のグループの振り子の振れ方とも比べてみましょう。

T　見つけたことを発表しましょう。

C　隣のグループの振り子の方がゆっくり（遅く）振れているみたいです。どこが違うのかな？

C　おもりを増やして重くして振らせてみると…振れ方は速くなるのかな…と思いました。

C　糸を30cmから50cmにすると，おもりがもどってくる時間が長くなったみたいです。往復する振れ方には，糸の長さが関係するのかなあ？

C　振り子が往復する動きは，速いときも遅いときもありました。何かきまりがあるようです。

4 振れ方のちがいに関係しそうなことを予想する

　振り子の振れる速さに関係しそうな3つの条件（長さ，おもりの重さ，振れ幅）を確かめ合う。

T　振り子が「速く振れた」「ゆっくり振れた」というのは「振り子が1往復する時間」が長いか，短いかのことですね。（と確かめておく）

T　この「振り子が1往復する時間」が，長く（ゆっくり）なったり，短く（遅く）なったりするのには，どんなことが関係していると思いますか？

C　私は，おもりの重さだと思います。重い方が速く振れると思います。

C　糸の長さが関係すると思います。

C　振れ幅が大きい方が速く振れると思います。

T　では振り子の振れ方に関係しそうなこと（条件）をまとめておきましょう。1つは振り子の長さ，おもりの中心までのことです。（板書参照）それと「おもりの重さ」「振れ幅」の3つですね。

振り子が「1往復する時間（周期）」を はかってみよう

板書例

め ふりこが1往復する時間をはかってみよう

1

50cm

20°

（長さ）
おもりの
まん中まで

20g

ア　　イ

スタート
ストップ　（手も動かせて）

〈ふりこの条件〉

長さ	50cm
おもり	20g
ふれはば	20°

2

〈1往復だけさせて，はかると…〉

1.2　1.4　1.5
1.1　1.3　1.3（秒）

△バラバラ　△むずかしい　△不正確

POINT 関数まで丁寧に説明する必要はないが，3回の平均をとることや，何のために10往復計測しているのか児童がわかる

1 振り子の「1往復する時間」は，いつも同じだということを話し合う

ある振り子の「1往復する時間」を，手拍子で計ってみる。

T　振り子が「1往復する時間」は，いつも同じで，振り子によって決まっているようでした。

T　（振り子を見せて）この振り子は，おもりの重さが20g，糸の長さは50cmです。振れ幅は，角度で20°にして振らせます。（板書参照）どのような速さで振れるのか，まず，動きに合わせて，手をたたいて確かめてみましょう。ハイ。

（振り子が右に来たときに手をたたくなどする）

C　同じ速さで1往復して，行き来しています。

C　1往復する時間は，いつも同じみたい…。

T　今度は「1往復する時間（タイム）」は何秒くらいなのか，グループで一人ずつ，ストップウォッチで計ってもらいましょう。

2 ストップウォッチを使って，振り子の「1往復する時間」を計ってみる

振り子の1往復する時間を秒で計り，より正しく計測できる方法を教科書でも調べる。

T　まず，手から振り子を離したときがスタートです。そしておもりが1往復してもどってきたときがストップです。やってみましょう。

では，…54321ハイ（スタート）。

T　結果を発表しましょう。何秒でしたか。

C　1.2秒でした。1往復で計るのは難しいな。

C　1.5秒でした。（などと順に発表していく）

（結果は，1.4秒より短くなる傾向がある）

T　グループ内で，交代して計ってみましょう。

T　結果を見ると，ばらつきがありますね。1往復する時間を計るのは難しいものです。いいやり方はないか，教科書で調べてみましょう。

（教科書で調べさせる。読み合うのもよい）

C　振り子が10往復する時間を計るといいみたいです。

〈1往復する時間を調べる〉

3
4 ①10往復する時間をはかる

②全部で3回はかる
（合計する）

③10往復する時間を平均
（合計÷3）

④1往復する時間を求める
（÷10）

このふりこの「1往復する時間」は1.4秒

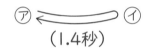
（1.4秒）

1回目	14.1	（秒）
2回目	14.0	（秒）
3回目	14.2	（秒）
合　計	42.3	（秒）
平　均	14.1	（秒）
1往復	÷10　1.4	（秒）

QR

QR

・画像

ふりこ実験装置　ふりこが1往復する時間をはかる実験装置の写真例。

ふりこ実験装置の計り方　1往復する時間をストップウォッチで計る。

ふりこ実験装置の計り方（図表例）　1往復する時間をストップウォッチで計る。

その他

よう指導します。

3　「1往復する時間」を，より正確に調べる方法を話し合う

C　教科書では，10往復する時間を1回だけでなく，3回も計っています。

T　そうです。10往復振らせた時間を3回計り，その時間を3で割って平均していますね。そして，その時間を10で割ると1往復分の時間（秒数）が求まります。（板書でも説明）

T　そのほか，計り方で気をつけたいことは…。

○ 支点から「おもりの真ん中」までが『振り子の長さ』とする。おもりは下に追加しない。

① 図の㋐がスタート，㋑まで振れて㋐にもどったとき（一瞬止まる）までを1往復とする。（板書参照）

② 板書の㋐で，おもりが手から離れたときがスタート。ストップウオッチを押す。㋐にもどってきたときがストップ。よく見て，再度ボタンを押す。

③ 数を数え，ボタンも押しやすいように，振り子の動きにあわせて時計を持った手も動かすとよい。

4　振り子が10往復する時間を計り，1往復する時間（周期）を求める

初めてなので，みんなが教卓の1つの振り子を見て計測する。今後の計測のための練習でもある。（糸の長さは50cm，おもりの重さ20g，振れ幅20°）

T　では，前の振り子を見て，各グループで10往復する時間を3回計ってみましょう。おもりが先生の手から離れたときがスタートですよ。

（1つの振り子の動きを見て，グループごとに計測）

T　では1グループの記録をもとに，計算してみましょう。（初めてなので，まずはあるグループの記録をもとにみんなで計算し，求め方に習熟する）

T　10往復の時間を3回計って，次にするのは？

C　合計してそれを3で割って，10往復した時間の平均の秒数を求めます。14秒でした。

C　それを10で割ると1往復の時間は，1.4秒。

C　私のところも，1.4秒で同じでした。

T　どのグループも，1.4秒になりましたね。

第4時 めあて
振り子の長さを変えて「1往復する時間」をはかってみよう

| 本時の目標 | 振り子が「1往復する時間」は、振り子の長さによって変わり、長いほど「1往復する時間」は長くなることがわかる。 |

板書例

〔問題1〕　ふりこの長さを変えると，1往復（おうふく）する時間は変わるのだろうか

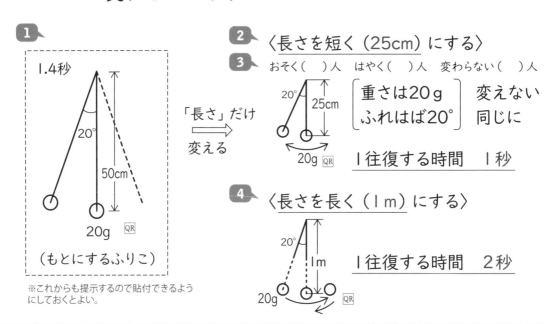

1 1.4秒　20°　50cm　20g　（もとにするふりこ）

※これからも提示するので貼付できるようにしておくとよい。

2 〈長さを短く（25cm）にする〉

「長さ」だけ変える →

3 おそく（　）人　はやく（　）人　変わらない（　）人

20°　25cm　20g

| 重さは20g | 変えない |
| ふれはば20° | 同じに |

1往復する時間　1秒

4 〈長さを長く（1m）にする〉

20°　1m　20g

1往復する時間　2秒

POINT 個人で記録を測定させることで，計測する技能を高めることができたり，平均値を算出することに慣れたりすること

1 振り子の1往復する時間と関わりのある事がら（条件）は何かを話し合う

　振り子が1往復する時間の長さには，何が関係しているのか，話し合い，予想する。

T　前の実験では，振り子が1往復する時間は1.4秒だとわかりました。では，どんな振り子でも1.4秒なのでしょうか。

C　速く振れたりゆっくり振れたりする振り子もあると思います。

T　振り子の「1往復する時間」に，関係しそうなものは何でしたか。

C　「振り子の長さ」「振れ幅」「おもりの重さ」の3つでした。

T　では，まず「振り子の長さ」が関係するかどうかから考えていきましょう。

C　振り子の長さは，関係すると思います。前に糸を短くすると速く振れたように思います。

2 1往復する時間は，振り子の長さは関係するのかどうか，その調べ方を考える

　調べるためには規準がいる。その規準は，前時で実験した振り子の長さ，振れ幅，重さとする。

T　前の振り子の長さは50cm，振れ幅は20°，おもりは20gでした。これと比べる振り子はどのような振り子がよいでしょうか。

C　振り子の長さを変えて，実験するといい。

T　こんな振り子はどうでしょうか。長さは半分の25cm，重さは2倍の40gの振り子です。

C　長さも重さも変わっているので，1往復する時間が変わっても，その理由が分かりません。

　　（わざと条件をそろえていない振り子を提示し，なぜこれでは正しく調べられないのか，気づかせる）

T　そうです。長さが関係するかどうかを調べるには，長さだけを変えて，おもりの重さや振れ幅は前と同じ20gと20°にそろえるのですね。

T　では，まず長さを25cmにして計りましょう。

QR

・画像

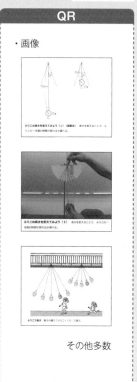

その他多数

3
4 〈ふりこの長さと1往復する時間（秒）〉

長さ ＼ グループ	1	2	3	4	
50cm	1.4	1.4	1.4	1.4	
25cm	1	1	1	1	
1m	2	2	2	2	

※グループの実験結果を記入する。 QR

〔まとめ〕
　ふりこの長さが変わると
　　「1往復する時間」は変わる

　短くなる（25cm）と ⇒ 短く（1秒）
　長くなる（1m）と　　⇒ 長く（2秒）

ができます。

---

3 長さ25cmの振り子が1往復する時間を求める

　前時の長さ50cmの振り子を規準にして，長さを変えて比べるために，1／2の25cmと2倍の1mの振り子を用意し，1往復の時間を調べる。

　（まず，各グループで25cmの振り子だけを計り，1mの振り子は，あとでクラス全体で計ることにする）

T　重さ20g，長さ25cmの振り子が準備できたら，前と同じように振れ幅も20°にして，まず10往復する時間を3回計りましょう。

　（長さはおもりの中心から25cmになっているか，振れ幅の角度は20°か，各グループを見て回り確認）

T　3回計れたら平均（算数で既習）しましょう。
C　10秒です。ぴったりの数字です。不思議…。
T　1往復する時間も求めましょう。
C　簡単，10÷10で1往復が1秒になります。
T　すると，振り子の長さが短くなると…？
C　1往復する時間も変わり，短くなりました。

4 長さ1mの振り子の1往復する時間も求め，振り子の長さが関係することをまとめる

　振り子の1往復する時間には，長さが関係することをまとめる。

T　今度は50cmの振り子の長さを2倍にして1mの振り子の1往復する時間を調べましょう。

　（ここでは，教卓に1mの振り子をセットし，各グループの代表者が交代でストップウオッチで測定する）

T　3回測定したら平均して，それを÷10して，1往復する時間を求めましょう。

　（みんなに計算で求めさせる）

C　ちょうど1往復は2秒になりました。
C　1mでは，50cmの振り子（1.4秒）より長くなり，ゆっくり振れるようになりました。
C　1往復する時間には，長さが関係します。
T　わかったことをまとめます。振り子の長さを長くすると，また短くすると，振り子の振れ方はどうなったのか，書きまとめましょう。

おもりの重さを変えて「1往復する時間」をはかってみよう

板書例

〔問題２〕　ふりこのおもりの重さを変えると，
　　　　　　1往復する時間は変わるのだろうか

1

1.4秒

20°

50cm

20g QR

（もとにするふりこ）

※前時と同じ，もとにするふりこの図を貼付。

「重さ」だけ
⇒
変える

2
3
〈おもりの重さを40ｇ（2倍）にする〉

おそく（　）人　はやく（　）人　変わらない（　）人

20°

50cm

［長さは50cm
ふれはば20°］変えない

40g QR

1往復する時間　1.4秒

〈おもりの重さを10ｇ（$\frac{1}{2}$倍）にする〉

1往復する時間　1.4秒

POINT　個人で記録を測定させることで，計測する技能を高めることができたり，平均値を算出することに慣れたりすること

1 前時のふり返りをして，本時の課題を聞く

　　本時の課題は，おもりの重さを変えると，振り子の1往復する時間はどうなるかを調べること。

T　前の実験では，『振り子の長さ』を変えると振り子の1往復する時間（周期）も変わることがわかりました。（25cmの振り子を見せる）

C　短くすると振れ方は速くなり，1往復する時間も短くなりました。長くするとその反対になって，1往復する時間も長くなりました。

T　『長さ』のほかに変えられそうなこと（条件）には，どんなことがありましたか。

C　『振れ幅』と『おもりの重さ』です。

T　このうち，今日は『おもりの重さ』を変えると，振り子の「1往復する時間」はどうなるかを調べましょう。（本時の課題）

2 予想する　－おもりの重さを変えると，振り子の振れ方はどうなるか－

　　予想の前に，規準とする振り子を確かめる。

T　最初につくった振り子の振れ方は，こうでしたね。

　　（規準とした振り子〔長さ50cm，おもり20g，振れ幅20°，1往復（周期）1.4秒〕を振らせて見せる）

T　この振り子の『おもりの重さ』を2倍の40gに変えます。「1往復する時間」はどうなるでしょうか。1.4秒より速く（長く）なるか，それとも遅く（短く）なるのか，予想しましょう。

C　1往復する時間は，変わらないと思います。

C　ゆっくり振れると思います。それは重くなると動きにくくなると思うからです。

C　1往復する時間は短くなり，速く振れると思います。重いと勢いがつくと思うからです。

T　3つの予想が出ました。どの予想が正しいのか，それを決めるのは『実験』ですね。

<table>
<tr><td rowspan="2">準
備
物</td><td>・振り子の実験装置（スタンド，振り子など）
・ストップウォッチ（デジタルタイマー）
・てこ実験器用おもり（20g, 10g）</td><td>ICT</td><td>端末やブラウザ上にあるストップウォッチ機能を使わせ，個々で計測させるのもよいでしょう。</td></tr>
</table>

3

〈おもりの重さと1往復する時間（秒）〉

重さ ＼ グループ	1	2	3	4	5	6	7
20g	1.4	1.4	1.4	1.4	1.4	1.4	1.4
40g	1.4	1.4	1.4	1.4	1.4	1.4	1.4
10g	1.4	1.4	1.4	1.4	1.4	1.4	1.4

※グループの実験結果を記入する。
結果はよほど大きなミスがない限り, 1.4秒になる。 QR

4 〔まとめ〕
ふりこの重さが変わっても
「1往復する時間」は変わらない（1.4秒）
（1往復する時間は同じ）

QR

・画像

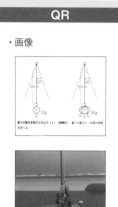

その他多数

ができます。

---

3 予想の検証 －実験のやり方を話し合い，実験して確かめる－

実験する前に，3つの条件のうち，何を変え，何を同じにしておくのか，（条件の制御と対照実験のやり方）を確かめておく。

T ところで，これからする実験では，変える条件は『おもりの重さ』で，20gから40gに変えます。では『長さ』や『振れ幅』は，どうしますか。変えてもよいでしょうか。

C おもりの重さだけを変えて，『長さ』と『振れ幅』は変えず，50cmと20°にしておきます。

T 調べたい事がら（重さ）だけを変えるのですね。

T おもりの重さを2倍にするとき，下につるすと長さが変わるので，このように並べてつるします。

T さて，40gでは何秒になるのか，実験を始めて，結果は表にまとめましょう。

並べてつるす。

重心の位置が変わらない－○

4 結果を考察してまとめる －「おもりの重さ」を変えても，「1往復する時間」は変わらない－

前時と同じように，10往復の時間を計り求める。

おもりが20gの時は1往復1.4秒。これを規準にして，40gと10gの時の1往復の秒数を求め，どちらも1.4秒で変わらないことを確かめる。

T 各グループで求めた結果を発表しましょう。

（結果をグラフに表現している教科書も多く，グラフ化してもよいが，表だけでも結果は十分考察できる）

C （各グループ）振り子の1往復は1.4秒でした。

（この後，おもりを10gに変えて実験し，やはり「1往復は1.4秒」になることをみんなで発表し確かめ合う）

T この2つの結果から，確かになったことをまとめましょう。どんなことがいえますか？

C おもりの重さは，関係がないといえます。

C おもりの重さを変えても，振り子の「1往復する時間」は同じで変わらない…ということ。

（この後，考察を自分の言葉で書きまとめさせる）

振れ幅を変えて「1往復する時間」をはかってみよう

本時の目標 | 振り子の振れ幅を変えても，振り子が「1往復する時間」は，変わらないことがわかる。

板書例

〔問題3〕 ふりこのふれはばを変えると，1往復する時間は変わるのだろうか

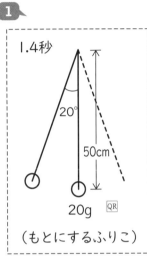

1.4秒
20°
50cm
20g
（もとにするふりこ）

※もとにするふりこの図を貼付。

2 〈ふれはばを大きく30°にする〉
3 おそく（　）人　はやく（　）人　変わらない（　）人

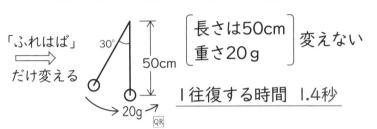

「ふれはば」だけ変える

30°
50cm
20g

長さは50cm
重さ20g
変えない

1往復する時間　1.4秒

〈ふれはばを小さく10°にする〉

1往復する時間　1.4秒

POINT 個人で記録を測定させることで，計測する技能を高めることができたり，平均値を算出することに慣れたりすること

1 本時の課題をとらえる

　本時の課題は，『振り子の振れ幅を変えると，1往復する時間はどうなるか』を調べること。

T　前の時間には，振り子のおもりの重さを変えて，「1往復する時間」はどうなるのかを調べました。その結果はどうなりましたか。

C　重くしても，軽くしても1.4秒で，1往復する時間は変わりませんでした。

C　おもりの重さは，関係がなかった。

T　「振り子の長さ」や「おもりの重さ」の他に，あとひとつ変えられること（条件）は何でしたか。

C　振り子の「振れ幅」です。

C　大きくしたときと小さくしたときで，「1往復する時間」も変わるのかどうか調べます。

T　今日は，振り子の「振れ幅」を変えて調べましょう。（課題）

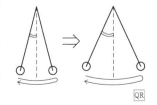

2 具体的な課題に沿って，予想を話し合う

　まず，振れ幅20°の規準の振り子に対して，振れ幅30°にすると「1往復する時間」はどうなるか予想する。条件制御（振り子の長さと重さは変えない）についても，実験の前に確かめておく。

T　これまでの振り子の振れ幅は20°でした。今度は，まず振れ幅を30°に大きくして「1往復する時間」を調べましょう。「1往復する時間」はどうなると思いますか。少し振り子を振らせてみましょう。（30°にして，振らせてみせる）

C　振れ幅を大きくすると，動くきょりが長くなるので，時間もかかり遅くなると思います。

C　振れ幅を大きくすると，勢いがついてスピードも出て「1往復の時間」は速くなると思う。

C　今振れ方を見たら，振れ幅が大きくなった分速く動くので，時間は変わらないようです。

T　どの予想が正しいかは実験で確かめましょう。

| 準備物 | ・これまでと同じ振り子の実験装置
（振れ幅を知る装置〈分度器〉）
・ストップウォッチ（デジタルタイマー） |

| ICT | 端末やブラウザ上にあるストップウォッチ機能を使わせ，個々で計測させるのもよいでしょう。 |

QR

・画像

その他多数

3 〈ふれはばと1往復する時間（秒）〉

ふれはば ＼ グループ	1	2	3	4	5	6
20°	1.4	1.4	1.4	1.4	1.4	1.4
30°	1.4	1.4	1.4	1.4	1.4	1.4
10°	1.4	1.4	1.4	1.4	1.4	1.4

※グループの実験結果を記入する。 QR

4 ［まとめ］

　ふれはば20°のふりことくらべて
　　ふりこのふれはばが変わっても
　　　「1往復する時間」は変わらない（1.4秒）
　　　（1往復する時間は同じ）

［問題1・2・3のまとめ］

・ふりこの1往復する時間は，ふりこの長さによって
　変わり，おもりの重さやふれはばによっては変わらない。
・ふりこの長さが長いほど，ふりこの1往復する時間は長くなる

ができます。

---

3 実験する
実験の結果を交流し，確かめ合う

　振れ幅を30°にした振り子をふらせて時間を計測し，「1往復する時間」を求める。他のグループとも比べ，同じ1.4秒になったことを確かめ合う。

T　振れ幅は30°にして実験しますが，「ふりこの長さ」や「おもりの重さ」はどうしますか。

C　長さは50cm，おもりは20gで前の振り子と同じにして，「振れ幅」だけを30°に変えます。

T　「振れ幅」との関係を調べるには，他は同じにして…「振れ幅」だけを変えるのですね。

T　実験装置を組み立てましょう。装置ができたら（教師の目でも点検），10往復する時間を計り「1往復する時間」を求めましょう。結果は表にまとめましょう。（1.4秒）

　（グループで実験を行うほかに，教卓上で1つの振り子を振らせてみんなが測定する方法もできる）

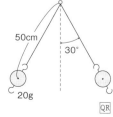

50cm　30°　20g　QR

4 結果を確かめ合い，結果からわかった
ことをまとめる（考察）

　次に，振れ幅を小さく10°にして実験する。2つの結果を発表し合い，どのグループも「1往復する時間」は，1.4秒になったことを認め合う。

T　次に振れ幅を10°にして，実験しましょう。

　（30°の時と同様に「1往復する時間」を求める）

T　グループごとに結果を発表しましょう。

　（2つの結果は，表に書きまとめていく）

C　振れ幅30°では1.4秒，10°でも1.4秒でした。

C　私のグループも，振れ幅を大きくしても小さくしても1.4秒で，変わりませんでした。

T　この2つの実験から，振れ幅について確かになったことを書きましょう。（考察・発表）

C　振れ幅は，大きくても小さくても「1往復する時間」は同じで変わらない…といえます。

C　どの振れ幅でも1.4秒なので，振れ幅の大きさは，「1往復する時間」には関係がない…不思議だ。

振り子のきまりをまとめてみよう

板書例

ⓜ 「ふりこのきまり」をまとめてみよう

① 「ふりこのきまり」を文に書いてみよう

「ふりこの1往復する時間」は，長さによってだけ変わり，おもりの重さやふれはばによっては変わらない

長さを長くする ─────→ 長い時間（ゆっくり）

短くする ─────→ 短い時間（はやく）

1 これまでの学習からわかったことを「ふりこのきまり」としてまとめる

振り子の運動にも，一定のきまりがあることのおもしろさに目を向けさせたい。

T これまでの学習で，振り子の振れ方には「きまり」があることが見えてきましたね。どのような「きまり（法則）」でしょうか。
　ノートに文章で書いてみましょう。（書いて発表）

C 振り子のきまりとは，…『振り子の「1往復する時間」は，「長さ」によってだけ変わり，「振れ幅」や「おもりの重さ」によっては変わらない。』…といえます。（続けて発表し合い，交流）

T このきまりを知って驚いたこと，思ったことも発表しましょう。（書かせるのもよい）

C 振れ幅が小さくなると「1往復する時間」も短くなると思っていたけれど同じでした。こんなきまりがあることがわかっておもしろかった。

（他にもきまりについての驚きや感想を交流する）

2 ふりこのきまり（等時性）の発見者，ガリレオ・ガリレイの話

約400年も前に，ガリレオ・ガリレイが振り子のきまりを見つけたいきさつを，教科書も参考にして知り合う。

T 『振り子の長さが同じであれば，（振れ幅が変わっても）「1往復する時間」は変わらない』というきまりは『振り子の等時性』ともいいます。初めて見つけた人を知っていますか。

C イタリアのガリレオ・ガリレイです。

T およそ400年前，信長や家康の時代の人です。どのようにしてこのきまりを見つけたのか，教科書にも出ているので読んでみましょう。（音読し，説明も加える。感想を話し合う。本があれば紹介する。）

C 振り子の1往復の時間を，自分の脈拍で計ったところがすごい。さすが。

C 400年も前に，ガリレオがぼくらと同じ実験をしてきまりを見つけていたことに驚きました。

QR

・画像

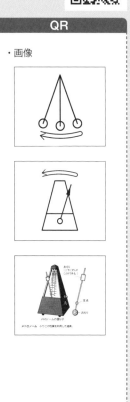

2 〈ふりこのきまりの発見〉　400年前に

ガリレオ・ガリレイ（イタリアの人）

ふれはばが変わっても
『ふりこの長さが同じであれば
ふりこが1往復する時間は変わらない』
＝
ふりこの等時性

3 〈ふりこのきまり（性質）を使って〉

おもり

メトロノーム
ふりこの動きと音で曲の
速さを同じにする

---

3 振り子とメトロノームの動き

　振り子の性質を使った器具として，メトロノームのつくりや動きを観察する。

T　振り子は1往復する時間が決まっていました。これを利用して，規則正しい振り子の動きを，針に伝えていたのが「振り子時計」でした。この他，振り子を利用したものにこんなものがあります。メトロノームです。振り子を逆さまにしたようなものです。動きを見てみましょう。

C　同じリズムで動くところは振り子と同じだ。

【メトロノーム】
上のおもりを上へ動かすと振り子の長さが長くなり，1往復の時間も長くなる。逆におもりを下に下げると振り子は短くなり，1往復する時間も短くなる。

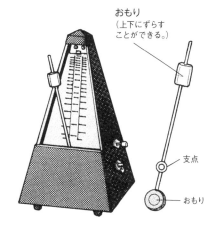

おもり
（上下にずらすことができる。）

支点

おもり

メトロノームの振り子　QR

振り子のきまりを使って おもちゃを作ろう

板書例

ⓜ ふりこのきまりを使っておもちゃを作ろう

1 ガリレオ・ガリレイと ふりこ時計

教会

QR

2 メトロノームのしくみ

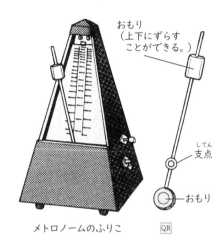

おもり
（上下にずらす
ことができる。）

してん
支点

おもり

メトロノームのふりこ　　QR

---

1 ガリレオ・ガリレイと振り子時計

教会

振り子はその振れ幅が大きくても小さくても，1往復にかかる時間は一定であることを，みなさんは確かめました。
　この決まりをはじめて発見したのは，イタリアのガリレオ・ガリレイという人でした。

今まで自分の脈拍で計っていたが，振り子の方が正確だ！

2 メトロノームのしくみ

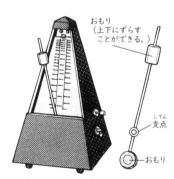

おもり
（上下にずらす
ことができる。）

してん
支点

おもり

メトロノームのふりこ

上のおもりを上へ移動すると，振り子の長さが長くなり，1往復する時間も長くなる。逆に，上のおもりを下にずらすと振り子の長さが短くなり，1往復する時間も短くなる。

3 ふりこメトロノーム

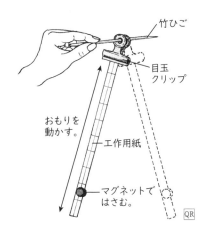

竹ひご

目玉
クリップ

おもりを
動かす。

工作用紙

マグネットで
はさむ。

QR

4 動物のふりこ

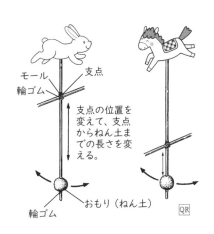

モール
輪ゴム

支点

支点の位置を
変えて、支点
からねん土ま
での長さを変
える。

おもり（ねん土）

輪ゴム

QR

QR

・動画
　「ふりこ時計」

・画像

その他

---

3 振り子のきまりを使った おもちゃ作り（1）

振り子メトロノーム

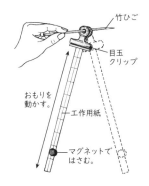

竹ひご

目玉
クリップ

おもりを
動かす。

工作用紙

マグネットで
はさむ。

> **ワンポイント**
> 工作用紙は 2cm 幅で 50cm くらいのも
> のを用意する。おもりは丸型強力マグネッ
> トで表裏からはさむ。おもりを移動する
> と周期を変えられる。

4 振り子のきまりを使った おもちゃ作り（2）

動物の振り子

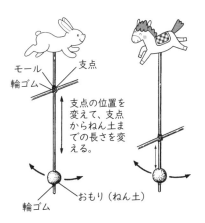

モール
輪ゴム

支点

支点の位置を
変えて、支点
からねん土ま
での長さを変
える。

おもり（ねん土）

輪ゴム

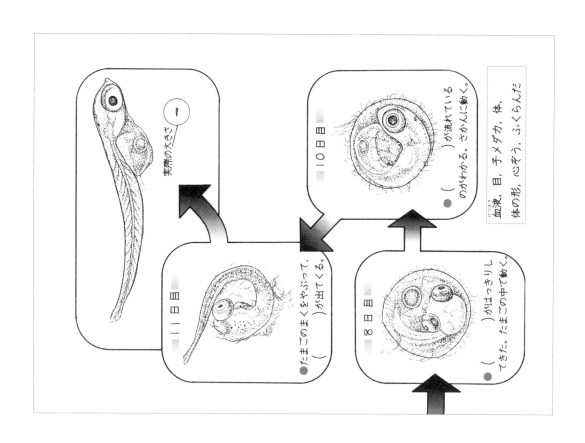

実際の大きさ

■ 11日目
●たまごのまくをやぶって、（　　）が出てくる。

■ 10日目
（　　）が流れているのがわかる。子メダカ、さかんに動く。

血液、目、子メダカ、体、
体の形、心ぞう、ふくらんだ

■ 8日目
（　　）がはっきりしてきた。たまごの中で動く。

メダカの成長
（たまごからメダカへ）

名前

月　日

●受精卵（精子が入っている卵）のようす。

（　）にあとの□□から、合うことばを選んで書き入れましょう。

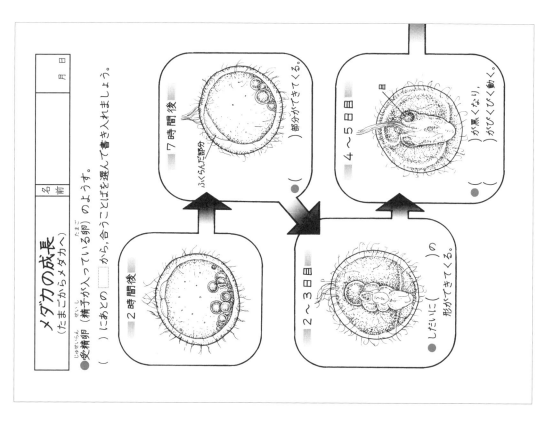

■ 2時間後

■ 7時間後
ふくらんだ部分
（　　）部分ができてくる。

■ 2～3日目
●しだいに（　　）の形ができてくる。

■ 4～5日目
目
（　　）が黒くなり、（　　）がぴくぴく動く。

とける物・とけない物の取り出し方（2）

名前 ___ ___ 月 日

発展発展

「じょう発皿」という熱に強い入れ物に食塩水を少し取って、につめると、皿のなかの水分がなくなり食塩の白いかたまり（結晶）がさらにくっついて出てくる。

じょう発図
（ほ熱ざら）
金あみ
アルコールランプ
（またはガスバーナー）

■注意

(1) 水分がへってくると、熱い食塩のかたまりがとびちりきけんなので、のぞきこんではいけない。

(2) 食塩水がへってきたら、火を消して、余熱でかわかすこと。

食塩の結晶を観察しよう

じょう発皿に残ったものを解剖顕微鏡（かいぼうけんびきょう）（40倍ていど）で観察し、スケッチしよう。

・じょう発皿

● 気づいたこと

とける物・とけない物の取り出し方（1）

名前 ___ ___ 月 日

問題(1)

ガラスぼう
食塩水
5紙
ろうと
ろ液
ろうと台

食塩水をろ紙にそそぐと、ろ紙をとおって下のビーカーにたまった水には、食塩が入っているでしょうか。

(ア) 食塩はろ紙の上に残り、水だけが出てくる。

(イ) 食塩も水といっしょにろ紙をとおる。

(ウ) その他の考え（　　　）

● 予想

● 理由

● 実験の結果

問題(2)

それでは、とけた食塩はどのようにすれば取り出すことができるのか、自分で考えみんなと話し合いましょう。

● 自分の考え

187

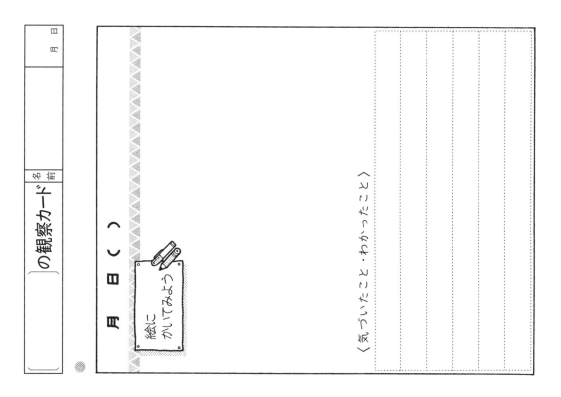

月　日（　）

名前

月　日（　）

名前

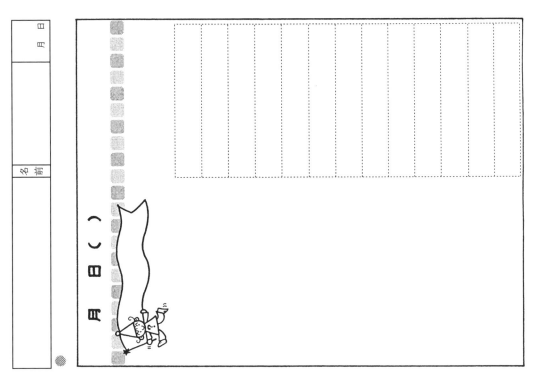

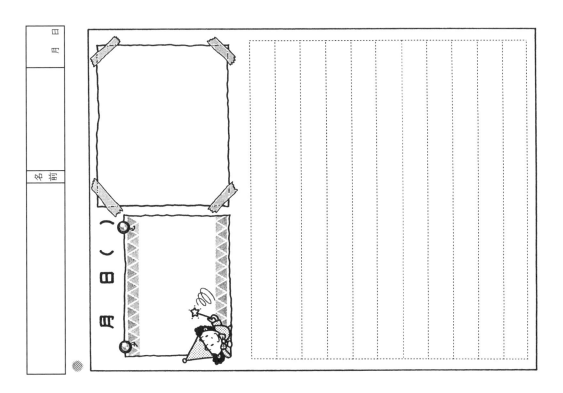

参考文献一覧 <small>（順不同）</small>

「新しい理科」5年（東京書籍）

「小学理科」5年（教育出版）

「たのしい理科」5年（大日本図書）

「みんなと学ぶ小学校理科」5年（学校図書）

「わくわく理科」5年（啓林館）

「理科教科書指導書5年」（啓林館 東京書籍）

「学研の図鑑」植物（学習研究社）

「新小学理科の授業 5年」藤本・左巻ほか（民衆社）

「学研の図鑑」魚（学習研究社）

「学研の図鑑」動物（学習研究社）

「学研の図鑑」鳥（学習研究社）

「高校理科学習表」松浦多聞ほか（第一学習社）

「新版理科わかる教え方 5年」高橋金三郎（国土社）

「小学校理科到達度評価の実践（下）」（地歴社）

「理科の授業実践講座」8巻（新生出版）

「理科年表」（丸善 出版事業部）

「岩波科学百科」岩波書店編集部編（岩波書店）

著者紹介 (敬称略)

【著 者】

中村　幸成

元奈良教育大学附属小学校　主幹教諭
元奈良教育大学　非常勤講師

主な著書
「1 時間の授業技術（6 年）」（日本書籍）（共著）
「改訂版まるごと理科 3 年〜6 年」（喜楽研）
「5 分理科教科書プリント 3 年, 5 年, 6 年」（喜楽研）

平田　庄三郎

元京都府公立小学校教諭
元同志社小学校　非常勤講師（理科専科）
元科学教育研究協議会京都支部支部長
乙訓理科サークル会員

主な著書
「改訂版まるごと理科 3 年〜6 年」（喜楽研）
「おもしろ実験・ものづくり事典」（東京書籍）

横山　慶一郎

高槻市立清水小学校　主幹教諭
CST（コアサイエンスティーチャー）
Google 認定教育者

主な著書
「わくわく理科（3 年〜6 年）」（令和 6 年度 啓林館）（共著）

【撮影協力】

谷　哲弥

横山　慶一郎

【初版　著者】(五十音順)

中村　雅利

中村　幸成

平田　庄三郎

松下　保夫

和田　昌美

【新版　著者】(五十音順)

園部　勝章

谷　哲弥

中村　幸成

平田　庄三郎

松下　保夫

*2024 年 3 月現在

◆複製，転載，再販売について

本書およびデジタルコンテンツは著作権法によって守られています。

個人使用・教育目的などの著作権法の例外にあたる利用以外は無断で複製することは禁じられています。

第三者に譲渡・販売・頒布（インターネットなどを通じた提供・SNS 等でのシェア・WEB 上での公開含む）
することや，営利目的に使用することはできません。

本書デジタルコンテンツのダウンロードに関連する操作により生じた損害，障害，被害，その他いかなる事態に
ついても著者及び弊社は一切の責任を負いません。

ご不明な場合は小社までお問い合わせください。

※ QR コードは (株) デンソーウェーブの登録商標です。

喜楽研の QR コードつき授業シリーズ

改訂新版
板書と授業展開がよくわかる

まるごと授業　理科　5 年

2024 年 3 月 15 日　　第 1 刷発行

細　密　画： 日向 博子
イ ラ ス ト： 日向 博子　山口 亜耶　浅野 順子 他
著　　　者： 中村 幸成　平田 庄三郎　横山 慶一郎
企画・編集： 原田 善造（他 10 名）
編　　　集： わかる喜び学ぶ楽しさを創造する教育研究所　長谷川 佐知子

発 行 者： 岸本 なおこ
発 行 所： 喜楽研（わかる喜び学ぶ楽しさを創造する教育研究所：略称）
　　　　　 〒 604-0854　京都府京都市中京区二条通東洞院西入仁王門町 26-1
　　　　　 TEL　075-213-7701　FAX　075-213-7706
　　　　　 HP　https://www.kirakuken.co.jp
印　　　刷： 創栄図書印刷株式会社

ISBN : 978-4-86277-449-1　　　　　　　　　　　　　　　　Printed in Japan